Handbuch Pferderassen

Handbuch Pferderassen

Maria Costantino

Übersetzung: Marlies Ferber

Bassermann

Der Text dieses Buches entspricht den Regeln der neuen deutschen Rechtschreibung.

ISBN 3 8094 1773 4

© 2005 by Bassermann Verlag, einem Unternehmen der Verlagsgruppe
Random House GmbH, 81673 München
© der Originalausgabe 2003 by D&S Books Ltd
Originaltitel: The Handbook of Horse Breeds

Die Verwertung der Texte und Bilder, auch auszugsweise,
ist ohne Zustimmung des Verlags urheberrechtswidrig und strafbar.
Dies gilt auch für Vervielfältigungen, Übersetzungen, Mikroverfilmung
und für die Verarbeitung mit elektronischen Systemen.

Umschlaggestaltung: Atelier Versen, Bad Aibling
Fotos: Paul Forrester
Übersetzung: Marlies Ferber
Redaktion: Berliner Buchwerkstatt, Ivana Jokl/Vera Olbricht
Layout und Satz: Berliner Buchwerkstatt, Britta Dieterle

Die Informationen in diesem Buch sind von Autorin und Verlag sorgfältig erwogen
und geprüft, dennoch kann eine Garantie nicht übernommen werden.
Eine Haftung der Autorin bzw. des Verlags und seiner Beauftragten
für Personen-, Sach- und Vermögensschäden ist ausgeschlossen.

Printed in China

817 2635 4453 6271

Inhalt

Einleitung 6

Kapitel 1	Das heutige Pferd und seine Domestizierung ..	16
Kapitel 2	Klassifizierung heutiger Pferde	24
Kapitel 3	Anatomie, Bewegung und Aussehen	30
Kapitel 4	Zebras, Halbesel, Esel und Wildpferde	38
Kapitel 5	Pferderassen	46

Glossar 250

Register 254

Hilfreiche Adressen 256

Einleitung

Einleitung

Die Entwicklung des Pferdes

Wohl kein anderes Lebewesen auf der Welt hatte einen so großen Einfluss auf die Kulturgeschichte der Menschheit wie das Pferd. Jahrhundertelang trugen Pferde Könige und Herrscher in die Schlachten und halfen dabei, die Geschicke von Imperien zu lenken. Das Pferd vereinigte in sich Kraft und Schnelligkeit, und lange Zeit hindurch, bis in Europa und Amerika die Motorisierung Oberhand gewann, stellten Pferde die effizienteste Transportmethode dar.

Seit mehr als 4000 Jahren leben Pferd und Mensch zusammen, doch macht dies tatsächlich nur einen kleinen Teil der Geschichte des Pferdes aus. Diese kann ca. 75 Millionen Jahre zurückverfolgt werden, bis zur inzwischen ausgestorbenen prähistorischen Familie der Condylarth, deren Größe zwischen der einer Katze und der eines mittelgroßen Hundes lag. Diese Tiere waren die Vorfahren aller Huftiere; sie hatten fünf Zehen an jedem Fuß, am Ende jedes Zehs befand sich ein verdickter Nagel.

Unser heutiges Pferd, *Equus caballus*, ist direkter Nachfahre eines kleinen Tieres, das vor ca. 60 Millionen Jahren lebte: Eohippus, auch Morgenrötepferdchen genannt. Die Unterschiede zwischen dem Morgenröte-

Das heutige Pferd unterscheidet sich sehr von seinem Vorfahren Eohippus.

*Einzig das Mutterkorn erinnert
an den Fußballen des Eohippus.*

pferdchen und dem heutigen Pferd sind allerdings so groß, dass die fossilen Überreste des Eohippus, die 1839 in England ausgegraben wurden, zunächst fälschlicherweise hasenähnlichen Säugetieren zugeordnet wurden.

Dies war nicht verwunderlich, denn die gefundenen Skelettreste zeigten vier Zehen an jedem Vorderfuß und je drei an den Hinterfüßen. Die Zehen endeten jeweils in einem winzigen Huf, der eher einer Hundekralle ähnelte, und nicht dieser, sondern ein Ballen ähnlich dem bei Hunden, an jedem Fuß trug das hauptsächliche Gewicht. Tatsächlich gibt es diesen Ballen auch noch beim heutigen Pferd in Form des Mutterkorns, eines kleinen hornigen Auswuchses hinten am Fesselgelenk. Der Knochenfund wies zudem kurzkronige Mahlzähne auf, wie die eines Affen oder Schweins, nicht geeignet zum Grasen, sondern zum Knabbern an Büschen.

1876 gruben Wissenschaftler aus im Eozän gebildeten Bergformationen in Wyoming (USA) ein beinah vollständiges Skelett aus. Diesmal wurde es korrekt als Eohippus identifiziert, als der Vorfahr unseres heutigen Pferdes. 1931 wurde im Big-Horn-Becken von Wyoming ein weiteres, fast vollständiges Eohippus-Skelett ausgegraben. Dieses wurde rekonstruiert, und zusammen mit den anderen Funden liefert es

uns eine genaue Vorstellung über das Morgenrötepferdchen. Das Big-Horn-Eohippus hatte ein Schultermaß von fast 35 cm und wog ca. 5,5 kg.

1932 erkannte Sir Clive Foster-Cooper, dass das in England ausgegrabene Fossil dem amerikanischen so ähnlich war, dass der britische Fund eine europäische Variante des Eohippus darstellen musste. Vor 60 Millionen Jahren war der Meeresspiegel viel niedriger als heute, und es gab Landbrücken über die Meere: zwischen Asien und Nordamerika entlang der Beringstraße, von Italien und der Iberischen Halbinsel über das Mittelmeer nach Nordafrika sowie über den englischen Kanal. Folglich konnten das Eohippus und seine Nachfahren sich frei in Europa, Afrika, Asien und Amerika ausbreiten. Je nach Klima und Landschaft passten sich die Tiere an und entwickelten

Einleitung

sich weiter. Das Schultermaß des kleinsten Eohippus betrug wohl nicht mehr als 25 cm, einige waren doppelt so groß, und es ist möglich, dass noch viel größere Formen in Europa existierten.

Der nächste bedeutende Entwicklungsschritt in der Evolution des Pferdes erfolgte im Oligozän, vor 35 bis 40 Millionen Jahren. In dieser Zeit bekamen die Nachfahren des Eohippus nach und nach Ähnlichkeit mit unseren heutigen Pferden. Das Mesohippus stand bereits auf längeren Beinen und war mit 45 cm Schultermaß größer als das Eohippus. Es hatte drei Zehen an jedem Fuß, der mittlere Zeh war verlängert. Die Tatsache, dass mehr Gewicht auf den Mittelzeh verlagert wurde, deutet darauf hin, dass der Boden, auf dem das Mesohippus lebte, viel fester war. Es entwickelten sich Schneidezähne, mit denen das Tier die inzwischen entstandene größere Gräservielfalt besser abrupfen konnte, denn der zur Zeit des Eohippus vorherrschende Lebensraum Dschungel hatte nun Buschlandschaften Platz gemacht.

Klima, Lebensraum und Vegetation veränderten sich während der nächsten 15 Millionen Jahre weiter. Es entstanden gemäßigte Wälder, diese wichen dann baumlosen Grasebenen, und das *Equus* passte sich an die neue Umgebung an. Das Mesohippus wurde abgelöst vom etwas größeren Miohippus, danach folgte das Parahippus. Der gewölbte Rücken der früheren »Pferde« war verschwunden, und mit noch längeren Beinen konnte das Parahippus schneller über die jetzt freien Flächen seines Lebensraumes laufen.

Vor 25 bis 20 Millionen Jahren gab es den nächsten Entwicklungsschritt: Das Merychippus war bereits bis zu 90 cm groß. Dieses Tier besaß noch immer drei Zehen, doch das Gewicht hatte sich zunehmend auf den Mittelzeh verlagert, während Größe und Funktion der äußeren Zehen abgenommen hatten. Mit einem längeren Hals, der ihm erlaubte, am Boden zu grasen sowie seinen Kopf hochzuheben und so besser in die Ferne zu sehen, und Schneidezähnen, geschützt durch einen stärkeren Zahnschmelz und zum Abrupfen härterer Gräser besser geeignet, war das Merychippus schon erkennbar ein Pferd – wenn auch nicht der »Prototyp« des heutigen *Equus*.

Das »wahre« Pferd entwickelte sich aus dem Pliohippus, das in der Mitte des Eiszeitalters vor ca. sechs Millionen Jahren auftauchte. Mit einem Schultermaß von 1,22 m wies es etwa die Proportionen des heutigen Pferdes auf und war das erste einhufige Tier überhaupt. Es war auch der Vorfahr der Zebras, der Esel und der Halbesel (wie Onager, Mongolische Kulan, Indische Khur und Tibetische Kiang).

Das erste richtige Pferd

Fünf Millionen Jahre später, in der zweiten Hälfte der Eiszeit, tauchte das erste »richtige« Pferd auf, *Equus caballus*. Es kam in verschiedenen Größen vor, doch normalerweise war es etwa so groß wie kleine Shetland-Ponys und wahrscheinlich genauso zottelig.

Während der ersten Viertelmillion Jahre seiner Existenz konnte das *Equus caballus* frei von seinem Entstehungsgebiet in Nordamerika über die Landbrücken nach Asien,

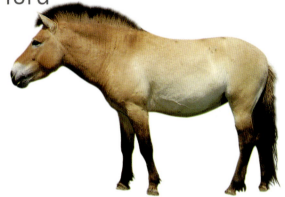

Das Przewalski-Pferd gilt als einer der drei Ahnen unserer heutigen Pferde.

Das erste »richtige« Pferd sah wahrscheinlich dem heutigen Shetland-Pony ähnlich.

Europa und Afrika ziehen, wie es bereits seine Vorfahren getan hatten. Nach und nach, als die Eisdecken näher rückten (und sich innerhalb eines Zeitraums von ca. 600 000 Jahren mindestens viermal wieder zurückzogen), wurden die Pferde auf der Suche nach Weideland immer weiter südwärts gedrängt. Um 9000 v. Chr. verschwand mit dem Schmelzen der letzten Eisdecke die Landbrücke über die Beringstraße, sodass Amerika von Europa und Asien isoliert wurde. Vor 8000 bis 10 000 Jahren starb das Pferd – ebenso wie der Urelefant – in Amerika völlig aus, und die Spezies wurde erst im 16. Jahrhundert von spanischen Eroberern wieder eingeführt, als Hernand Cortes (1485–1547) 1519 mit 16 Pferden an Bord Mexiko erreichte.

Einleitung

Die Landbrücken zwischen Britannien und dem europäischen Festland sowie zwischen Europa und Afrika wurden ebenfalls überschwemmt. Danach kam, es sei denn durch menschliches Zutun, kein Pferd mehr von Europa auf die britischen Inseln. Als die Eisdecken sich schließlich vor gut 10 000 Jahren bis auf ihre heutige Lage zurückgezogen hatten, existierten nur noch vier Gruppen von Nachfahren des Eohippus: Pferde in Europa und Westasien, Esel in Nordafrika, Zebras in Süd- und Ostafrika sowie Onager (Halbesel) im Mittleren Osten.

Europa und Westasien umfassen Regionen, die sich stark in Höhe und Klima unterscheiden. Diese Faktoren hatten unausweichlich Einfluss auf die sich dort entwickelnden Ponys und Pferde. Gemäßigtes Klima und mittlere Höhenlagen brachten größere Pferde hervor, während große Höhen und extremes Klima eher die Entwicklung von Ponys begünstigten. Verschiedene Bodenarten ließen Weidegründe entstehen, die sich in ihrem Vitamin- und Mineralstoffgehalt unterschieden. Während Gebiete mit viel Niederschlag und damit saftigen, nährstoffreichen Weidegründen die Entwicklung schwerer Pferde begünstigten, entwickelten sich in regenarmen Gebieten mit spärlicher Vegetation leichte, schnelle Tiere.

Der Tarpan gilt als einer der Ahnen unserer Pferde.

Gegen Ende der Eiszeit gab es vier Typen primitiver Pferde, von denen drei als Ahnen unserer heutigen Pferderassen gelten: das Waldpferd, das Przewalski-Pferd (Asiatisches Wildpferd), der Tarpan (auch Wüsten- oder Steppenpferd) und das Tundren-Pferd Nordostsibiriens. Dieser letzte, inzwischen ausgestorbene Pferdetyp wird von einigen Fachleuten als Vorfahr des heutigen Yakut-Ponys betrachtet, während andere dessen Herkunft vom Przewalski-Pferd ableiten. Jedenfalls ist man sich einig, dass das Tundren-Pferd auf die Entwicklung des Pferdes südlich des Polarkreises keinen Einfluss hatte.

Handbuch Pferderassen

Fossilienfunde des Waldpferdes deuten auf eine Verwandtschaft mit dem heutigen Schwedischen Kaltblut hin.

Das Waldpferd

Unsere Kenntnisse über das *Equus caballus silvaticus,* das Wald- oder Eiszeitpferd, basieren auf Ausgrabungen am Dummer See in Nordwestdeutschland. Dort wurden die Überreste einer schweren Wildpferderasse zutage gefördert, die vor fast 10 000 Jahren in Nordwesteuropa lebte. Dieses Pferd entwickelte durch das Fressen saftigen europäischen Grases einen massiven Körper und ein phlegmatisches Temperament. Es wurde vor ca. 3000 Jahren domestiziert. Bei den Ausgrabungen wurden drei Arten von Fossilien gefunden; die häufigsten Funde waren Skelette in Ponygröße, die wahrscheinlich von Wildpferden stammen, die als Nahrungsquelle gejagt wurden. Die anderen zwei Arten waren domestizierte Waldpferde. Eines war mittelgroß, das andere war groß und schwer und könnte mit dem Schwedischen Kaltblut verwandt sein. Weitere Hinweise über das Waldpferd erhielten die Archäologen durch nacheiszeitliche Höhlenmalereien, die in Frankreich bei Cambrelles (Dordogne) entdeckt wurden.

Das Przewalski-Pferd (Asiatisches Wildpferd)

Von den drei primitiven Pferdeahnen, die am Ende der Eiszeit lebten, existiert allein das Przewalski-Pferd noch heute. Es ist das einzige wahre Wildpferd. Mit dem wissenschaftlichen Namen *Equus przewalskii* bezeichnet, ist es bei den Kirgisen auch als Taki bekannt. 1879 wurde in der zentralasiatischen Steppe eine Herde von Wildpferden von dem russischen Forscher Hauptmann N.M. Przewalski (1839–1888) entdeckt und 1881 von dem Zoologen J. S. Poliakoff katalogisiert. Diese Pferde unterschieden sich in einigen Punkten von domestizierten Pferden, u.a. durch ihre Stehmähnen. Kompakt gebaut und normalerweise gelblich bis mausfalb, mit einem schmalen dunklen Strich auf dem Rücken (Aalstrich) und schwarzen, gelegentlich blass gestreiften Beinen, sind erwachsene Tiere zwischen 1,20 und 1,40 m groß (Durchschnittsgröße 1,32 m). Diese Wildpferde werden heute als Teil des Grundstocks angesehen, aus dem sich die Vorfahren der Araber und anderer östlicher Pferde entwickelten. Damit sind sie, wenn auch weit entfernte Ahnen unserer heutigen Vollblutpferde.

Einleitung

Der Tarpan
(Wüsten- oder Steppenpferd)

Die ursprüngliche Heimat dieses Pferdetyps, *Equus caballus gmelini*, lag weiter westlich als die des Przewalski-Pferdes in den südlichen Steppen Russlands. Es scheint zwei Arten dieses wilden primitiven Pferdes gegeben zu haben; eine graste in den Steppengebieten der Ukraine, die andere in Osteuropa. Beide wurden gejagt, weil die wilden Hengste ihre domestizierten Rivalen attackierten und dabei oft töteten. Der Tarpan wurde erstmals im 18. Jahrhundert von dem deutsch-russischen Wissenschaftler Antonius Gmelin untersucht, doch klassifiziert und benannt wurde er erst im 19. Jahrhundert von dem Zoologen Otto Antonius. Zu dieser Zeit waren beide Zweige der Tarpan-Familie mit domestizierten Pferden gekreuzt und die übrig gebliebenen wilden Exemplare fast ausgerottet worden. Als der letzte wilde Tarpan 1880 bei Askania Nowa (Krim, Südukraine) starb, wurden erste Schritte unternommen, die Rasse zu erhalten oder zu rekonstruieren. Heute lebt eine Herde, rückgezüchtetet aus mit dem Tarpan verwandten Tieren, ausgewildert in den Waldreservaten von Bialowieska und

Der Aalstrich ist einer der charakteristischen Merkmale des Tarpans.

Popielno in Polen. Der Tarpan, der einen starken Einfluss auf die leichten Pferderassen hatte, ist etwa so groß wie das Przewalski-Pferd. Er ist gewöhnlich mausfalb mit dunklem Aalstrich, Mähne und Schweif sind schwarz. Heute glaubt man, dass Tarpan und Przewalski-Pferd die gemeinsame Basis der heutigen Warmblutrassen bilden. Die Bezeichnung Warmblut bezieht sich nicht auf die Körpertemperatur des Pferdes, sondern auf das Vorhandensein von Erbanteilen vollblütiger, östlicher Rassen. Schwere Zugpferde stammen im Wesentlichen vom kaltblütigen Grundstock des primitiven Waldpferdes ab.

Das Norwegische Fjord-Pferd ist eine der heutigen Entsprechungen zu Ponytyp 2.

Das Exmoor-Pony kommt Ponytyp 1 am nächsten.

Sekundäre Ursprungslinien:
Die Theorie der vier Pferde-Grundtypen

Die Theorie von vier nacheiszeitlichen Pferdetypen, die sich aus Kreuzungen von Tarpan, Przewalski-Pferd und Waldpferd sowie deren Nachkommen vor 5000 bis 6000 Jahren in Eurasien entwickelten, wurde von J. G. Speed aus Edinburgh (Großbritannien), E. Skorkowski aus Krakau (Polen), F. Ebhardt aus Stuttgart und R. d'Andrade aus Portugal aufgestellt. Diese Wissenschaftler waren anerkannte Experten auf dem Gebiet der prähistorischen Pferde. Sie waren der Ansicht, dass es vier Pferdetypen gab, als die Domestizierung begann: Ponytyp 1 und Ponytyp 2, Pferdetyp 3 und Pferdetyp 4.

Der Theorie der »Speed-Gruppe« zufolge entwickelte sich Ponytyp 1 aus dem Tarpan, war durchschnittlich 1,22 bis 1,27 m groß und braun bis kastanienbraun. Er setzte sich in Norwesteuropa durch und war ein kräftiges Tier, dem feuchten Klima und den kalten Winden in seinem Lebensraum gegenüber unempfindlich. Das Exmoor-Pony, ebenso robust wie sein Vorfahr, kommt Typ 1 heute am nächsten.

Ponytyp 2 war schwerer gebaut, mit 1,42 bis 1,47 m etwas größer und lebte in Nordeurasien. Dieses Tier hatte einen schweren Kopf mit eher ramsnasigem Profil, war graubraun bis gelb und hatte einen ausgeprägten Aalstrich. Im Aussehen ähnelte es dem Przewalski-Pferd, aber es hatte nicht die gleiche Chromosomenzahl; das Asiatische Wildpferd besitzt 66 Chromosomen, während Ponytyp 2 nur 64 Chromosomen hatte, genau wie das heutige domestizierte Pferd. Die modernen Entsprechungen zu Ponytyp 2 sind das Highland-Pony, das Norwegische Fjord-Pferd und der Noriker – obwohl Letzterer auch vom primitiven Waldpferd beeinflusst wurde.

Pferdetyp 3 war der Speed-Gruppe zufolge ein Wüstenpferd, gut angepasst an eine extreme Umwelt. Es hatte einen zier-

Einleitung

Der Achal-Tekkiner kommt Ponytyp 3 am nächsten.

lichen Körperbau, dünne Haut und ein äußerst feines Fell, das es widerstandsfähig gegen Hitze und Trockenheit machte. Das Pferd war ca. 1,50 m groß, hatte einen langen, schmalen Körper, einen langen Hals und lange Ohren sowie breite, flache Hufe, die das Gehen auf weichem, sandigem Terrain leichter machten. Sein Lebensraum war Zentralasien, es breitete sich jedoch auch westwärts bis nach Spanien aus. Seine modernen Entsprechungen sind der Achal-Tekkiner der Wüste Turkmenistans sowie der in Portugal und Spanien beheimatete Sorraia.

Der letzte Pferdetyp, Typ 4, war mit einer Größe von 1,20 m kleiner als Typ 3 und »edler«, mit einem geraden Kopfprofil, seidigem Fell und sehr feinem Langhaar. Beheimatet in Westasien, war dieses Pferd ebenfalls »hitzeresistent«. Beeinflusst war es mehr vom Tarpan als vom Przewalski-Pferd. Es gilt als Urform des Arabers, und seine nächste moderne Entsprechung ist das Kaspische Pony.

Das Kaspische Pony gilt als nächste moderne Entsprechung zu Ponytyp 4.

Kapitel 1
Das heutige Pferd und seine Domestizierung

Das heutige Pferd und seine Domestizierung

Mit der Domestizierung des Pferdes mischte sich der Mensch in die natürliche Entwicklung der Spezies ein, eine Entwicklung, die bestimmt war von der Fähigkeit, sich an wechselnde Lebensumstände anzupassen. Das Pferd war in seiner Evolution der natürlichen Zuchtauslese unterworfen, doch durch gezielte Zucht beschleunigte und veränderte der Mensch diesen Prozess.

Die früheste Erwähnung von Pferden stammt aus China, wo vor ca. 4300 Jahren ein Schriftgelehrter Überfälle nomadischer Reiter notierte. Außerhalb von China, in den drei damaligen großen Zivilisationen – Mesopotamien, Indus-Tal (heute Pakistan) und Ägypten –, wurde das Pferd zu dieser Zeit noch nicht erwähnt. Erst vor ca. 4000 Jahren berichtete ein chaldäischer Schriftgelehrter in Ur, im Süden des Babylonischen Reiches, von einem neuen Tier, das er als »Esel der Berge« bezeichnete.

Als Ägypten vor ca. 3700 Jahren von Kriegern erobert wurde, die in von Pferden gezogenen Streitwagen fuhren, war dies die erste Begegnung der Ägypter sowohl mit dem Pferd wie auch mit dem Rad. Knapp 100 Jahre nach der Invasion Ägyptens eroberten die Hethiter in ihren Streitwagen die als uneinnehmbar geltende Stadt Babylon. Danach wurde das Indus-Tal von barbarischen Reitern eingenommen. In weniger als 300 Jahren wurden die drei größten Zivilisationen der damaligen Zeit zerstört, da die Eindringlinge sich mithilfe ihrer Pferde schneller fortbewegen konnten.

Die Hethiter im Gebiet der heutigen Türkei waren eines der ersten Völker, die ein Handbuch mit präzisen Angaben zur »Ausbildung und Eingewöhnung« von Pferden erstellten. Dieses Buch wurde ca. 1360 v. Chr. von einem Pferdehändler aus Mittania namens Kikkuli verfasst. Er riet zur geregelten Fütterung von Getreide und gehäckseltem Stroh, abgestimmt auf die Arbeit, um Leistungsfähigkeit und Ausdauer eines Pferdes zu maximieren.

Die frühesten Pferdezüchter, von denen wir Genaueres wissen, waren jedoch die Assyrer. Ihren Pferden scheint zunächst Ausdauer gefehlt zu haben, denn künstlerische Überlieferungen zeigen, dass berittene Krieger zunächst ein Reservepferd brauchten. Doch nach und nach wurden größere, stärkere Tiere gezüchtet, die nicht nur einen Mann, sondern auch dessen Waffen und Rüstung tragen konnten. Die ersten Erwähnungen von erfolgreichen Züchtern lasttragender Pferde stammen aus Persien. Die Perser entrissen im 7. Jahrhundert v. Chr. den Assyrern die Macht, errangen die Oberherrschaft und wurden das dominierende Volk im Osten. Entscheidend für ihren Erfolg war das Nisea-Pferd, dessen genaue Ursprünge unbekannt sind. Der Tarpan und Pferdetyp 4 lebten in derselben Region, und es könnte auch Einkreuzungen des Przewalski-Pferdes gegeben haben. Das Nisea-Pferd war mit mindestens 1,52 m größer als jedes andere Pferd zuvor. Von diesen prachtvollen Tieren wurde gesagt, ihre Hufe brächten die »Erde zum Beben«.

Auch in der Religion der Perser spielte das Pferd eine Rolle. Man glaubte, Mithras, der Gott des Lichtes und »Herr der Weidegründe«, führe in einem Streitwagen, der von vier unsterblichen weißen Pferden gezogen würde, die goldene Hufeisen trügen und mit der Götterspeise Ambrosia gefüttert würden.

Mehr als 300 Jahre lang war das Persische Reich die stärkste Macht der antiken Welt, doch auch dieses Reich wurde von nomadischen Reitern bedroht, den Skythen und den Parthern. Sie waren hervorragende Reiter und Bogenschützen, die ihre Pfeile aus vollem Galopp heraus abschießen konnten.

Die Griechen und Römer waren nicht so großartige Reiter wie die Skythen und Parther, aber beide Reiche bauten ihre Macht ebenfalls mithilfe von Pferden aus. Die Griechen hinterließen ein Dokument ihrer Reitkunst in Form des Handbuchs *Der Kavallerieführer*. Der Soldat, Philosoph und Geschichtsschreiber Xenophon (ca. 430–356 v. Chr.) beschreibt darin, wie berittene griechische Soldatentruppen der Hauptarmee vorausgeschickt wurden, um feindliche Fußtruppen durch das Werfen von Wurfspeeren einzuschüchtern.

Das Klima und der dünne Mutterboden machten Griechenland jedoch zu keinem idealen Pferdezuchtgebiet, und so wurden die meisten Pferde aus Ferghana (Südrussland) importiert und mit dem griechischen Tierbestand aus Thessalien gekreuzt. Für die Zucht größerer Tiere importierte Philipp von Mazedonien ca. 20 000 skythische Stuten. Der Legende nach kaufte er seinem Sohn, Alexander dem Großen (356–323 v. Chr.), im Jahr 343 v. Chr. für die Summe von umgerechnet ca. 30 000 Euro das großartige Pferd Bucephalus. Der Name Bucephalus bedeutet »Ochsenkopf« und bezieht sich auf die breite Stirn und das konkave Kopfprofil, die für eine bestimmte thessalische Rasse typisch sind. Bucephalus hatte schwarzes Fell, einen weißen Stern auf der Stirn und einigen Angaben zufolge blaue Augen. Er war nicht zu zähmen und konnte nicht geritten werden, bis Alexander herausfand, dass das Pferd Angst vor seinem eigenen und jedem sich ihm nähernden Schatten hatte. Alexander drehte Bucephalus in Richtung Sonne, stieg auf und ritt ihn. 333 v. Chr. führte Alexander auf dem Rücken von Bucephalus die Griechen zum Sieg über die Perser unter Darius. 327 v. Chr. ritt Alexander zum letzten Mal auf Bucephalus, als die Griechen die Inder unter König Porus am Fluss Hydaspes schlugen. Bucephalus, inzwischen 30 Jahre alt, wurde in der Schlacht tödlich verwundet und mit vollen militärischen Ehren beigesetzt.

Pferde nahmen eine zentrale Stellung in der Religion der Griechen ein. Obwohl er

Das heutige Pferd und seine Domestizierung

der Meeresgott war, wurde Poseidon die Erschaffung des Pferdes zugeschrieben. Natürlich fuhr Ares, der Kriegsgott, in einem Streitwagen, der von den inzwischen obligatorischen vier weißen Pferden gezogen wurde. Demeter, Göttin der Fruchtbarkeit und des Ackerbaus, wurde mit dem Kopf einer schwarzen Stute dargestellt. Das berühmteste Pferd der griechischen Mythologie ist zweifellos das geflügelte Pferd Pegasus. Geboren aus dem Blut der Medusa, als sie von Perseus getötet wurde, gefangen von Bellerophon, als er aus der Quelle von Pirene trank, die heute noch in den Ruinen des alten Korinth in Griechenland besichtigt werden kann. Geliebt von den Musen, weil er durch einen Abdruck seines magischen Hufes die Quelle Hippokrene am Berg Helikon schuf, wurde Pegasus später zum Symbol für die Unsterblichkeit und für beflügelte Fantasie. Während des Zweiten Weltkriegs war Pegasus mit Bellorophon auf seinem Rücken das Abzeichen der britischen Luftwaffe.

Obwohl Wagenrennen beliebt waren und Pferde allgemein genutzt wurden, verließen sich die Römer im Kampf mehr auf die mächtige Stärke ihrer Legionen von Fußsoldaten. Trotzdem produzierten römische Pferdezüchter Tiere für viele verschiedene Zwecke: Zirkus- und Paradepferde, Zug- und Wagenpferde, Jagd- und Rennpferde. Zugpferde wurden schon lange Zeit für den Transport von militärischer Ausrüstung und

Proviant eingesetzt, doch erst bei den Punischen Kriegen (264–146 v. Chr.) erkannten die Römer, dass sie eine Kavallerie brauchten. Ab diesem Zeitpunkt wurde *Iberia* (Spanien und Portugal) zum Zentrum der Zucht von Kavalleriepferden. Berittene Truppen waren entscheidend für den militärischen Erfolg. Das stellte Julius Cäsar 55 v. Chr. fest, als sein erster Versuch der Invasion von Britannien scheiterte, weil seine berittenen Divisionen nicht rechtzeitig eintrafen. Obwohl Cäsar im darauf folgenden Jahr mehr Glück hatte, entwickelten die Römer erst zur Regierungszeit Diokletians (284–305 n. Chr.) und Konstantins (311–337 n. Chr.) eine richtige Kavallerie. Berittene Divisionen wurden in *clibanarii* (leichte Kavallerie) und *catafracti* (schwere Reiter) eingeteilt. Doch auch diese waren den Bogenschützen der Hunnen nicht gewachsen, die mit Steigbügeln ritten und auf Sätteln, von denen aus sie ihre Pfeile abschossen. 378 v. Chr. sahen sich die Römer den massigen Pferden der Goten und Hunnen bei Adrianopel gegenüber. Dieser Kampf markierte den Anfang vom Ende des Römischen Reiches sowie das Aufkommen schwerer Kavallerie in Europa.

Die zwei nördlichen europäischen Nationen, die Goten und die Vandalen, züchteten schwere Lastenträger, die zweifellos Nachkommen des kaltblütigen Waldpferdes aus Skandinavien und Norddeutschland waren. Die Goten kämpften sich von ihren Heimat-

Handbuch Pferderassen

gebieten über das Baltikum bis nach Südrussland vor, während die schweren Pferde der Vandalen ihre Reiter siegreich von Norddeutschland nach Südeuropa und von dort über die Straße von Gibraltar bis nach Nordafrika trugen. Dort drückten ihre Kaltblutpferde den einheimischen Pferderassen in dem Jahrhundert der Besetzung ihren Stempel auf. Ein drittes germanisches Volk tauchte 100 Jahre später auf: die Lombarden. Sie ritten ihre schweren Pferde mit Steigbügeln, die sie aus dem Osten übernommen hatten. So konnten die lombardischen Soldaten auf ihrem Ritt nach Italien eine mächtige Lanze, *cantus* genannt, mit sich führen.

Etwa zur gleichen Zeit wurden auch im Osten, in Syrien und Palästina, Reitpferde gezüchtet. Doch hier wurden Zucht und Besitz von Pferden erst im 6. Jahrhundert n. Chr., durch den Einfluss des Propheten Mohammed (570–632 n. Chr.), bedeutsam. Durch Pferde fand der Islam Verbreitung, und ein Sprichwort besagt, dass der Islam auf den »Hufspuren des Arabers« errichtet wurde.

Nach dem Tod des Propheten expandierten die moslemischen Streitkräfte unter Abubekr weit über die Wüstengebiete des Mittleren Ostens hinaus. Nur zehn Jahre nach Mohammeds Tod war der größte Teil des christlichen Byzantinischen Reiches gefallen, die Armeen des Islam beherrschten jetzt Syrien, Palästina, Mesopotamien (heute Iran) und Armenien. 643 n. Chr. war ganz Nordafrika unter moslemischer Herrschaft, im folgenden Jahr wurde das Indus-Tal (heute Pakistan) besetzt. Zu Beginn des 8. Jahrhunderts beanspruchte der Islam Zentralasien. Die nordafrikanischen Mauren hatten nach Spanien übergesetzt, wo sie 711 n. Chr. Roderich, den letzten Westgoten-König, schlugen, bevor sie über die Pyrenäen weiter nach Gallien (Frankreich) vorrückten.

Im Jahr 732 n. Chr. wurde die moslemische Armee bei Poitiers von Karl Martell und seinen fränkischen Rittern zurückgeschlagen, und die Mauren zogen sich nach Spanien zurück. Obwohl sie das Land für die nächsten 700 Jahre besetzt hielten, rückten sie nicht weiter nach Europa vor.

Während der Kreuzzüge, der vielen Gefechte zwischen den Armeen des christlichen Europa und der Moslems, wurden Hengste aus dem Nahen Osten gefangen und nach Europa gebracht. Den Nationen in Europa war klar geworden, dass der Erfolg zukünftiger Kriege zu einem großen Teil von der Qualität ihrer Pferde abhing. Von da an wurde die Pferdezucht systematisch betrieben, in fast jedem Land, oft unter königlichem Patronat. Die Wüstenpferde, besonders der Araber, der Berber und ein Seitenzweig des Berbers, das Spanische Pferd, wurden zum Grundstock des Vollblutpferdes sowie aller leichter Pferderassen auf der ganzen Welt.

Das heutige Pferd und seine Domestizierung

Der Araber und der Berber

Der Araber gilt als die reinste aller Rassen. Es gibt Zeugnisse dafür, dass die Rasse schon vor mindestens 4500 Jahren auf der Arabischen Halbinsel existierte, wo Geografie und Wüstenklima die Reinheit des Blutes sicherstellten. Die nomadischen Beduinen führen alle Blutlinien zurück auf eine Stute namens Baz, die der Legende nach im Jemen von einem Ururenkel Noahs gefangen wurde, sowie auf den Hengst Hoshaba.

Der Berber ist ein nordafrikanisches Pferd, das im 8. Jahrhundert in Europa eingeführt wurde. Er unterscheidet sich in Charakter und Aussehen gänzlich vom Araber, und trotz Einkreuzungen Arabischen Blutes blieb das Erbgut des Berbers dominant. Der Berber hatte einen bedeutenden Einfluss auf europäische und amerikanische Rassen, denn sein Blut floss in den Adern des Spanischen Pferdes des 16. und 17. Jahrhunderts. Spanisches Blut ist deutlich erkennbar bei allen europäischen Warmblütern – es fließt in Lipizzanern und Cleveland Bays ebenso wie in Highland-Ponys und Welsh Cops.

Der Araber gilt als reinste aller heutigen Pferderassen.

Die Ahnen des Vollblüters

Das Englische Vollblutpferd wurde im 17. und 18. Jahrhundert in England als Rennpferd zur Unterhaltung der königlichen Familie und der Aristokratie gezüchtet. Östliches Blut war bereits einige Zeit zuvor eingekreuzt worden: Heimkehrende Kreuzritter hatten Hengste aus dem Nahen Osten als Beute mitgebracht, und König Richard I. waren sogar einige Hengste von seinem moslemischen Gegner, dem mächtigen Saladin, geschenkt worden. Die meisten britischen Pferde waren zu dieser Zeit noch nicht viel größer als 1,30 m. König Henry VIII. – der in voller Rüstung mit 30 schweren Steinen (ca. 234 kg) aufgewogen wurde – befürchtete, dass gute, starke Pferde aussterben könnten; so erließ er ein Dekret, das Landbesitzern die Haltung von Zuchtstuten mit einer Mindestgröße von 1,32 m vorschrieb. Zudem verbot er die Zucht mit Hengsten, die kleiner als 1,50 m waren, und jeder Erzbischof und Herzog musste sieben Reitpferde halten, die im Alter von drei Jahren nicht kleiner als 1,40 m waren.

Thomas Blundevilles Buch aus dem 16. Jahrhundert, *The Fower Chiefyst Offices Belongyng to Horsemanshippe*, führt die Pferderassen auf, die um 1550 in Britannien bekannt waren. Die Liste beginnt mit dem »Türken«, den er als »sehr schnell in den Bewegungen und von großem Mut« beschreibt. Blundeville erklärt weiter, dass alle Pferde, die aus türkischen Gebieten stammen, Türkenpferde genannt werden sollten. Ein großer Teil Arabiens und Syriens war zu dieser Zeit Teil des Türkischen Großreiches; dieses beherrschte weite Teile der Mittelmeerküsten von Griechenland über den Libanon und Israel bis nach Ägypten und Libyen. Folglich hätte jedes arabische Pferd, das damals nach

Das Englische Vollblutpferd wurde gezüchtet, weil die adelige Gesellschaft Pferderennen zu sehen wünschte.

England importiert wurde, Türkenpferd genannt werden müssen. Als nächstes folgt auf der Liste von Blundeville das »Pferd der Berber«, der moderne Berber, der als »kleines, aber sehr schnelles Pferd, fähig zum ausdauernden Galopp« beschrieben wird. Außerdem führt Blundeville Pferde aus Sardinien, Neapel und Korsika sowie den Spanischen Genet, den Highe Alamagne (Ungarn) und den Iryshe Hobbye auf.

Zu dieser Zeit waren Pferderennen in England äußerst beliebt; die hierfür verwendeten Pferde wurden damals als Galloways, Running-Horses (rennende Pferde) und Hobbies bezeichnet. König Henry VIII. gründete ein königliches Gestüt in Hampton Court und weitere in Malmesbury und Tetbury. König James I. importierte später zahlreiche orientalische Hengste, u. a. den in Konstantinopel gekauften Markham-Araber, der in jedem Rennen als letzter durchs Ziel gelaufen sein soll.

Spätere Könige behielten das starke Interesse an der Zucht von Rennpferden bei. Charles II. wurde jedes Jahr mit einer ganzen Reihe von Pferden beliefert, von denen er viele an seine Günstlinge am Hof verschenkte. Zur Zeit seines Todes verblieben zahlreiche Hengste, aber nur eine Zuchtstute im königlichen Stall. Dies war die Zeit der berühmten Stammstuten: Von den 30 Stuten, die damals in Yorkshire untergebracht waren, stammt jeder heutige Vollblüter ab.

Von den ursprünglichen Ahnen des Englischen Vollblutpferdes sind drei Hengste am bedeutendsten, weil von ihnen in männlicher Linie alle Vollblüter abstammen. Der erste Hengst, Byerley Turk, der möglicherweise Turkmenisches Blut hatte, war bei der Belagerung von Wien erbeutet und danach von Hauptmann Byerley 1690 in der Schlacht am Boyne geritten worden, bevor er zur Zucht benutzt wurde.

Der zweite Hengst war Darley Arabian, gekauft 1704 in Aleppo, Syrien, als ausgewiesen reinrassiges Tier. Er kam auf den Landsitz der Familie Darley im östlichen Yorkshire. Der dritte Hengst war der Godolphin Arabian, 1728 in Paris gekauft. Der Stammbaum dieses Hengstes, der auf ein Gestüt in Cambridgeshire kam, ist unsicher und bis heute sehr umstritten.

Zu dieser Zeit fing man an, Englische Vollblutpferde zu exportieren; 1730 wurde Bulle Rocke, ein Sohn von Darley Arabian, nach Amerika ausgeführt. Nach 1770 wurden in England keine Araber mehr zur Zucht verwendet, da mit im Lande gezogenem Tierbestand verbesserte Ergebnisse erzielt wurden. Heute findet die britische Vollblutzucht rund um die Rennzentren von Newmarket in Suffolk, Lambourne in Berkshire und Malton in Yorkshire statt.

Kapitel 2
Klassifizierung heutiger Pferde

Klassifizierung heutiger Pferde

Die heutigen Pferde sind genau klassifiziert. Die drei Hauptgruppen sind schwere Pferde, leichte Pferde und Ponys.

Schwere Pferde

Schwere Pferde sind die »landwirtschaftlichen« Rassen, die bis vor relativ kurzer Zeit auf Bauernhöfen und in Städten Teil des täglichen Lebens waren. Als Abkömmlinge der mittelalterlichen Streitrösser oder Kriegspferde und bis zu 1,85 m groß, sind sie die »sanften Riesen« der Pferdewelt und wurden vor dem Aufkommen der Dampfmaschine und des Verbrennungsmotors als Zugpferde genutzt. Heute werden sie am häufigsten bei Zeremonien eingesetzt, z. B. als Regiments-Trommelpferde. Auch halten viele Brauereien immer noch Zugpferde-Gespanne.

Das Clydesdale-Drum-Horse gehört zu den schweren Pferden.

Leichte Pferde

Leichte Pferde werden als Kutschpferde oder »unter dem Sattel« eingesetzt. Sie sind zwischen 1,50 und 1,75 m groß, besitzen ein schmales Gebäude und lange Beine, sind schnell und wendig; einige Rassen, z. B. der Achal-Tekkiner, sind besonders bekannt für ihre Ausdauer. Jahrhundertelang wurden

Viele leichte Pferde waren Kavalleriereitpferde oder wurden, so wie dieser Lipizzaner, in der eleganten klassischen Reitkunst ausgebildet.

Handbuch Pferderassen

Leichte Pferde wurden oft für Militärzwecke genutzt.

leichte Pferde als Kutsch- und als Kavalleriereitpferde genutzt, doch gleichzeitig entwickelte sich auch die »klassische« Reiterei als Kunstform – am besten zu beobachten bei den Vorführungen der großartigen Lipizzaner in der Spanischen Hofreitschule zu Wien.

Schweife und Mähnen sowie zotteligeres Fell als Pferde. Sie unterscheiden sich außerdem in den Bewegungen, da sie mit härteren, kleineren Hufen trittsicherer sind. Die meisten Ponyreiter werden die Tatsache bestätigen, dass Ponys auch sehr temperamentvoll sein können – einige zeigen eine angeborene Gerissenheit.

Weiterhin wird zwischen vollblütigen, warmblütigen und kaltblütigen Pferden unterschieden. Wegen der Abstammung vom Waldpferd der kalten Regionen Nordeuropas werden schwere Pferde auch als Kaltblüter bezeichnet. Araber und Berber sowie ihre direkten Abkömmlinge, die Englischen Vollblutpferde, werden Vollblüter

Ponys

Die Bezeichnung Pony kommt vom französischen Wort *poulenet* (Fohlen) aus dem 17. Jahrhundert. Ponys haben dieselben Vorfahren wie Pferde, unterscheiden sich von diesen jedoch in einigen Punkten. Sie sind kleiner als 1,50 m und anders proportioniert. Im Verhältnis zu ihrer Größe haben sie kurze Beine; die Körpergröße, gemessen am Widerrist, ist geringer als die Körperlänge, der Kopf ist relativ groß. Ponys besitzen meist auch längere

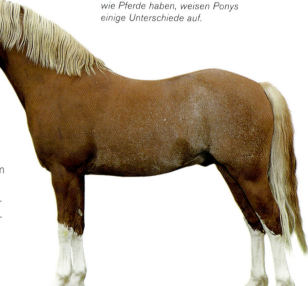

Obwohl sie dieselben Vorfahren wie Pferde haben, weisen Ponys einige Unterschiede auf.

Klassifizierung heutiger Pferde

genannt – eine Bezeichnung, die sich auf die einmalige Reinheit der Vererbungslinien bezieht, die von keinem anderen Pferd auf der Welt geteilt wird. Der Begriff Warmblüter gilt für alle Pferde mit unterschiedlichen Mischungen aus Vollblut- und Kaltblutanteilen.

Pferderassen

Der Begriff Rasse bezieht sich auf Pferde, die in einem Stutbuch registriert sind. Rassepferde wurden über einen langen Zeitraum hinweg selektiv gezüchtet; so wurde eine kontinuierliche und gleichmäßige Produktion von Tieren gewährleistet, die klar umrissene Charakteristika in Größe, Körperbau (Form und Proportionen), Aktion (Bewegungen in allen Gangarten) und manchmal auch Farbe aufweisen.

Pferdetypen

Zusätzlich zu den Pferderassen gibt es die Pferdetypen. Dies sind Pferde, die nicht dem Rassestatus entsprechen, weil sie keinen fest umrissenen Charakter oder Körperbau aufweisen. Trotzdem, auch wenn ihr Stammbaum unbekannt ist, geben diese Tiere ein bestimmtes Bild ab; die Typen umfassen Cob, Hack, Hunter und Polo-Pony.

Ein Cob (ausgenommen der Welsh Cob, der eine eigene Rasse darstellt) ist jedes Pferd zwischen 1,40 und 1,50 m, das stämmig und stark gebaut ist. Einem alten englischen Sprichwort zufolge hat der ideale Cob einen »Kopf wie das Dienstmädchen einer Lady und ein Hinterteil wie der Koch«. Der Charakter des Cobs wird als vertrauenswürdig, also als sicher und verlässlich beschrieben – als liebenswürdiger als der »Kammerdiener eines Gentleman«.

Es gibt eine Reihe von Pferdetypen, wie den Cob, die zwar keinem Rassestandard entsprechen, jedoch bestimmte Charakteristika aufweisen.

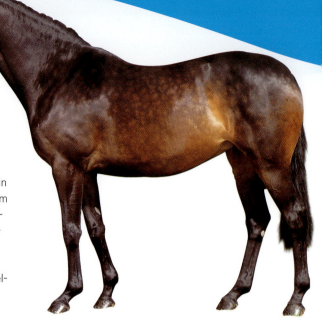

Der Name Hack, oder Show Hack, wie er in Großbritannien auch verwendet wird, leitet sich (wie der Hackney, s. S. 167) von dem altfranzösischen Wort *haquenée* ab; dieses wurde über mehrere Jahrhunderte in England benutzt, um in Unterscheidung zum Kriegspferd ein leichtes Pferd für allgemeine Reitzwecke zu bezeichnen. Im 19. Jahrhundert gab es zwei Typen des Hacks: Mit dem Covert Hack ritt dessen Besitzer zur Fuchsjagd; am Versammlungsplatz wechselte er auf eines seiner beiden Jagdpferde (Hunter), auf denen er der Hundemeute folgte. Der Park Hack war ein weitaus eleganteres Pferd, auf dem der modisch gekleidete Reiter sich ertüchtigte und zeigte – und zwar in eleganter Umgebung wie der Londoner Rotten Row im Hyde Park. Nach dem Aufkommen von Automobilen beschränkte sich die Verwendung von Hacks weitgehend auf Schauveranstaltungen, wo ihre Eleganz und ihre leichten Bewegungen am besten zur Geltung kommen. Es gibt drei Klassen von Hacks: Small Hacks (1,42 bis 1,50 m Stockmaß), Large Hacks (1,50 bis 1,53 m Stockmaß) und Ladies' Hacks (1,42 bis 1,53 m Stockmaß), die mit Damensattel geritten werden. In Europa werden Hacks oft aus Kreuzungen von Ponystuten mit Englischen Vollbluthengsten oder Hengsten mit einem »Schuss« Arabischen oder Anglo-Arabischen Blutes gezüchtet, während in Amerika der Saddlebred-Typ bevorzugt wird

Der Hack war in Großbritannien ursprünglich das Reitpferd par excellence.

(s. S. 126). Dies ist eine amerikanische Rasse, die im 19. Jahrhundert in den Südstaaten entstand, insbesondere rund um Kentucky, und die Gangarten von zwei Gangpferderassen bewahrte, des Canadian Pacer und des Narragansett Pacer.

Hunter werden für die Jagd verwendet (engl. *hunt* = Jagd). Sie haben britische und irische Ursprünge, da diese Länder die Entstehungsorte der europäischen Fuchsjagd waren. Hunter sind heute in jedem Land zu finden, in dem Jagden zu Pferd abgehalten werden. Der bevorzugte Pferdetyp variiert von Land zu Land und je nach Art des Terrains, das durchquert wird. Vatertier des Hunters ist normalerweise ein Eng-

Klassifizierung heutiger Pferde

Der Hunter kommt überall auf der Welt zum Einsatz, wo Jagden mit Hundemeuten abgehalten werden.

lisches Vollblutpferd, und je größer der Vollblutanteil, desto schneller ist der Hunter. Irish Hunter basieren auf einer Kreuzung von Irisch Draught mit Englischem Vollblut, Kreuzungen mit Cleveland Bay, Shire und Clydesdale sind ebenfalls möglich. Die Nachkommen dieser Mischungen behalten die Stärke und Ausdauer der schweren Pferde, kombiniert mit der Schnelligkeit der Vollblutpferde.

Polo Ponies

Eines der ältesten Spiele der Welt, Polo, entstand vor ca. 2500 Jahren in Persien. Auf Persisch wurde das Spiel *chaugan* (Holzhammer) genannt, aber das Wort Polo stammt vom tibetischen Wort für Weidenwurzel (aus der der Ball gefertigt wurde), *pulu*. Das Spiel wurde im 19. Jahrhundert von britischen Offizieren gespielt, die an der nordwestlichen Grenze Indiens dienten.

1859 wurde in Indien der erste europäische Polo-Club im Cacher-Tal gegründet; die verwendeten Ponys waren nicht größer als 1,27 m. Das Spiel wurde 1869 in England eingeführt und zuerst in Aldershot, dem heimatlichen Stützpunkt der British Army, gespielt, wo es den Spitznamen »Hockey zu Pferd« erhielt. Bald jedoch wurde Polo Bestandteil der eleganten Londoner »Saison«. Der Westlondoner *Hurlingham Club* stellte Regeln auf und wurde zum Hauptort des Spiels.

Das Spiel breitete sich bald über die ganze Welt aus. Zunächst wurden einheimische Ponys verwendet; chinesische Ponys spielten in Hongkong und Schanghai, Araber in Ägypten und im Sudan, in Argentinien und auf den Rinderfarmen im Westen der USA wurden die Ponys der Cowboys benutzt. Der ideale Polo-Typ war jedoch das Amerikanische oder Englische Vollblut-Polo-Pony, das Ergebnis der Kreuzung eines »kleinwüchsigen« Vollbluthengstes von ca. 1,45 m Stockmaß mit einer jeweils einheimischen Ponystute. In Argentinien erzielte man hervorragende Ergebnisse durch die Kreuzung von Vollblütern mit dem einheimischen Criollo, einer der robustesten Rassen der Welt. Das Größenlimit von 1,45 m wurde 1899 festgelegt, doch 1916 ganz abgeschafft. So ist das heutige Polo-Pony in Wirklichkeit ein kleines Pferd.

Kapitel 3
Anatomie, Bewegung und Aussehen

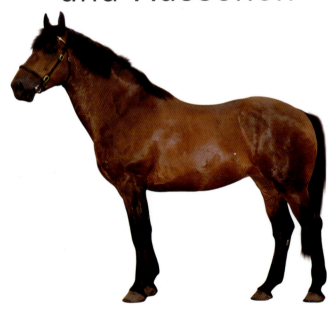

Anatomie, Bewegung und Aussehen

Mit großen Zähnen zum Zerkleinern von Pflanzen, großen Augen und einem guten Gehör zum Wahrnehmen von Gefahren sowie starken Beinen mit Hufen, die speziell für große Geschwindigkeiten geschaffen sind, ist das Pferd an das Grasen und Laufen gut angepasst. Gebäude und Erscheinungsbild eines Pferdes werden Exterieur genannt. Es beruht im Wesentlichen auf dem Knochengerüst und den Proportionen, also den Beziehungen der Körperteile zueinander. In Großbritannien und den USA werden Pferde in *hands* (Händen) gemessen, die Maßeinheit lautet *hands high (hh)*. Eine Hand entspricht 10,16 cm. Auf dem europäischen Kontinent ist die Angabe des Stockmaßes (Widerristhöhe) in Zentimetern üblich.

Die äußeren Merkmale bzw. Körperteile, die das Exterieur eines Pferdes ausmachen, sollten gut zueinander passen.

Körperteile

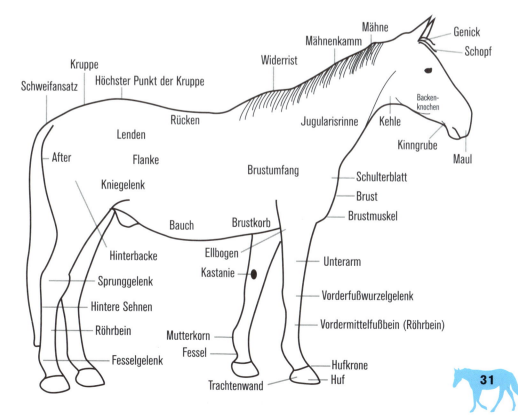

Handbuch Pferderassen

Skelett eines Pferdes

Proportionen

Es gibt drei wesentliche Anhaltspunkte für gute Proportionen. Der erste betrifft die Entfernung zwischen dem höchsten Punkt des Widerrists und dem Ellbogen. Diese sollte genauso lang sein wie die vom Ellbogen zum Fesselgelenk, denn ein großer Brustkorb erlaubt eine ungehinderte Ausdehnung der Lungen.

Der zweite wichtige Anhaltspunkt ist die Länge des Halses. Für eine gute Balance – besonders bei großer Geschwindigkeit – sollte der Hals $1\tfrac{1}{5}$-mal so lang sein wie die Entfernung vom Genick über die Stirn zur Unterlippe.

Als Drittes wird vom Schultergelenk bis zum letzten hinteren Rippenbogen gemessen. Diese Strecke sollte zweimal so lang sein wie die zwischen dem Widerrist und dem höchstem Punkt der Kruppe. Wenn die Proportionen gut sind, wird das Pferd nicht nur bessere Arbeit leisten können, sondern auch attraktiver aussehen.

Gänge

Das Skelett des Pferdes wird durch starke, flexible Bänder zusammengehalten. Sie ermöglichen freie Bewegungsabläufe und verhindern eine Überdehnung der Gelenke. Die Bewegung der Glieder wird herbeigeführt durch das Ausdehnen und Zusammenziehen der Muskeln. Eine mangelhafte Entwicklung der Muskeln oder fehlendes Training führen zu fehlerhaften und uneffizienten Bewegungsabläufen.

Die Art und Weise, wie ein Pferd seine Beine benutzt, wird Aktion genannt. Sie variiert zwischen den Rassen und Typen; schwere Pferde mit ihren geraderen Schultern beugen ihre Knie verhältnismäßig stark, ihre Muskeln ziehen sich mehr zusammen und entwickeln eine große Zugkraft. Leichte Pferde beugen ihre Knie weniger – das Ergebnis sind lange, fließende Schritte. Ponys wiederum nehmen ihre Beine sehr hoch, wodurch eine mehr »hüpfende« Bewegung entsteht.

Beim Pferd gibt es insgesamt vier Tempi: Schritt, Trab, Kanter (Arbeitsgalopp) und Renngalopp. In jedem Tempo berühren die Hufe in unterschiedlicher Abfolge den Boden. Diese Abfolgen werden Gangarten genannt.

Anatomie, Bewegung und Aussehen

Diagonale Beinbewegungen beim Trab

Schritt

Mit einer Geschwindigkeit von ca. 4,8 km/h ist der Schritt eine regelmäßige Viertakt-Bewegung. Die Hufe werden nacheinander auf den Boden gesetzt, die vier Schritte haben die gleiche Länge. Die Schrittfolge ist: linker Hinterfuß, linker Vorderfuß, rechter Hinterfuß, rechter Vorderfuß. In der heutigen Dressur werden vier Unterarten vom Schritt – Mittelschritt, versammelter Schritt, starker Schritt und freier Schritt – verlangt.

Trab

Dies ist eine Zweitaktbewegung, bei der das Pferd das eine diagonale Beinpaar auf den Boden setzt und nach einer Schwebephase das andere diagonale Beinpaar. Die Schrittfolge ist: Der linke Hinterfuß und der rechte Vorderfuß setzen zusammen auf, dann folgen als Paar der rechte Hinterfuß und der linke Vorderfuß. In der heutigen Dressurreiterei gibt es vier Unterarten vom Trab: versammelter Trab, Arbeitstrab, Mitteltrab und starker Trab.

In der Schwebephase des Galopps befinden sich alle Füße in der Luft.

Kanter

Der Kanter ist eine Dreitaktbewegung mit einer Schwebephase am Ende jeder Schrittfolge. Wenn das Pferd sich im Uhrzeigersinn im Kreis bewegt (Rechtsgalopp), ist die Schrittfolge: linker Hinterfuß, linker Vorderfuß und rechter Hinterfuß zusammen, rechter Vorderfuß (führendes Bein), Schwebephase. Erfahrene Reiter können ihr Pferd in der Schwebephase zum Fußwechsel (Wechsel des führenden Fußes) bringen. Dieser Wechsel von Rechts- zu Linksgalopp und umgekehrt heißt »fliegender Wechsel«.

Handbuch Pferderassen

Das Island-Pferd beherrscht eine zusätzliche, fünfte Gangart.

Renngalopp

Dies ist die schnellste der natürlichen Gangarten. Die höchste Geschwindigkeit beim Renngalopp ist ca. 69 km/h, sie kann aber nur kurze Zeit beibehalten werden. Der Renngalopp ist im Allgemeinen eine Viertakt-Bewegung, doch es kann je nach Geschwindigkeit Unterschiede geben. Die Schrittfolge ist: linker Hinterfuß, rechter Hinterfuß, linker Vorderfuß, rechter Vorderfuß, dann Schwebephase, bevor der linke Hinterfuß als erstes wieder aufsetzt.

Diese Schrittfolge war jahrelang umstritten und wurde erst durch die photographischen Experimente bei tierischen Bewegungsabläufen von Eadweard Muybridge (1830–1907) bewiesen.

Neben den vier natürlichen Gängen gibt es auch spezialisierte wie den Passgang, der bei Trabrennen zum Einsatz kommt. Das Island-Pferd hat fünf Gangarten – Schritt, Trab, Galopp, Skeið (Pass) sowie einen einmaligen, viertaktigen Rennschritt, den Tölt, der zum Überqueren von schwierigem Terrain benutzt wird.

Fellfarben

Die verschiedenen Fellfarben der Pferde werden von den Genen bestimmt. Der österreichische Mönch Gregor Mendel (1822–1884) untersuchte als erster die Gesetze, die die Charakteristika der Vererbung bestimmen, und legte den Grundstein zur modernen Genetik. Jede Zelle im Körper eines Pferdes enthält Genpaare, die sich aus jeweils einem Gen beider Elternteile zusammensetzen. Eines dieser Gene ist dominant, eines rezessiv – das dominante Gen setzt sich in der Ausformung eines Merkmals durch. Das Studium der Vererbungslehre erlaubt Züchtern, die Fellfarbe eines ungeborenen Fohlens vorherzusagen. Bei Pferden ist Grau bzw. Weiß die dominante Farbe.

Fellfarbe des American Cream Drafts

Nach Grau ist Braun die dominanteste Farbe.

Grau ist die dominanteste Fellfarbe.

Dunkelbrauner Trakehner

Dunkelbrauner Baschkir-Hengst

Graue bzw. Schimmel haben eine schwarze Haut mit einer Mischung aus schwarzen und weißen Haaren. Es gibt auch Fliegenschimmel und Apfelschimmel; Ersterer zeigt braune Haarstellen auf ansonsten grauem Fell, während Letzterer dunkelgraue Ringe auf grauem Grund aufweist.

Die Dominanz-Rangfolge der übrigen Farben ist: Braun (rotbraunes Fell, Mähne, Schweif und Gliedmaßen schwarz), Dunkelbraun (braune und schwarze Haare gemischt, Mähne, Schweif und Beine schwarz), Schwarz (schwarzes Fell, manchmal mit weißen Abzeichen) und Fuchs (verschiedene Goldbraunschattierungen von Dunkel- bis Rotgold, gleichfarbiges oder helleres Langhaar; Rotbraun ist die dunkelste Schattierung).

Braun ist gegenüber allen anderen Farben (außer gegenüber Grau bzw. Weiß) dominant. Füchse sind immer rezessiv; folglich ergibt die Kreuzung zwischen einem Fuchs und einer anderen Farbe mit nur geringer Wahrscheinlichkeit einen Fuchs. Des weiteren gibt es falbfarbene Pferde (schwarze Haut mit gelblichem Haar) und Variationen von stichelhaarigen Pferden (schwarze Haut, Fell mit Grundfarbe und weißen Stichelhaaren gemischt), wie Rotschimmel (rotbrauner Grund mit weißen Haaren) und Blauschimmel (schwarzer oder brauner Grund mit weißen Stichelhaaren).

35

Shetland-Stute, Blauschimmel

Bei einigen Rassen ist die Farbe wichtig, wenn auch Gebäude und Gesundheit als noch wesentlicher erachtet werden. Ein Palomino z. B. hat ein schwarzes oder braunes Maul, goldenes Deckhaar und flachsfarbenes Langhaar. Zeichnungen sind zwar an den Beinen, aber nicht am Körper erlaubt.

Pferde mit Leopardenscheckung, wie der Colorado Ranger oder der Appaloosa, sind als »teilfarbige« oder »farbige« Rassen bekannt. Ihre Farbgebung geht auf das Erbe der frühen Spanischen Pferde zurück, die im 16. Jahrhundert von den Eroberern in die Neue Welt gebracht wurden. Es gibt fünf Muster gefleckter Pferde: Schabrackenschecke, Marmorschecke, Leopardenschecke, Schneeflockenschecke und Frostmuster (weiß gesprenkelt auf dunklem Grund).

Schwarzschecken (große schwarze und weiße Flecken) werden in Großbritannien Piebald genannt; es gibt zwei Arten: Overo (dunkler Grund mit weißen Flecken) und Tobiano (weißes Fell mit dunklen Flecken). Unsere Fuchs- oder Braun- und Buntschecken (Weiß mit anderen Farben außer Schwarz) werden dort Skewbald genannt. Die Amerikaner benutzen oft die Bezeichnung Pinto (oder auch Paint-Horse) sowohl für Schwarz- wie auch für Buntschecken.

Appaloosa, Schabrackenschecke

Schecke

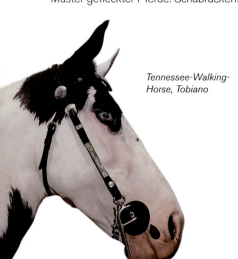

Tennessee-Walking-Horse, Tobiano

Anatomie, Bewegung und Aussehen

Kennzeichen

Es gibt zwei Arten von Kennzeichen bei Pferden: natürliche und vom Menschen gemachte, wie z. B. Brandzeichen (mit heißen Eisen oder durch Vereisen angebracht). Brandzeichen, die ein erneutes Fellwachstum an der behandelten Stelle verhindern, kennzeichnen die Tiere, um die Identifizierung des Besitzers zu ermöglichen und Diebstählen vorzubeugen. Natürliche Kennzeichen sind deutlich andersfarbige Stellen im Fell. Sie sind oft unverwechselbar und werden bei Rassepferden sorgfältig dokumentiert. Ein weißer Fleck auf der Stirn heißt je nach Größe, Form und Position Stern, Flamme, Blume oder Flocke. Ein weißes Abzeichen, das sich das gesamte Gesicht hinunter zieht, ist eine Blesse. Sie kann schmal, breit oder unterbrochen sein. Ein kleiner weißer Fleck auf dem Maul wird Schnippe genannt. Weiße Beine vom Hufrand bis zum Sprunggelenk heißen Strümpfe, reichen sie nicht ganz so weit, werden sie Socken genannt. Es gibt außerdem weiße und halbweiße Fesseln, weiße Ballen (weiße Stelle über dem Hufballen) und weiße Kronen (weiße Stelle über der Hufkrone).

Zu den Abzeichen auf dem Körper gehören außerdem Zebra-Streifen (dunkle Haarringe auf den Beinen) und Aalstrich (meist bei Falben und Mausfalben). Auch die Hufe

können bestimmte Merkmale haben; sie können schiefergrau-blau bis schwarz sein. Ein weißer Huf ist normalerweise bei Pferden mit Socken oder Strümpfen zu finden, während Pferde mit gesprenkeltem oder geflecktem Fell zuweilen gestreifte Hufe haben.

Kupierte Schwänze und gestutzte Mähnen

Unter Kupieren (engl. *docking)* versteht man die Amputation des Schweifs aus rein ästhetischen Gründen. Diese ist in Großbritannien seit 1948 illegal, ebenso wie das in den USA noch immer übliche Einschneiden der Muskeln auf der Unterseite der Schweifrübe (engl. *nicking),* wodurch sich eine unnatürlich steife und hohe Schweifhaltung ergibt. Beides ist inzwischen aus ethischen Gründen in den meisten Ländern verboten. Bei einer gestutzten Mähne wurde das Haar (temporär) nah am Mähnenkamm abgeschnitten. Polo-Ponys und auch Cobs werden heutzutage die Mähnen gestutzt, damit der muskulöse Hals besser zur Geltung kommt, doch ihr Schweif wird zum Glück nicht mehr angetastet.

Kapitel 4
Zebras, Halbesel, Esel und Wildpferde

Zebras, Halbesel, Esel und Wildpferde

Vor ca. einer Million Jahren teilte sich die Pferdefamilie in zwei Zweige auf. Aus einem Zweig entwickelten sich Zebras, Halbesel (Wildesel), Esel und Maultiere. Der zweite Zweig führte über Tarpan, Waldpferd und Przewalski-Pferd zum heutigen Pferd.

Zebras

Diese wunderschön gestreiften Tiere sind im südlichen Afrika weit verbreitet. Früher gab es eine große Artenvielfalt, doch nur drei Arten und sieben Unterarten haben bis heute überlebt. Die drei Arten unterscheiden sich in der Fellzeichnung und anderen körperlichen Eigenschaften.

Die größte Art mit durchschnittlich 1,37 m Größe und einem Gewicht von ca. 430 kg ist das Grevy-Zebra *(Equus grevyi)*, das im äußersten Norden des Zebra-Siedlungsgebietes anzutreffen ist. Es ist inzwischen mit nur noch ca. 7000 Exemplaren ein seltenes Tier geworden. Das Zebra ist an seinen zahlreichen schmalen Streifen und dem weißen Bauch zu erkennen. Es war das erste Tier, das sich vom ersten einhufigen Pferd, dem Pliohippus, abspaltete. Die Biologie klassifiziert das Grevy-Zebra in die Untergattung *Dolichohippus*, während die anderen beiden Arten, das Cape-Mountain-Zebra *(Equus zebra)*, das ebenfalls zu den gefährdeten Arten gehört, und das Burchell-Zebra *(Equus burchelli)*, welches am häufigsten in Zoos anzutreffen ist, den Pferden und Eseln näher stehen und zur Untergattung *Hippotigris* gehören.

Das am häufigsten vorkommende Zebra ist das Burchell-Zebra (auch Gemeines oder Steppenzebra), das die Weidegründe Südostafrikas in großen Herden durchstreift. Von den sieben anerkannten Unterarten, die sich im Muster ihrer Streifen unterscheiden, ist das Grant-Zebra am weitesten verbreitet. Es hat breite, ausgedehnte Streifen und macht fast 70 Prozent der allgemeinen Zebra-Population aus.

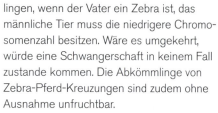

Zebra-Hybriden

»Zebra-Hybride« ist die Bezeichnung für ein Zebra, das mit einem Pferd oder einem Esel gekreuzt wurde. Hybriden sind immer interessante Kuriositäten – das Maultier, eine Mischung aus Pferd und Esel, ist die vielleicht bekannteste Hybride. Doch Tiere verschiedener Arten sind nicht leicht zu kreuzen, da sie eine unterschiedliche Anzahl von Chromosomen aufweisen, und gelungene Schwangerschaften sind selten. Ein Pferd hat 64 Chromosomen, das Zebra nur 44; die Chromosomenzahl eines Tieres, das aus einer erfolgreichen Kreuzung von Pferd und Zebra entsteht, liegt irgendwo dazwischen. Eine solche Kreuzung ist selten erfolgreich; sie kann auch nur gelingen, wenn der Vater ein Zebra ist, das männliche Tier muss die niedrigere Chromosomenzahl besitzen. Wäre es umgekehrt, würde eine Schwangerschaft in keinem Fall zustande kommen. Die Abkömmlinge von Zebra-Pferd-Kreuzungen sind zudem ohne Ausnahme unfruchtbar.

Die Körper von Zebras ähneln denen von Ponys, doch ihre Hüften sind anders geformt. Ihre Ohren sind länger und runder als die von Pferden; die des Cape-Mountain-Zebras sind fast so lang wie die von Eseln, die des Grevy-Zebras sind groß und kegelförmig. Die Hälse sind charakteristisch gerade und eselähnlich. Die meisten Zebras und Esel besitzen keinen richtigen Widerrist (sodass Sättel nicht gut halten); sie haben Stehmähnen, und der Stirnschopf fehlt. Zebras machen verschiedene Geräusche, am häufigsten sind Grunz- oder Belllaute. All diese Merkmale werden teilweise an Zebra-Hybriden weitergegeben.

Von den vielen Streifenmustern der Zebras sind drei am häufigsten bei Zebra-Hybriden anzutreffen: die Flankenstreifen des Grant-Zebras, die »Schattenstreifen« des Damaraland-Zebras und die schmalen Streifen mit weißem Bauch des Grevy-Zebras. Wie das Streifenmuster des Zebrahengstes auch aussehen mag, viele »Zebroiden« werden mehr Streifen an Hüften und Rücken haben als ihre Eltern. Typische Zebra-Hybriden zeigen ausgeprägt gestreifte Beine, einen deutlich sichtbaren Aalstrich und unterschiedlich ausgeprägte Streifen auf Gesicht, Hals, Schultern und Rumpf. Die Streifen können dunkelbraun oder schwarz auf allen bei Pferden vorkommenden Fellfarben sein, sogar rot- oder kastanienbraun auf rotbraunem Untergrund.

Abhängig vom Erbgut der Eltern werden Zebroiden entweder mehr wie Pferde oder mehr wie Zebras aussehen; sie sind jedoch gewöhnlich kleiner als die meisten Pferde oder Maultiere.

Eine Zebra-Hybride ist im allgemeinen viel stärker und zäher als das Pferd. Vom Zebra erbt das Tier nicht nur die Streifen, sondern auch seine angeborene Sportlichkeit – was es zu einem Springtalent macht. Ein Jährling kann leicht und mit großer Geschwindigkeit ein 1,80 m hohes Gatter nehmen. Wer weiß, vielleicht werden Zebra-Hybriden eines Tages in Rennen eingesetzt werden!

Halbesel (Wildesel)

Halbesel ist ein eher unglückliches Wort, weil es suggeriert, dass diese Tiere halb Esel sind, halb irgendetwas anderes. Tatsächlich wird mit diesem Begriff ein Tier beschrieben, das charakteristische Eigenschaften von Pferden und von Eseln aufweist, obwohl es auch einige spezifische Unterscheidungsmerkmale zeigt, wie z.B. die Unterschenkelknochen, die beim Halbesel viel länger sind als bei allen anderen Equiden.

Es gibt zwei Gruppen von Halbeseln, die Asiatischen *(Equus hemionus)* und die Afrikanischen *(Equus africanus)*. Der Asiatische Halbesel wurde vor ca. 6000 Jahren domestiziert, die alten Ägypter hielten bereits Eselherden.

Der heute im Bestand bedrohte Onager ist der »Wildesel« der Bibel. Es existieren viele Unterarten des Asiatischen Halbesels überall in Asien und im Mittleren Osten, darunter der Mongolische Kulan oder Jigetai, wie er in den Wüstengebieten Zentralasiens genannt wird; außerdem der Tibetische Kiang und der Indische Khur, der heute ebenfalls zu den gefährdeten Arten gehört und in Nordindien um sein Überleben kämpft.

Der Afrikanische Wildesel ist der Vorfahr des domestizierten Esels und wurde wissenschaftlich erstmals von Linnaeus im Jahr 1758 erwähnt. Er wird zumeist in bergigen und steinigen Wüstengegenden sowie in trockenen bis halbtrockenen Busch- und Steppengebieten im Nordosten Afrikas angetroffen. Einst war er wahrscheinlich vom Atlas-Gebirge in Marokko über die Sahara bis zum Sudan und Somalia und sogar bis zur Arabischen Halbinsel verbreitet. Da er sich von trockenen Gräsern ernährt, ist der Zugang zu Wasser äußerst wichtig; er kommt zwar länger als jedes andere Tier aus der Gruppe der Equiden ohne Wasser aus, doch benötigt er es jeden zweiten bis dritten Tag. In den 1960er Jahren war der Afrikanische Wildesel noch in Äthiopien und Somalia und in den 1970er Jahren im Sudan zu finden, doch dann verwüstete eine große Dürre die Gebiete. Heute existieren wahrscheinlich nur noch kleine, gefährdete Populationen in den Küstenregionen des Roten Meeres in Dschibuti, Eritrea, Somalia, Äthiopien und möglicherweise im Sudan.

Abgesehen von der Dürrekatastrophe führten Kreuzungen zwischen wilden und domestizierten Tieren zur Reduzierung der Population des Afrikanischen Wildesels. Zudem trug die Jagd mit Schusswaffen zu seiner Dezimierung bei. Er wurde zum einen wegen seines Fleisches gejagt, zum anderen, weil ansässige Viehzüchter um wertvolles Weidefutter für ihr Vieh fürchteten. Unruhen und Bürgerkriege in der Region trugen ebenfalls zum Niedergang bei. Auch berichteten Augenzeugen, dass nach einer längeren Verfolgung durch Fotosafari-Autos immer wieder Esel an Erschöpfung starben.

Eine Unterart des Afrikanischen Wildesels ist der Somalische Wildesel (*E. a. somalicus*) aus Somalia und Eritrea. Er gehört zu den gefährdetsten Arten; der Tierbestand wird auf ca. 200 frei lebende Tiere geschätzt, ca. 80 Tiere leben weltweit in Zoos. Somalische Wildesel haben ein blaugraues Fell, sind am Bauch und an den Beinen blass, und die Beine weisen dunkle, zebraähnliche Streifen auf. Sie besitzen einen Aalstrich und eine steife Stehmähne, die mit schwarzen Haaren durchsetzt ist.

Somalischer Wildesel

Zebras, Halbesel, Esel und Wildpferde

Die Ohren sind lang mit schwarzen Rändern, der Schweif endet in einem schwarzen Quast. Die Hufe sind schmal und haben etwa den gleichen Durchmesser wie die Beine.

Der in rauen, felsigen Gebieten lebende Afrikanische Wildesel ist schnell und trittsicher, seine Geschwindigkeit kann bis zu 50 km/h erreichen. Die Tiere sind am späten Nachmittag und am frühen Morgen am aktivsten, während der Mittagshitze suchen sie im Schatten von Felsen Schutz.

Esel

Der domestizierte Esel *(Equus asinus)* stammt zum größten Teil vom Afrikanischen Wildesel ab und trägt zumeist die primitiven Kennzeichen (Aalstrich, gestreifte Beine und Stehmähne), die mit graubraunen Pferden assoziiert werden. Graubraun ist tatsächlich eine Verwässerung der Fellfarbe, die jedoch nur den Rumpf und nicht den Kopf, den unteren Teil der Beine, die Mähne und den Schweif betrifft.

Das englische Wort *donkey* (Esel) entstand im 18. Jahrhundert und ist wahrscheinlich eine Zusammensetzung der Wörter *dun* (graubraun) und *kin* (klein). Die durchschnittliche Größe des Esels liegt bei einem Stockmaß von ca. 1 m. Es gibt auch Zwergesel, etwa auf Sizilien oder in Indien, die nur eine Größe von ca. 60 cm erreichen, während Andalusische Eselhengste aus Spanien größer als 1,50 m werden können. Esel können schwarz, grau, weiß und sogar gescheckt sein, alle jedoch besitzen einen dunklen Aalstrich und das dunkle Schulterkreuz, das rechtwinklig zum Widerrist verläuft. Es soll der Legende nach ein göttliches Zeichen als Erinnerung an den Esel sein, der Jesus nach Jerusalem trug.

Handbuch Pferderassen

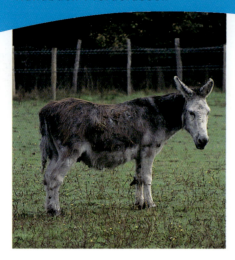

Przewalski-Pferd

Zebras, Halbesel, Esel und Maultiere bilden einen Zweig der Equiden-Familie. Der andere Zweig führte über den Tarpan und das Przewalski-Pferd *(Equus przewalskii)* zu unserem heutigen Pferd. Auch Asiatisches Wildpferd genannt, ist das Przewalski-Pferd der einzige der primitiven Vorfahren unserer heutigen Pferde, der in seiner ursprünglichen Form überlebt hat. In prähistorischer Zeit lebte dieses primitive Wildpferd in den europäischen und zentralasiatischen Steppengebieten östlich des 40. Längengrades. Heute wird es in zahlreichen Zoos erhalten. Ausgewählte Herden wurden wieder ausgewildert.

Przewalski-Pferd

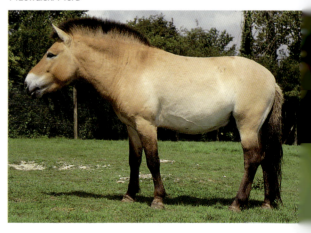

Anders als Pferde weisen Esel keine Kastanien an ihren Hinterbeinen auf und besitzen nicht sechs, sondern fünf Lendenwirbel. Sie haben – ein Erbe ihrer Wildeselahnen – eine kurze Stehmähne und lange Ohren. Ihr charakteristischer Schrei unterscheidet sich sehr deutlich vom Wiehern des Pferdes. Einer der größten und bekanntesten Esel ist der Baudet de Poitou (oder Poitou-Esel) aus der französischen Region Poitou. Es ist ein großes Tier, sorgfältig auf Größe und Körperbau hin gezüchtet. Die schweren Poitou-Eselstuten werden mit Pferdehengsten zur Zeugung von Poitou-Mauleseln verwendet.

Zebras, Halbesel, Esel und Wildpferde

Tarpan

Nachdem angenommen wurde, das Przewalski-Pferd sei ausgestorben, wurden 1879 im Gebiet von Tachin Schah (Berge des gelben Pferdes) am Rand der Wüste Gobi vom russischen Hauptmann N. M. Przewalski wilde Herden dieses mongolischen Pferdes entdeckt. Von kirgisischen Jägern, die das Tier als Taki bezeichneten, erhielt Przewalski das Fell eines dieser »gelben Pferde«. Ab 1899 gab es Expeditionen, die Exemplare der Spezies für genauere Untersuchungen fangen sollten. Schnell stellte sich heraus, dass dieses Wildpferd ein einmaliges Tier war.

Das Przewalski-Pferd unterscheidet sich von seinen domestizierten Nachfahren in der Anzahl seiner Chromosomen – es besitzt 66, nicht 64 wie das domestizierte Pferd. Es ist aggressiv und wild, und es heißt, dass es den Sommer über im Süden lebte und im Winter nach Norden zog. Das Tier ist durchschnittlich 1,32 m groß, gelblich bis mausfalb mit schwarzen Beinen – die oftmals gestreift sind wie beim Zebra – sowie schwarzem Mähnen- und Schweifhaar. Es hat oft einen ausgeprägten Aalstrich, manchmal auch ein Schulterkreuz (s. Esel, S. 44). Die Mähne weist ein deutlich primitives Merkmal auf, denn es ist eine Stehmähne aus sehr hartem Haar, die nicht länger als ca. 20 cm wächst und nicht wie die Pferdemähne über den Hals fällt. Am oberen Teil des Schweifs sind die Haare, genau wie bei Esel oder Maultier, kurz.

Wie das Zebra und der Kulan (mit dem es oft verwechselt wird) besitzt das Przewalski-Pferd einen geraden Rücken und keinen ausgeprägten Widerrist. Obwohl es in vielerlei Hinsicht dem Esel gleicht, ist es doch ein Mitglied der *Equus caballus* und der letzte wirklich wilde Pferde- bzw. Ponytyp, den man nicht versucht hat zu domestizieren. Die Ähnlichkeiten zwischen dem Przewalski-Pferd und dem »anderen Zweig« des Equiden-Stammbaums zeigt, wie nah beide an der gemeinsamen Wurzel sind.

Kapitel 5
Pferderassen

Ponys

Es wird angenommen, dass sich vor ca. 6000 Jahren – bevor die ersten Pferde domestiziert wurden – zwei verschiedene Ponytypen auf den Hochebenen und Steppen Zentralasiens entwickelten. Pony-typ 1 bildete sich höchstwahrscheinlich aus dem Tarpan-Grundstock und entwickelte sich in Nordwesteuropa weiter. Ponytyp 2 stammt wahrscheinlich vom Przewalski-Pferd ab und lebte im nördlichen Eurasien.

Diese Ponys entwickelten sich lange vor dem Ende des Eiszeitalters, als es noch eine Eisbrücke zwischen Großbritannien und dem europäischen Festland gab. Als die letzte Eisbrücke ca. 15 000 v. Chr. verschwand, wurden die Ponys und Pferde, die bis dahin auf den britischen Inseln lebten, von jegli-chen weiteren Einflüssen abgeschnitten. Erst im Bronzezeitalter, ca. 1000 v. Chr., als Schiffe gebaut wurden, die groß genug waren, um Tiere zu transportieren, kamen wieder neue Pferde auf die Insel. Folglich hatten die Ponys, die am Ende der Eiszeit in England »gestrandet« waren, 14 000 Jahre Zeit, ihre Charakteristika auszubilden. Als Eindringlinge und Händler wie Römer, Wikinger und Phönizier England erreichten, führten sie neue Pferde mit sich, deren Gene sich im Laufe der Zeit mit einigen der britischen Ponyrassen mischten und diese beeinflussten.

Es gibt eine Reihe alter britischer Pony-rassen, die wegen ihrer ursprünglichen Lebensräume als Moor- oder Bergrassen bezeichnet werden. Heute gibt es keinen wirklich wilden Ponybestand mehr in Groß-britannien; zwar halten viele Züchter die Ponys noch immer in ihren ursprünglichen Lebensräumen, doch werden selbst die »wildesten« Herden, wie die der Exmoor-Ponys, einmal jährlich zur Zuchtauslese und tierärztlichen Kontrolle zusammenge-trieben. Die Ponyrassen wurden im Laufe der Jahrhunderte »verbessert«, besitzen aber trotzdem Qualitäten und Merkmale, die Ergebnis bestimmter Umweltbedin-gungen und lang andauernder geographi-scher Isolation sind. Zuchtverbände führen heute Stutbücher, um sicherzustellen, dass der Tierbestand reinrassig bleibt.

Auf dem europäischen Festland gibt es Ponys ebenso alter Ursprünge. Heute sind viele dieser Ponys Arbeitstiere, die auf Bauernhöfen der landwirtschaftlich ge-prägten Gebiete Zentral- und Osteuropas eingesetzt werden.

Handbuch Pferderassen

In den industrialisierten und wohlhabenderen westeuropäischen Ländern werden mehr und mehr Reitponys für Sport und Freizeit gezüchtet. Nach Nord-, Süd- und Zentralamerika kamen die ersten Ponys mit den spanischen Eroberern und wurden später zu einer großen Vielfalt von Ponyrassen weiterentwickelt, darunter der winzige Falabella (s. S. 63) und das Chincoteague-Pony (s. S. 53).

In Asien, dem größten Kontinent, der sich vom Polarkreis im Norden bis zum Äquator im Süden erstreckt, entwickelten sich zahlreiche Ponyrassen entsprechend den großen Unterschieden von Klima und Terrain.

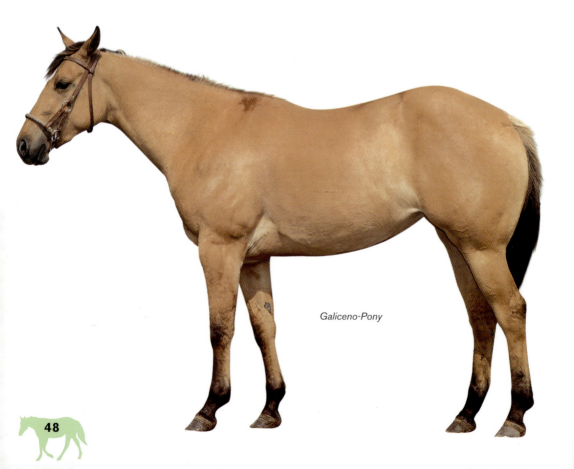

Galiceno-Pony

Ponys

Baschkir-Pony

Größe:	1,32–1,42 m
Farben:	Füchse, Falben
Gebrauch:	Reit-, Pack- und Zugpony; Milch- und Fleischlieferant
Merkmale:	Schwerer Kopf und dicker, starker Hals; harte Hufe (normalerweise unbeschlagen); dickes, gelocktes Fell; üppiges Langhaar

Der Baschkir oder Baschirski ist nach einem Gebiet an den südlichen Hängen des Urals benannt, Baschkirien, das nah bei den Steppen Kirgistans und Kasachstans liegt. Wie die meisten Ponys ist der Baschkir von Natur aus widerstandsfähig. In ihrer Heimat leben diese Tiere das ganze Jahr über im Freien – oft in tiefem Schnee, bei Temperaturen von minus 22 bis minus 44 Grad Celsius und dazu bei kargem Futter.

Trotz dieser Lebensumstände sind Baschkir-Stuten berühmt für ihre Milchproduktion: Innerhalb der sieben- bis achtmonatigen Laktationsperiode gibt eine durchschnittliche Stute mehr als 1500 l Milch. Ein großer Teil davon wird zu Milchprodukten verarbeitet, einiges aber auch zu *kumys*, dem »Feuerwasser« der Steppe. Wie viele Pferde und Ponys versorgt der Baschkir seine Besitzer auch mit der wertvollen Proteinquelle Fleisch. Das Tier hat ein volles, gelocktes Fell und eine Fülle von Mähnen- und Schweifhaar; ausgekämmte Ponyhaare können zu Decken und Kleidung verwoben werden. Außerdem kann der Baschkir als Reittier, als Packpony im Gebirge und als Zugpferd eingesetzt werden. Seine Ausdauer ist legendär; es heißt, eine Baschkir-Troika (von drei nebeneinander laufenden Pferden gezogener Schlitten) kann im Schnee leicht 120 bis 140 km pro Tag zurücklegen.

Handbuch Pferderassen

Wegen des vielfältigen und wertvollen Beitrags des Baschkirs zur örtlichen Wirtschaft des südlichen Uralgebietes wurden 1845 Zuchtzentren zur Verbesserung des Tierbestandes errichtet. Zwei Ponytypen wurden entwickelt: der Berg-Baschkir, geeignet als Reitpferd, und der schwerere Steppentyp.

In den USA, wo sie aufgrund ihres lockigen Haares Baschkir-Curlies genannt werden (engl. *curl* = Locke), sind die Tiere in den Weststaaten zu finden. Der Legende nach wurden sie im frühen 19. Jahrhundert als erstes in Mustang-Herden gesehen (s. S. 228). Manche Leute behaupten, der Baschkir sei vor tausenden von Jahren über die Landbrücke entlang der Beringstraße nach Amerika gekommen. Dies ist unwahrscheinlich, da Pferde auf dem amerikanischen Kontinent vor 8000 bis 10 000 Jahren ausstarben und erst im 16. Jahrhundert von den Spaniern wieder eingeführt wurden.

Ponys

Kaspisches Pony

Größe:	1–1,22 m
Farben:	Braune, Dunkelbraune, Füchse, Schimmel
Gebrauch:	Reit- und Kutschpony
Merkmale:	Große Rehaugen, sehr kurze Ohren (Rassestandard: nicht länger als 11,4 cm); starke, schmale Hufe (Beschlag nur sehr selten nötig); natürliche Sprungfähigkeit; volles, fallendes Mähnenhaar und hoch getragener Schweif

Das Kaspische Pony kommt aus dem Gebiet rund um das Elbursgebirge und das Kaspische Meer im Iran und ist eine der ältesten Pferderassen der Welt. Es stellt ein Verbindungsglied zwischen den frühen Formen des *Equus* und den vollblütigen Pferden dar, aus denen sich unsere heutigen leichten Pferde entwickelten. Es wird angenommen, dass es kurz vor der Domestizierung des Pferdes vier Unterarten gab, zwei Ponytypen und zwei Pferdetypen. Pferdetyp 4 war der kleinste und proportioniert wie ein Pferd, sein ursprünglicher Lebensraum war Westasien. Er gilt als der Prototyp des Arabers (s. S. 113–121), und seine nächste moderne Entsprechung ist das Kaspische Pony. Es gibt viele Beispiele alter Kunst aus Ägypten und Mesopotamien, wo »Miniatur«-Pferde von typisch arabischem Aussehen auftauchen. Um 500 v. Chr. wurden ähnliche Pferde auf dem Siegel des persischen Königs Darius des Großen (522–486 v. Chr.) abgebildet. Das Siegel zeigt ein Gespann von zwei Pferden vor einem Streitwagen mit Darius, der Pfeile auf einen angreifenden Löwen abschießt – die Pferde erscheinen darauf im Vergleich zum Löwen zwerghaft.

Aufzeichnungen aus dem alten Griechenland berichten von kleinen Pferden in Medea, einem Gebiet südlich des Kaspischen Meeres; in

Handbuch Pferderassen

Höhlen von Kermansh (einem Gebiet zwischen Bagdad im Irak und Teheran im Iran) wurden Pferdefossilien aus dem Mesolithikum gefunden. Es scheint, dass vor ca. 1000 Jahren die Stämme aus Kermansh die Region verließen und sich mitsamt ihren Pferden am nördlichen Rand des Elbursgebirges niederließen.

Das Kaspische Pony unterscheidet sich von anderen Ponyrassen durch einige einzigartige körperliche Merkmale. Das Schulterblatt ist deutlich anders ausgebildet (mehr wie bei einem Pferd als bei einem Pony), zudem hat das Tier einen zusätzlichen Backenzahn im Oberkiefer sowie anders geformte Scheitelbein-Knochen, die dem Schädel ein gewölbtes Aussehen verleihen. Die für ausgestorben gehaltenen Ponys wurden 1965 von der amerikanischen Reisenden Louise I. Firouz in Amol im nördlichen Iran wiederentdeckt, wo sie Karren zogen. Daraufhin wurden Zuchtprogramme eingeleitet, um die Zukunft des Kaspischen Ponys zu sichern. Heute gibt es Gestüte im Iran sowie Zuchtgesellschaften in Großbritannien, den USA, Australien und Neuseeland.

Ponys

Chincoteague-Pony

Größe: Durchschnittlich 1,22 m
Farben: Alle, viele Schecken
Gebrauch: Hauptsächlich wild lebend, einige als Reitpony
Merkmale: Kurzer, runder Körper; zotteliges Winterfell; viele haben leichte Knochen mit schlecht entwickelten Gelenken.

Diese wilden Ponys sind die einzigen einheimischen Ponys der USA und daher etwas Besonderes. Höchstwahrscheinlich stammen sie von verirrten oder ausgesetzten Tieren der frühen Siedler des 17. Jahrhunderts ab. Die Insel Chincoteague und ihre Nachbarinsel Assateague liegen vor den Küsten von Virginia und Maryland und gehören zu den letzten Lebensräumen wilder Pferdeherden. Die Lebensbedingungen auf den Inseln sind hart; es gibt keinen Schutz vor den atlantischen Stürmen, und die Vegetation, die auf den sandigen Salzmarschen gedeiht, ist nährstoffarm. Die harten Lebensumstände forderten ihren Tribut – es überlebten nur die widerstandsfähigsten und anpassungsfähigsten Ponys. Gegen Ende des 20. Jahrhunderts zeigte ein Großteil des Tierbestands Anzeichen von verkümmertem Wachstum und Gebäudeschäden, Folgen unkontrollierter Vermehrung in einem isolierten und begrenzten Genpool.

Auf Assateague, der größeren der beiden Inseln, leben ca. 200 Chincoteague-Ponys. In den 1920er Jahren wurde die wilde Rasse bekannter, als die Freiwillige Feuerwehr von Chincoteague die Verantwortung für die Ponys übernahm und den Tierbestand durch die Einkreuzung von Shetland-Ponys (s. S. 76), Welsh-Ponys (s. S. 85) und Pintos (s. S. 205) verbesserte. Das Einbringen von Pinto-Blut führte sowohl zu gescheckten Tieren wie auch zu einer mehr »pferdeähnlichen« Kopfform.

Connemara-Pony

Größe:	1,33–1,48 m
Farben:	Hauptsächlich Schimmel, außerdem alle Grundfarben sowie Falben
Gebrauch:	Reit- und Kutschpony
Merkmale:	Kleiner Kopf auf anmutigem Hals; starke Beine, trittsicher, natürliche Sprungfähigkeit; als Reitpferd für Kinder und Erwachsene geeignet

Das einzige einheimische Pony Irlands wurde nach einer Grafschaft im Westen Irlands benannt. Das Gebiet liegt am Atlantischen Ozean und ist berühmt für seine großartige Landschaft aus Seen, Mooren, Sümpfen und Bergen. Wahrscheinlich sahen die Vorfahren des Connemara-Ponys ähnlich aus wie die Shetland-Ponys (s. S. 76) und die Norwegischen Fjord-Pferde (s. S. 75), doch als keltische Plünderer im 5. und 6. Jahrhundert landeten, kam der östliche Einfluss des kleinen Keltischen Ponys hinzu.

Später, als Galway im 16. Jahrhundert zum bedeutenden Handelszentrum geworden war, wurden Spanische Pferde eingeführt. Der Legende nach wurde Spanisches Blut auch durch die Pferde eingeführt, die 1588 aus den sinkenden Schiffen der spanischen Armada geborgen wurden.

Im 19. Jahrhundert wurden »Araber« – wahrscheinlicher ist, dass es Berber waren (s. S. 21) – von reichen Gutsbesitzern nach Connemara gebracht. 1897 wurde der Versuch begonnen, die Degeneration der Rasse aufzuhalten. Im Rahmen eines von der Regierung unterstützten Programms wurden Welsh Cobs (s. S. 84), Hackneys (s. S. 167) und Clydesdales (s. S. 99) eingekreuzt. Damit war der Grundstein zum heutigen Connemara-Pony gelegt, das eines der besten Turnierponys ist – schnell und mutig, aber sensibel, mit natürlichem Springvermögen und dabei extrem vielseitig, denn das Tier kann sowohl von Kindern wie auch von Erwachsenen geritten werden.

1923 wurde die *Connemara Pony Breeder*

Ponys

Society gegründet, und 1926 wurde ein Stutbuch angelegt. Der erste darin registrierte Hengst war Cannon Ball, 1906 geboren und bis zum heutigen Tag im Westen Irlands in hohen Ehren gehalten. Cannon Ball gewann 16 Jahre in Folge das ländliche Rennen von Oughterard (Aussagen der ortsansässigen Bevölkerung zufolge fraß er in der Nacht vor einem Rennen jeweils eine halbe Tonne Hafer) und arbeitete sein ganzes Leben als Kutschpferd. Er war dafür bekannt, zufrieden vom Markt nach Hause zu traben, während sein Besitzer, Harry O'Toole, betrunken auf dem Boden des Karrens schnarchte. Als Cannon Ball starb, wurde eine traditionelle irische Zeremonie veranstaltet, wie sie hoch geehrten Gemeindemitgliedern zuteil wird – eine die ganze Nacht andauernde Totenwache, bei der viel getrunken, erzählt und gesungen wird –, bevor das Tier im Morgengrauen des nächsten Tages begraben wurde.

Handbuch Pferderassen

Dales-Pony

Größe:	Durchschnittlich 1,48 m
Farben:	Rappen, Dunkelbraune, gelegentlich Schimmel
Gebrauch:	Reit- und Kutschpony; Landwirtschaft
Merkmale:	Schwere, sehr tiefe Schultern; kurzer Rücken und sehr starke Lenden; kurze, flache Röhrbeine (Umfang mindestens 20 cm); üppiges Langhaar; üppiger, seidiger Behang

Das Dales-Pony ist eines der schwersten Ponys Großbritanniens und kommt von der östlichen Seite der Penninen-Hügelkette im Norden Englands. Es ist mit dem kleineren Fellpony (s. S. 64) verwandt, dessen traditionelles Zuchtgebiet auf der westlichen Seite der Penninen liegt.

Dales- und Fellponys stammen wahrscheinlich vom Friesen (s. S. 160) ab, der von den Römern vor über 2000 Jahren nach Britannien gebracht wurde. Das steile Terrain und das harte Klima der Region machten die Tiere widerstandsfähig und trittsicher. Im 18. Jahrhundert kamen Dales-Ponys in Bleiminen zum Einsatz; sie arbeiteten unter Tage und auch als Packponys, die das Blei-Erz über das hügelige Land im Nordosten Englands bis zu den Seehäfen an der Flussmündung des Tyne transportierten. Später wurden sie auch in Kohleminen eingesetzt, vor allem aufgrund ihrer Fähigkeit, unverhältnismäßig schwere Lasten zu transportieren – das durchschnittliche Gewicht, das von einem Dales-Pony getragen wurde, lag bei 100 kg.

Das Dales-Pony war jedoch auch ein guter Traber, eingespannt oder als Reitpferd, und dem Vernehmen nach in der Lage, mit beträchtlicher Last eine Meile (1,6 km) in nur 3 Minuten zurückzulegen. Um diese Fähigkeiten weiter auszubauen, wurde im 19. Jahrhundert der Welsh Cob (s. S. 84) eingekreuzt, speziell ein Traber-Hengst par excellence namens Comet. Im frühen 20. Jahrhundert wurden auch Clydesdales (s. S. 99) eingekreuzt, doch war dies wohl ein Schritt in die falsche

Ponys

Richtung – um 1917 war das Dales-Pony zu zwei Dritteln ein Clydesdale. Trotzdem galt es während des Ersten Weltkriegs in der Armee noch immer als bestes Packpferd. In letzter Zeit wurde der Einfluss des Clydesdales vermindert, übrig blieb ein Pony mit großer Ausdauer, einem ruhigen Temperament und einer starken Konstitution, ideal zum Pony-Trekking. Seine Traberqualitäten hat das Dales-Pony beibehalten, was es auch zu einem hervorragenden Kutschpony macht.

Handbuch Pferderassen

Dartmoor-Pony

Größe: Durchschnittlich 1,28 m
Farben: Rappen, Braune, Dunkelbraune; bei Show- und Zuchtponys nur wenige weiße Abzeichen an Kopf und Beinen erlaubt
Gebrauch: Reitpony
Merkmale: Kleiner Kopf, wachsame Ohren; schräg abfallende Schultern; das Heben der Knie fehlt, was zu einer für den Reiter angenehmen langen, flachen Aktion führt.

In Devon, im Südwesten Englands, liegt ein weites, windgepeitschtes, wildes Moorland, das Dartmoor. Dort streifen seit mindestens 1000 Jahren trittsichere, zähe Ponys frei umher. Vom 12. bis zum 15. Jahrhundert wurden diese Ponys genutzt, um Zinn aus den Minen zu transportieren.

Der Ponytyp hat sich im Lauf der Jahre verändert; er wurde von mehreren verschiedenen Rassen wie dem Old-Devon-Pack-Horse und dem Cornish Goonhilly (heute beide ausgestorben) beeinflusst sowie von östlichen oder orientalischen Pferden, die im 12. Jahrhundert eingeführt worden sein könnten. Im 19. Jahrhundert wurden auch Welsh-Ponys und Welsh Cobs (s. S. 84 und 85), Araber (s. S. 113), kleine Englische Vollblutpferde (s. S. 122) sowie Exmoor-Ponys (s. S. 60) eingeführt. Für einen Versuch, kleinere Tiere für die Arbeit in den Gruben zu züchten, wurden Shetland-Ponys ins Moor gebracht – das Ergebnis war verheerend und führte beinah zum Verschwinden des guten Dartmoor-Reittyps. Die Rasse wurde durch Einkreuzung von Welsh-Mountain-Ponys (s. S. 85), einem Fellpony (s. S. 64) und dem berühmten Polo-Ponyhengst Lord Polo gerettet.

Ponys

Am Ende führten die zahlreichen Einkreuzungen zu einem Reitpony mit außergewöhnlich gleitender Aktion, da das Dartmoor-Pony beim Laufen seine Knie (Vorderfußwurzelgelenke) nicht sehr hoch nimmt. Die Ponys wurden erst 1899 registriert, als die Polo Pony Society (heute National Pony Society) ein Zuchtbuch mit festgelegten Rassestandards anlegte. Im Zweiten Weltkrieg wurde das Dartmoor als militärisches Manövergebiet genutzt, und es kam beinahe zur Auslöschung der Rasse – zwischen 1941 und 1943 waren nur noch zwei Hengste und zwölf Stuten registriert. Wieder einmal wurde die Rasse von einigen enthusiastischen Züchtern vor dem Aussterben gerettet, und heute kommt die Mehrzahl der Dartmoor-Ponys aus Privatzuchten in ganz Großbritannien. Trittsicher, freundlich und feinfühlig, sind Dartmoors ideale Reitponys und beliebt in Europa, den USA und Kanada, insbesondere als Anfängerponys für Kinder.

Handbuch Pferderassen

Exmoor-Pony

Größe: 1,22–1,30 m
Farben: Braune, Dunkelbraune, Mausfalben; mehlfarbene Schattierungen um Augen und Nüstern (Mehlmaul), an der Innenseite der Flanken sowie am Bauch; schwarzes Langhaar
Gebrauch: Reitpony; Einkreuzungen
Merkmale: Krötenaugen mit schweren Lidern; Rudimente eines siebten Molarzahnes; sehr dichtes Fell; üppiger Schweif mit fächerartigem Wuchs am Schweifansatz; große Ausdauer

Das Exmoor-Pony ist die älteste Ponyrasse Großbritanniens und weist noch deutliche Merkmale seines vorherrschenden Ahnen, dem Ponytyp 1 auf, etwa die spezielle Kieferbeschaffenheit mit einem siebten Molaren. Exmoor-Ponys blieben über Jahrhunderte hinweg unverändert, vor allem aufgrund des isolierten Lebensraumes – der hoch gelegenen, wilden Moorlandschaft im Nordosten Devons –, in dem sie seit der Eiszeit umherstreifen. Die Isolation und das unwirtliche Klima des Exmoors führten zu einem Pony, das stark und außergewöhnlich widerstandsfähig ist. Die britische Stiftung zur Erhaltung seltener Rassen führt auf ihrer »kritischen Liste« auf, dass es heute nur noch drei Hauptherden im Moor gibt. Die Reinheit und Qualität dieser wild lebenden Tiere wird von der *Exmoor Pony Society* sorgsam überwacht. Jedes Jahr im Herbst werden die Herden zusammengetrieben und alle Fohlen begutachtet. Alle Jungtiere, die den Rassestandards entsprechen, werden mit einem Stern an der Schulter gebrandmarkt, der sie als reinrassig ausweist. Unter dem Stern wird die Nummer des Ponys in der Herde eingebrannt.

Reinrassige Exmoor-Ponys sind sofort an ihrem Mehlmaul und den hellen Schattierungen um Augen, Ohren, Bauch und an den Innenseiten der Flanken zu erkennen; weiße Abzeichen sind im Rassestandard nicht erlaubt. Die vorstehenden Augen werden Krötenaugen

Ponys

genannt; die schweren Lider schützen sie vor Regen. Der Kopf des Ponys ist aufgrund der Länge der Nasengänge etwas größer als bei anderen Rassen: Die längere Nasenpassage wärmt die Luft besser auf, bevor sie in die Lungen strömt. Der dicke Schweif wächst am Ansatz fächerförmig und schützt vor Schnee und Regen, genau wie das Fell, das sehr dicht und wasserundurchlässig ist. Das Winterfell ist dick, grob und elastisch. Im Sommer schimmert das dichte, widerstandsfähige Fell metallisch. Von Natur aus scheu gegenüber Menschen, werden aus Exmoors, wenn sie gut ausgebildet sind, außergewöhnlich gute Reitponys. Sie sind im Verhältnis zu ihrer Größe enorm stark und auch für ihr Renn- und Sprungvermögen bekannt. Auch anderswo in Großbritannien werden Exmoor-Ponys gezüchtet, doch Tiere, die jenseits der Moore gezogen werden, verlieren oft ihre typischen Merkmale.

Eriskay-Pony

Größe:	1,22–1,38 m
Farben:	Schimmel, gelegentlich Rappen oder Braune
Gebrauch:	Reit- und Kutschpony; Landwirtschaft und Jagd
Merkmale:	Dichtes, wasserundurchlässiges Fell; üppiges Schweifhaar; feiner, seidiger Behang

Das raue und anspruchsvolle Klima auf den Inseln vor der Westküste Schottlands unterstützte 4000 Jahre lang die Entwicklung eines Ponys, das unempfindlich gegenüber Wind und Regen ist. Die karge Inselkost reicherte das Eriskay-Pony durch das Fressen von mineralstoffreichem Seetang an, der an die Küste gespült wurde.

Die Ponys der westschottischen Inseln waren die Arbeitstiere der kleinen Selbstversorgungs-Bauernhöfe; während die Männer ihren Lebensunterhalt als Fischer verdienten, war die Arbeit auf diesen Crofts größtenteils Frauen, Kindern und Ponys überlassen. Die Ponys trugen Torf (das einzige Brennmaterial auf den Inseln) und Seetang (zum Färben und als Dünger gebraucht) in großen Weidekörben, die zu beiden Seiten des Pferderückens befestigt wurden. Stark genug, um beladene Karren über raues Terrain zu ziehen, verrichteten die Ponys auch Feldarbeit vor dem Pflug und zogen die »Schulbusse« für die Kinder der Inseln.

Die Tiere sind mit dem größeren Highland-Pony verwandt (s. S. 69). Einkreuzungen des Highland-Ponys führten zu einer Reduzierung der reinrassigen Eriskay-Ponys, und um 1970 gab es nur noch ca. 20 Tiere. Glücklicherweise fanden sich einige Liebhaber zur Rettung der Rasse, die damals als Highland-Pony vom Typ der Westschottischen Inseln angesehen wurde.

Dank der *Eriskay Pony Society* hat sich die Anzahl der Ponys auf ca. 300 erhöht, doch der Eriskay ist noch immer eine vom Aussterben bedrohte Rasse.

Ponys

Falabella

Größe:	Bis 76 cm
Farben:	Alle, auch Schecken
Gebrauch:	Haustier, kein Reitpony; in den USA gelegentlich als Kutschpony zu sehen
Merkmale:	Proportionen eines Miniatur-Pferdes; großer Kopf im Verhältnis zum übrigen Körper; buschiges Langhaar

Immer wieder wurden im Lauf der Geschichte Miniatur-Exemplare von Pferden gezüchtet, als Haustiere und wegen des Reizes des Ungewöhnlichen. Der Falabella ist nicht wirklich ein Pony, sondern ein Miniatur-Pferd – es ist das kleinste Pferd der Welt, mit den Proportionen und dem Charakter eines Pferdes. Ihre Kleinwüchsigkeit macht die Tiere zum Reiten völlig ungeeignet, in den USA sind sie jedoch gelegentlich vor kleine Wagen gespannt zu sehen.

Die züchterische Basis des Falabellas waren Shetland-Ponys (s. S. 76) und möglicherweise ein sehr kleines, »missgestaltetes« Englisches Vollblutpferd (s. S. 122). Die Familie Falabella züchtete auf ihrer Ranch in Argentinien bewusst mit den kleinsten Tieren. In diesem Prozess ging die Stärke und Widerstandsfähigkeit des Shetland-Ponys verloren. Der kleinste Falabella, der je gezüchtet wurde, war Sugar Dumpling, der Smith McCoy aus Virginia (USA) gehörte.

Er war lediglich 51 cm groß und wog nur 13,5 kg.

Das Ziel der Züchter ist ein fast perfektes Miniatur-Pferd, die angestrebte Größe liegt bei 76 cm Stockmaß. Doch Inzucht führte oft zu Gebäudefehlern; einige Tiere haben zu lange und schwere Köpfe, eine schwache Hinterhand und zuweilen unförmige Gliedmaßen. Dennoch sind Falabellas attraktiv und niedlich und gelten als intelligente, gutmütige und freundliche Haustiere. Die Vielfalt der Farben ist groß. Die gepunktete Appaloosa-Zeichnung des Fells (s. S. 134) wird immer beliebter.

Handbuch Pferderassen

Fellpony

Größe: 1,33–1,42 m
Farben: Rappen, Braune, gelegentlich Schimmel; sehr wenige weiße Abzeichen
Gebrauch: Reit- und Kutschpony
Merkmale: Kleiner Kopf mit breiter Stirn und spitz zulaufendem Maul; große, offene Nüstern; große Kraft in der Hinterhand durch Stärke und Flexibilität der Sprunggelenke; harte, bläulich schwarze Hufe; üppiges Langhaar, das lang belassen wird; seidiger Behang

Das Fellpony ist eng mit dem Dales-Pony verwandt, jedoch kleiner und leichter. Es stammt von der Westseite der Penninen im Norden Englands, aus den rauen Berg- und Moorlandschaften von Westmorland und Cumberland. Sowohl das Fell- wie auch das Dales-Pony führen das Blut niederländischer Friesen – Kaltblutpferden, die von den Römern vor ca. 2000 Jahren als Kavalleriepferde nach Britannien gebracht wurden. Beide Rassen entwickelten sich jedoch ein wenig unterschiedlich, je nach Lebensraum und der Arbeit, die sie leisten mussten.

Den größten Einfluss auf das Fellpony übte der schnellfüßige Galloway – das Reittier der Grenzräuber, die damals die römischen Legionen belästigten – und später das Pferd der schottischen Viehtreiber aus. Obwohl er bereits im 19. Jahrhundert ausstarb, hat der Galloway den britischen Ponys seinen Stempel aufgedrückt. Er war stark, zäh und als Reit- und Kutschtier sehr schnell. Es ist gut möglich, dass der Galloway einen Teil des »Rennpferde«-Grundstocks bildete, der im 17. und 18. Jahrhundert die Basis für Einkreuzungen arabischer Pferde zur Entwicklung des Englischen Vollblutpferdes (s. S. 122) war.

Ponys

Zunächst war das Fellpony ein Packpony, das Blei-Erz aus Minen transportierte; die Ladung eines Ponys war ca. 95 kg schwer, und die Tiere marschierten damit ca. 380 km in der Woche durch eine der unwirtlichsten Landschaften Großbritanniens. Aufgrund seiner geringen Größe und guten Reiteigenschaften wurde das Fellpony bald auch als Kutsch- und Reitpony genutzt. Um 1900 wurde die *Fell Pony Society* gegründet, und die *National Pony Society* eröffnete eine neue Sektion im Stutbuch. Strikte Regeln, sorgsame Auslese sowie Konzentration auf die stärksten Vererbungslinien stellten nun sicher, dass sehr wenig »fremdes« Blut in die Rasse gelangte. So ist das Fellpony heute zum Reiten und als Fahrpony äußerst begehrt. Außerdem wird es für Einkreuzungen in andere Rassen verwendet, um Pferde von großem Wettkampfpotenzial zu erhalten.

Handbuch Pferderassen

Galiceno-Pony

Größe:	1,22–1,42 m
Farben:	Alle Grundfarben
Gebrauch:	Reit- und Kutschpony; Ranch-Arbeit
Merkmale:	Fast weißes Langhaar bei Palominos; schwarzes Langhaar, dunkler Aalstrich sowie gelegentlich Zebra-Streifen an den Beinen bei Braunen; weiche Gänge inklusive des flinken, bequemen Running-Walks

Das Galiceno-Pony aus Mexiko ist nach der spanischen Provinz Galizien benannt, wo die Rasse entstand. Galizien ist berühmt für seine leichtgängigen Pferde, die sich durch eine angeborene schnelle Schrittgangart, den Running-Walk, auszeichnen. Die Vorfahren des Galiceno-Ponys waren der portugiesische Garrano und der spanische Sorraia, die wahrscheinlich von den Spaniern im 16. Jahrhundert von der Insel Hispaniola (Haiti) aus nach Amerika verfrachtet wurden. Sowohl der Sorraia wie auch der Garrano stammen vom Tarpan ab, der einen direkten Einfluss auf die Entwicklung des Spanischen Pferdes hatte.

Obwohl nur bis zu 1,42 m groß und damit ein Pony, ist der Galiceno, was Proportionen und Charakter angeht, eigentlich ein Pferd. Er ist leicht gebaut, hat einen edlen Kopf, große, wache Augen, steile Schultern und einen kurzen Rücken. Zäh, intelligent, lebhaft und vielseitig, breitete sich das Tier in den 1950er Jahren von Mexiko aus in den USA aus, und seit 1958 ist es als Rasse anerkannt. Sein charakteristischer, weicher Rennschritt macht es zum attraktiven Reitpferd. In Mexiko wird es noch immer viel vor den Wagen gespannt oder in der Landwirtschaft genutzt. Die harten Hufe und die gesunde Konstitution sind an die Arbeit auf harter, sonnengetrockneter Erde gut angepasst.

Ponys

Haflinger

Größe:	Bis 1,40 m
Farben:	Palominos oder Füchse mit flachsfarbenem Langhaar
Gebrauch:	Reit-, Kutsch- und Zugpony
Merkmale:	Charakteristische Farbe; Edelweiß-Brandzeichen; außergewöhnlich freie Aktion mit langen, raumgreifenden Schritten

Der Haflinger ist eine robuste Bergrasse, die ihre Wurzeln im österreichischen Tirol hat. Der Name kommt vom Dorf Hafling im Etschgebirge, wo das Pony in großem Umfang gezüchtet wurde. Staatsgestüte wurden später auch bei Piber und Ossiach gegründet, doch heute liegt das Haupt-Haflinger-Gestüt bei Jenesien; dort sind alle Hengste österreichisches Staatseigentum, und die Jährlingshengste werden einer strengen Inspektion unterzogen, bevor sie als potenzielle zukünftige Deckhengste zugelassen werden.

Die sorgfältige Zuchtauslese und die gebirgige Umgebung sorgten für die Entwicklung eines bestimmten Ponytyps mit unverwechselbarem und sehr attraktivem Aussehen: Haflinger sind immer Füchse oder Palominos mit schönem hellblondem Langhaar. Sie sind kräftig gebaut und außergewöhnlich muskulös, mit viel Kraft in Lenden und Rücken.

Aufgrund der Kombination von Schönheit und Kraft heißt es, Haflinger seien »vorne Prinzen, hinten Bauern«. Haflinger werden auch manchmal als Edelweiß-Ponys bezeichnet, weil alle Haflinger das Brandzeichen der österreichischen Nationalblume mit dem Buchstaben »H« in der Mitte tragen.

Die Haflingerzucht geht auf der einen Seite auf kaltblütige, heute ausgestorbene schwere Alpenpferde und verwandte Ponyrassen zurück, auf der anderen auf arabi-

Handbuch Pferderassen

sche Ursprünge (s. S. 113). Zwar ist der heutige reinrassige Haflinger prinzipiell ein Kaltblüter, sein Stammbaum führt jedoch auf den Araberhengst El Bedavi XXII. zurück. Die Araber-Kaltblut-Kombination hat ein trittsicheres, ruhiges und arbeitsames Pony hervorgebracht, ideal für den Einsatz in der Land- und Forstwirtschaft sowie als Reit- und Kutschpferd in bergigem Terrain. In Österreich werden Haflinger auf Almwiesen großgezogen (»Alpung«), wobei die dünne, klare Luft die Entwicklung starker Lungen und Herzen fördert. Haflinger werden erst mit vier Jahren in die Arbeit genommen, sind dafür aber langlebig; manche arbeiten willig bis zum Alter von 40 Jahren, was ein Beweis für ihre starke Konstitution ist.

Der italienische Typ des Haflingers – ebenfalls mit dem Vorfahren El Bedavi XXII. – ist der Avelignese, der in den italienischen Alpen und den Appenninen großgezogen wird. Der Avelignese ist oft größer (ca. 1,48 m) und zeigt gelegentlich weiße Abzeichen am Kopf, ansonsten sind die beiden Rassen fast identisch.

Ponys

Highland-Pony

Das größte und stärkste britische Pony stammt aus Nordschottland und von den Inseln vor der westschottischen Küste. Die Ponys vom Festland waren größer und schwerer als die Inselponys; doch dieser Unterschied verschwand im 19. Jahrhundert, als Clydesdales (s. S. 99) auf die Inseln gebracht wurden, um Ponys zu produzieren, die stark genug für die Arbeit in der Forstwirtschaft waren (s. auch Eriskay-Pony, S. 62).

Größe: Bis 1,48 m
Farben: Hauptsächlich Falben (Creme-, Fuchs-, Maus-, Gold- und Gelbfalben), gelegentlich Dunkelfüchse mit silbernem Langhaar (»Blutjaspis«-Farbe), Schecken ebenfalls zugelassen
Gebrauch: Reit-, Kutsch- und Packpony
Merkmale: Meist primitive Merkmale wie ausgeprägter Aalstrich und Zebra-Streifen an den Innenseiten der Beine; feines und seidiges Langhaar; seidiger Behang

Handbuch Pferderassen

Die Ursprünge des Highland-Ponys scheinen in prähistorischer Zeit zu liegen. Nach der Eiszeit entwickelten sich im hohen Norden Schottlands Ponys aus dem Ponytyp 2, der dem Przewalski-Pferd (s. S. 12) ähnelte, und möglichen Einkreuzungen von Ponytyp 1, der dem Exmoor-Pony (s. S. 60) ähnlich war. Im Lauf der Geschichte gab es jedoch viele weitere Einflüsse. Im Bronzezeitalter wurden Pferde aus Skandinavien importiert, dann aus Island, aber die wesentlichen Einflüsse kamen später, vom 16. bis zum 18. Jahrhundert. Um 1515 schenkte der französische König Louis XII. König James V. von Schottland einige Pferde – darunter die Vorfahren des Percheron (s. S. 103). Im späten 17. und frühen 18. Jahrhundert verbesserte das Clan-Oberhaupt von Clanranald die Blutlinien durch die Einführung Spanischer Pferde. 1870 wurde aus Norfolk ein Kutschpferd vom Hackney-Typ auf die Inseln gebracht, das besonderen Einfluss auf die Ponys der Insel Arran hatte. Die McNeils auf der Insel Barra führten ihren Pferden Arabisches Blut zu, während John Munro-Mackenzie auf der Insel Mull mit dem Araberhengst Syrian die berühmte Calgary-Linie entwickelte.

Heute ist das Highland-Pony ein Pferd für alle Fälle. Frei von Erbkrankheiten und langlebig, gedeiht es auf rauem Weideland und braucht kaum Extrafutter. Weder Bergpässe noch sumpfiges Land sind ein Problem für das äußerst trittsichere Pony, und sein ruhiges Wesen macht es zum idealen Reit- und Kutschtier. Wegen seiner unglaublichen Kraft und Ausdauer wurde es früher als »Kriegspferd« eingesetzt (es nahm im 18. Jahrhundert an den Aufständen der Jakobiten und im 19. Jahrhundert am Burenkrieg in Südafrika teil), heute wird es für das Trekking und als Packpferd gebraucht. Ein Highland-Pony kann durchaus 114 kg tragen – das durchschnittliche Gewicht eines Rotwild-Kadavers.

Ponys

Island-Pferd

Größe:	1,22–1,33 m
Farben:	Alle, hauptsächlich Schimmel und Falben
Gebrauch:	Reit- und Kutschpony
Merkmale:	Schwerer Kopf; kurzer, stämmiger Rumpf, große Gurtentiefe, kurzer Rücken; sehr starke Beine mit kurzen Röhrbeinen und starken Sprunggelenken; keilförmige, abfallende, jedoch sehr starke und muskulöse Hinterbacken; volles Langhaar; fedriger Behang

Das Island-Pferd wird zwar nur 1,33 m groß, wird aber von den Isländern nie als Pony bezeichnet. Es ist eine der robustesten Ponyrassen; trotz seiner geringen Größe kann das Tier mit großer Geschwindigkeit mühelos einen erwachsenen Mann über weite Strecken durch eine der unwirtlichsten Landschaften der Welt tragen.

Das Pferd wurde von Skandinavien aus nach Island eingeführt, vor allem von den beiden norwegischen Herrschern Ingolfur und Leifur um 870 n. Chr. Bald folgten von den westschottischen Inseln, der Isle of Man und aus Irland weitere nordische Siedler mit ihren Pferden. Kreuzungen innerhalb dieses frühen Tierbestands führten zum Island-Pferd, nachdem über 1000 Jahre lang kein fremdes Blut eingeflossen war. Im Jahr 930 n. Chr., nach einem verheerenden Versuch, östliches Blut einzukreuzen, verbot der Althing (das älteste Parlament der Welt) den Import von Pferden nach Island.

Schon zu diesem frühen Zeitpunkt fand eine selektive Zucht statt, damals auf der Grundlage von Hengstkämpfen. Es gab vier Typen des Island-Pferdes: Packpferd, Zugpferd, Reitpferd und Fleischlieferant. Eine erweiterte Zuchtauswahl begann 1879 in Skagafjordur, Nordisland, bei der das Hauptaugenmerk auf die fünf Gänge gerichtet war, für die das Island-Pferd berühmt ist. Aus dieser Zucht gingen zwei unterschiedliche Typen hervor; das schwerere Pony wurde als Zug- und Packpferd eingesetzt, der leichtere Typ als Reitpferd. Beide Typen wurden auf ganz Island bis in die 1920er Jahre hinein eingesetzt und

Handbuch Pferderassen

stellten das einzige Transportmittel dar. Da Rinder den harten Winter im Freien nicht überstehen würden, werden Island-Pferde noch immer als Schlachttiere gehalten. Etwa die Hälfte aller isländischen Pferde lebt ganzjährig halbwild im Freien, mit nur gelegentlicher Beifütterung von nährstoffreichen Heringen.

Es gibt nicht weniger als 15 Grundfarben und Farbkombinationen (darunter Palomino und Schecken), und manche Gestüte spezialisierten sich auf die Züchtung einer bestimmten Fellfarbe. Aus dem Kirkjuber-Gestüt kommt z. B. eine bestimmte Fuchsfarbe mit fast weißem Mähnen- und Schweifhaar.

Prinzipiell jedoch konzentrieren sich alle Zuchtprogramme auf die fünf Gänge. Die ersten drei sind der Fetgangur (Schritt), der hauptsächlich von Packtieren benutzt wird, der Brokk (Trab), der beim Durchqueren zerklüfteter Landschaft zum Einsatz kommt, und der Stökk (Schneller Galopp). Die beiden weiteren Gänge sind sehr alt: der Skeið (Pass), eine weiche, rasche Gangart (Vorder- und Hinterhuf einer Seite heben sich gleichzeitig, anschließend beide Beine der anderen Seite), und der Tölt, ein viertaktiger Rennschritt, der für holperige Wegstrecken benutzt wird. In Pass-Rennen wechselt das Island-Pferd nach 50 m Stökk zum Skeið über.

Ponys

New-Forest-Pony

Größe:	1,22–1,47 m
Farben:	Alle, außer Schecken, Gefleckten und Weißisabellen; weiße Abzeichen an Kopf und Beinen erlaubt
Gebrauch:	Reit- und Kutschpony
Merkmale:	Lange, schräge Schultern, die gute Reitqualitäten verraten; lange, flache, geschmeidige Aktion, sichtbar vor allem beim Kantergalopp

Das New-Forest-Pony, zu finden im südenglischen New Forest (Hampshire), gehört zu den Rassen mit der größten Vielfalt an Einkreuzungen – hauptsächlich aufgrund der leichten Zugänglichkeit seines Lebensraumes. Wir wissen durch ein Waldgesetz, das König Canute im Jahr 1016 in Winchester proklamierte, dass es in diesem Wald schon Jahrzehnte, bevor die Normannen-Könige ihre Macht auf das Gebiet ausdehnten, Ponys gab. Jeder, der durch Südengland westwärts reiste, durchquerte den New Forest. So gab es reichlich Gelegenheit für britische Ponys, sich mit einheimischem Tierbestand zu kreuzen.

Nachdem die Normannen Britannien eingenommen hatten, ernannte König William Rufus (ca. 1056–1100) den New Forest zum königlichen Jagdgebiet, stellte das Rotwild unter Schutz und verlieh den Anwohnern (engl. *commoners*) das Recht, ihre Ponys im Wald weiden zu lassen – noch heute streifen ca. 3000 Ponys halbwild im Wald umher.

Im 13. Jahrhundert wurden Welsh-Ponystuten im Wald ausgesetzt. Das war der erste Versuch, die Rasse aufzuwerten. Es mag im Laufe der folgenden Jahrhunderte weitere Zuchtauswahl durch die Commoners gegeben haben, im 19. Jahrhundert war der Tierbestand jedoch so degeneriert, dass schnelles Handeln erforderlich war. Unter der Schirmherrschaft der Lords Arthur Cecil und Lucas wurde Dartmoor-, Exmoor-, Highland-, Fell-, Dales-, Hackney-, Clydesdale- und Araberblut eingeführt. Doch erst nach dem Zweiten Weltkrieg tauchten fünf Hengste auf, die als Grundväter der heutigen Rasse gel-

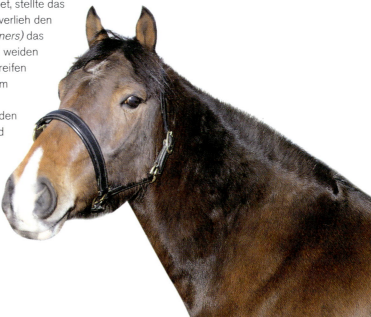

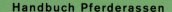

Handbuch Pferderassen

ten: Danny Denny, Goodenough, Brooming Slipon, Brookside David und Knightwood Spitfire.

Einige der vielen verschiedenen Einflüsse hinterließen sichtbare Spuren beim New-Forest-Pony. Die Köpfe sind eher pferde- als ponyähnlich, und es gibt oft beträchtliche Größenunterschiede; aus dem Wald stammende Ponys sind mit 1,22 bis 1,27 m eher klein, während auf Gestüten gezogene Tiere bis zu 1,47 m groß werden.

Der Lebensraum der New-Forest-Ponys sorgte dafür, dass sich ein bestimmter »Typ« entwickelte. Wasser, Marschen und Morastgebiete sind ein Merkmal des New-Forest-Moorlandes, wo genügend Gräser, Brombeersträucher und Stechginster zu finden sind, wenn das Futter auch nie im Überfluss vorhanden ist.

Diese Bedingungen führten zur Entwicklung einer trittsicheren, anpassungsfähigen Ponyrasse mit muskulösen Beinen, die sich mit der typischen langen, flachen, geschmeidigen Aktion – besonders sichtbar beim Kantergalopp – hervorragend zum Reiten eignet.

Ponys

Norwegisches Fjord-Pferd

Größe: 1,33–1,48 m
Farben: Falben
Gebrauch: Reit-, Kutsch und Packpony
Merkmale: Schwarzer Aalstrich vom Schopf bis zum Schweifansatz, dadurch hat die Mähne einen schwarzen Mittelstreifen und der Schweif eine schwarze Strähne; manchmal Zebra-Streifen an den Beinen; oft silberner, dicker, voller Schweif

Das Norwegische Fjord-Pferd weist eine auffallende Ähnlichkeit mit dem Przewalski-Pferd (s. S. 12) auf. Es behielt die einheitliche falbe Fellfärbung sowie den Aalstrich bei, der vom Schopf bis zum Schweifansatz verläuft, und manchmal hat es Zebra-Streifen an den Beinen. Auch zeigt sein Körperbau die kurze, kompakte Form seiner Vorfahren sowie deren große Kraft und Vitalität. Das für primitive Tiere typische konvexe Kopfprofil besitzt das heutige Fjord-Pferd allerdings nicht mehr.

Das Fjord-Pferd war das Pferd der Wikinger, es begleitete sie auf ihren Raubzügen. Die ersten Raubzüge starteten vom norwegischen Hordaland aus, dem Haupt-Lebensraum des Tieres. Sein Einfluss ist deutlich beim schottischen Highland-Pony (s. S. 69) und beim Island-Pferd zu erkennen.

Das deutlichste Merkmal des Fjord-Pferdes ist seine raue Stehmähne – ein Charakteristikum primitiver Pferde. Die Mähne wird traditionell so gestutzt, dass die äußeren weißen Haare etwas kürzer sind als die mittleren schwarzen, wodurch der Hals massiver aussieht, als er tatsächlich ist.

In Norwegen und darüber hinaus wird das Fjord-Pferd hoch geschätzt, weil es trittsicher und furchtlos ist, Ausdauer hat und auch in schwierigem Gelände und bei ungünstiger Witterung arbeiten kann. Es wird zum Pflügen, als Packpony sowie als Kutsch- und Reitpony eingesetzt.

Handbuch Pferderassen

Shetland-Pony

Größe:	Durchschnittlich 96–101 cm
Farben:	Alle, hauptsächlich Rappen, außerdem Braune, Füchse, Schimmel und Schecken
Gebrauch:	Reit- und Kutschpony
Merkmale:	Sehr dickes Langhaar als Wetterschutz; glattes Sommerfell, drahtiges, dickes Winterfell; widerstandsfähige Beine mit schrägen Fesseln und harten, blauschwarzen Hufen

Das Shetland-Pony ist heute eines der populärsten Ponys der Welt und ein beliebtes Anfängerpony für Kinder. Es entwickelte sich mehr als 2000 Jahre lang auf den zerklüfteten und abgelegenen Shetland- und Orkney-Inseln 185 km nordöstlich vor der Küste Schottlands. Das kleinste aller einheimischen britischen Ponys lebt dort auf windgepeitschten, baumlosen Inseln mit dünner und saurer Humusschicht, auf der nur raue Gräser und Heidekraut wachsen. Diese Pflanzen und der mineralstoffreiche Seetang, der an die Küste gespült wird, stellen die Grundnahrung dieser zwar kleinen, aber unglaublich starken Ponys dar.

Es ist anzunehmen, dass das Shetland-Pony ursprünglich aus Skandinavien kam, bevor die Eisdecken schmolzen und Britannien vom europäischen Festland abgeschnitten wurde. Die Tiere, die auf den nördlichsten Inseln zurückblieben, waren wahrscheinlich Ponys vom Tundren-Typ; das Shetland-Pony hat in der Tat besonders große Nasenhöhlen behalten, in denen die kalte Luft besser erwärmt wird, bevor sie in die Lunge strömt. Später brachten die Wikinger auf ihren Raubzügen ihre Ponys mit, und in Stein gemeißelte lebhafte, leicht gebaute Ponyfiguren entstanden auf den Inseln Burra und Bressay. Diese im 9. Jahrhundert gefertigten Abbilder zeigen Ponys von nicht mehr als ca. 1 m Größe (verglichen mit den menschlichen Figuren).

Die Kleinbauern auf den Inseln benutzten das Shetland-Pony für die Landarbeit, als Packtier für Seetang und Torf – dem einzigen Brennmaterial auf den baumlosen Inseln – und als Transportmittel. 1847 wurde per Gesetz Frauen und Kindern die Arbeit unter Tage verboten; daraufhin gab es eine

Ponys

winzigen Falabella (s. S. 63) benutzt, während in Nordamerika aus der Kreuzung mit dem Hackney-Pony das American Shetland entstand und die Kreuzung mit dem Appaloosa (s. S. 134) zum Pony of the Americas führte.

große Nachfrage nach Gruben-Ponys, und ein schwereres, derberes Pony wurde neben dem bereits existierenden Shetland-Pony gezüchtet. Heute jedoch ist die Rasse einheitlich im Typ. Es gab eine Modebewegung, »Miniatur«-Shetländer zu züchten – doch solche Versuche der Verkleinerung bergen die Gefahr, dass viele typische Merkmale verloren gehen.

Die Beliebtheit des Shetland-Ponys hat zu seinem Export in viele Erdteile geführt. In Kanada, den USA und Europa gibt es große Bestände, und jedes Land führt seine eigenen Zuchtbücher. In Argentinien wurde das Tier als Grundstock zur Züchtung des

77

Handbuch Pferderassen

Lundy-Pony

Größe:	Durchschnittlich 1,38 m
Farben:	Isabellen, Gold- und Dunkelfalben, Hell- und Dunkelbraune, einige Rappen
Gebrauch:	Reitpony
Merkmale:	Gefälliger Kopf, wacher Blick; muskulöser, doch eleganter Hals; symmetrische Hinterbacken

Die Granitstein-Insel Lundy ist nur 5,6 km lang und 0,8 km breit. Sie liegt vor der Westküste Englands, wo der Bristol Channel auf den Atlantischen Ozean trifft. Die Westseite der Insel ist den wilden atlantischen Stürmen ausgesetzt; die Ostseite ist geschützter und beherbergt eine große Bandbreite an Flora und Fauna, darunter das Lundy-Pony. Die ersten Ponys wurden vom Besitzer der Insel, Martin Coles Harman, 1928 auf die Insel gebracht; es waren New-Forest-Ponys, die, nachdem sie die Seereise überlebt hatten, vom Transportboot aus an Land schwimmen mussten. Ein Vollbluthengst nahm ebenfalls an diesem »Experiment« teil, doch er und seine Nachkommen überlebten die Rauheit der Landschaft und die strengen Winter nicht. Später wurden Welsh Cobs (s. S. 85) und Connemara-Ponys (s. S. 54) auf die Insel gebracht. Die Einkreuzung von Connemara-Blut stellte sich als die erfolgreichste heraus und war für den speziellen Lundy-Typ ausschlaggebend; trotzdem wurden in den 1970er Jahren versuchsweise noch einmal New-Forest-Hengste eingekreuzt.

Verantwortlich für die ca. 20 Tiere umfassende Herde auf der Insel ist die *Lundy Pony Preservation Society*. Diese ist auch für die auf dem Festland gehaltene Herde

Ponys

zuständig, in der ausschließlich Connemara-Hengste zur Zucht verwendet werden. Auf der Insel ist der gegenwärtige Deckhengst der Herde ein Enkel des Connemara-Hengstes Rosenharley Peadar.

Der Einsatz unterschiedlicher Hengste auf der Insel und auf dem Festland hat zu Abweichungen in den Merkmalen der beiden Herden geführt: Die Inselponys sind eigentlich vorherrschend Isabellen, Goldfalben und Braune, der Einsatz von New-Forest-Hengsten führte jedoch zu den Hauptfarben Dunkelfalb und Braun. Die Ponys des Festlands weisen ebenfalls die dunkelfalbe und braune Farbe auf, doch tauchen auch einige Tiere mit schwarzem Fell auf. Die Tiere beider Herden sind kompakt und stark, haben einen ausgewogenen Körperbau und eine robuste Konstitution. Sie sind ideale Reitponys mit gutem Sprungvermögen.

Handbuch Pferderassen

Polo-Pony

Größe:	1,52–1,60 m
Farben:	Alle
Gebrauch:	Sportpony
Merkmale:	Starker Rücken; harte, starke Hufe, harte Fesseln; furchtlos und relativ aggressiv; lebhaft, sehr schnell, große Ausdauer

Das Polo-Pony ist in eigentlichem Sinn keine Rasse, sondern eher ein bestimmter Typ, der mit dem Polo-Spiel entwickelt wurde, als es sich von Asien aus nach Europa ausbreitete. Das Polo-Spiel entstand vor ca. 2500 Jahren in Persien. Auf persisch war es als *chaugan* (Holzhammer) bekannt, doch der heutige Name des Spiels leitet sich vom tibetischen Wort *pulu* ab, was Weidenwurzel bedeutet – die Polo-Bälle wurden hieraus gefertigt. Moslemische Eindringlinge aus dem Nordwesten und Chinesen aus dem Nordosten brachten das Spiel nach Indien, wo es Mitte des 19. Jahrhunderts von englischen

Teeplantagenbesitzern in Assam entdeckt wurde. Silchar, die Hauptstadt des Distriktes Cacher, wurde Entstehungsort des modernen Polo-Spiels und Heimat des ältesten Polo-Clubs (*Silchar Club,* gegründet 1859).

Ursprünglich hatten die Teams je neun Reiter. Damals wurden sie auf sieben reduziert und später, als die Ponys größer und schneller wurden, auf vier.

Die Ponys, auf denen die Briten ursprünglich spielten, kamen aus Manipur, gelegen zwischen Assam und Burma, und waren höchstens 1,27 m groß. Um 1870 herum wurden die Tiere langsam größer. 1899 wurde das Größenlimit auf 1,37 m in Indien und 1,45 m in England festgesetzt. 1916 wurde es ganz abgeschafft, hauptsächlich aufgrund des Drucks amerikanischer Spieler (das Spiel war 1876 in den USA eingeführt worden). Von da an steigerte sich die Größe bis zu den heutigen 1,52 bis 1,60 m. Obwohl es Pony genannt wird, ist das moderne Polo-Pony also ein kleines Pferd.

Ponys

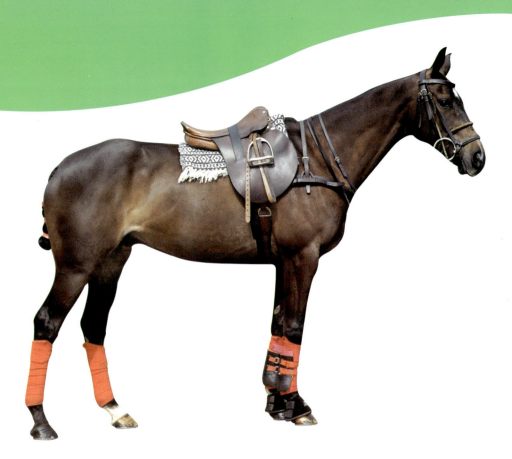

Heute wird das Spiel größtenteils von argentinischen Ponys dominiert, die das Ergebnis von Kreuzungen zwischen Englischen Vollblütern und einheimischen Criollo (s. S. 148) sind, deren Nachkommenschaft wiederum mit Vollblütern gekreuzt wurde. Das Ergebnis ist ein schlankes, drahtiges Pony mit außerordentlich starken Beinen und sehr harten, starken Hufen. Dies ist notwendig, da das Spiel auf sehr hartem Grund in vollem Galopp gespielt wird. Die Vorbereitungen zum Schutz des Ponys werden vor dem Spiel peinlich genau ausgeführt. Hierzu gehört das Stutzen oder Flechten der Mähne und das Zusammenbinden des Schweifs zu einer ordentlichen Polo-Frisur, damit der Polo-Schläger sich nicht darin verfangen kann. Des weiteren werden die Beine bandagiert und das Sattelzeug äußerst sorgfältig inspiziert, damit es nicht zu Unfällen kommt. Mit einem Zug-Zügel kann der Reiter, der in einer Hand den Schläger führt und deshalb einhändig reiten muss, den Kopf des Ponys nach innen ziehen, während das Zaumgebiss ihm das Anheben des Ponykopfes ermöglicht. Wie hoch das Pony seinen Kopf heben kann, wird durch einen Hilfszügel reguliert.

Handbuch Pferderassen

British-Spotted-Pony

Größe: Bis 1,48 m
Farben: Leoparden-, Schabracken-, Schneeflockenschecken, wenige Punkte
Gebrauch: Reitpony
Merkmale: (Rassestandard) Augen mit weißer Lederhaut; gesprenkelte Haut, gestreifte Hufe; die Aktion ist flach und kommt direkt aus der Schulter bzw. den muskulösen Sprunggelenken; Ponys vom Cob-Typus können auch mehr Knieaktion zeigen.

Das gesprenkelte Fellmuster bei Pferden und Ponys tauchte wahrscheinlich schon in prähistorischer Zeit als Tarnfarbe auf. Es gibt ein sehr frühes Zeugnis gesprenkelter Pferde, nämlich die ca. 1800 v. Chr. entstandenen wunderschönen Höhlenmalereien von Lascaux und Pech-Merle in Frankreich. Sie zeigen wahrscheinlich entfernte Verwandte heutiger British-Spotted-Ponys. Den meisten gesprenkelten Rassen ist das Charakteristikum der weißen Lederhaut rund um die Augen gemeinsam, außerdem die gesprenkelte Haut (besonders offensichtlich an Maul und Genitalien) und die unverwechselbar gestreiften Hufe.

Über die Jahrhunderte haben Importe ausländischen Blutes nach Großbritannien eine wichtige Rolle bei der Ausformung einheimischer Rassen gespielt. Vor 2000 Jahren brachten die Römer viele elegante gesprenkelte Pferde aus Spanien mit. Wegen ihres ungewöhnlichen Aussehens wurden sie hoch gehandelt; in einer Urkunde von 1298, in der alle Pferde aufgelistet sind, die König Edward I. für seinen Feldzug bei Falkirk, Schottland, kaufte, ist das teuerste Pferd ein gesprenkelter Welsh Cob (s. S. 84). Später kamen gesprenkelte Ponys auch als »diplomatische Geschenke« unter Monarchen nach Britannien, im 20. Jahrhundert schließlich als Zirkuspferde.

Es gibt zahlreiche anerkannte Fellfärbungen des British-Spotted-Ponys. Das Leopardenmuster zeigt Flecken jeder Farbe auf

Ponys

weißem oder hellfarbigem Hintergrund. Beim Schabrackenmuster gibt es einen weißen Bereich an Hüften oder Hinterhand (mit oder ohne Flecken); die Grundfarbe ist beliebig, und das Muster kann sich bis über den ganzen Rücken und die Schultern hinweg ausdehnen. Das Schneeflockenmuster besteht aus weißen Punkten auf dunklem Hintergrund; diese Farbe sieht fast aus wie ein Apfelschimmel, beim British-Spotted-Pony gibt es jedoch oft eine besonders klare Zeichnung. »Wenige Punkte« bezeichnet Gruppierungen dunkler Haare, normalerweise an Nase, Wangenknochen, Knien und Unterschenkeln. Im Rassestandard des British-Spotted-Ponys sind Schecken nicht zugelassen, doch einfarbige Ponys werden in ein separates Register aufgenommen, wenn sie von Spotted-Ponys abstammen und einige der anderen Rassemerkmale aufweisen.

1947 wurde die *British Spotted Horse and Pony Society* gegründet, um die Rasse zu erhalten. 1976 teilte sich die Gesellschaft: Ponys unter 1,44 m gehörten zur *British Spotted Pony Society,* während größere Tiere im Rasseregister der *British Appaloosa Society* geführt wurden. Im Laufe der Jahre wurde das British-Spotted-Pony leider zu einer gefährdeten Rasse – nur ca. 800 Ponys sind zur Zeit in den Stutbüchern der Gesellschaft registriert.

Handbuch Pferderassen

Welsh Cob

Größe: Ab 1,48 m
Farben: Alle Grundfarben
Gebrauch: Reit- und Kutschpony
Merkmale: Konkaver Kopf mit großen Augen und weiten, offenen Nüstern; kurze, muskulöse Beine; hohe Knieaktion

Der Welsh Cob ist der größte Vertreter der walisischen Rassen, und es gibt – einmalig für britische Ponys – bei Rasseschauen kein oberes Größenlimit.

Das Herzland des Welsh Cob ist Cardiganshire, wo sich die Rasse aus Kreuzungen von Welsh-Mountain-Ponys mit Pferden, die von den Römern ins Land gebracht worden waren, sowie den im 11. und 12. Jahrhundert eingeführten Spanischen Pferden und Pferden vom Berbertyp entwickelte. Zunächst entstanden der berühmte Powys Cob – ab dem 12. Jahrhundert das Kavalleriepferd der englischen Armee – und das heute ausgestorbene Welsh-Cart-Horse. Im 19. Jahrhundert wurde der Tierbestand des Powys Cob auch mit dem Norfolk Roadster und dem Yorkshire-Coach-Horse gekreuzt, aber letztlich blieb der Welsh Cob doch im Wesentlichen eine größere Ausgabe des Welsh-Mountain-Ponys.

Der Welsh Cob ist berühmt für seine große Ausdauer, seine Traberqualität und seine Leistungen im Geschirr. In der Vergangenheit war er ein begehrtes Jagd- und Kavalleriepferd. Sein natürliches Springtalent machte ihn zum exzellenten Jagdpferd, die Kreuzung mit einem Englischen Vollblutpferd – insbesondere eine zweite Kreuzung – brachte ein hervorragendes, ausdauerndes Rennpferd hervor. Vor der Einführung von Hengstkörungen wurden die besten Zuchttiere in Wales durch Pferderennen ermittelt.

Ponys

Welsh-Mountain-Pony

Größe: Bis 1,22 m
Farben: Alle, außer Schecken
Gebrauch: Reitpony
Merkmale: Stark gewölbter, muskulöser Hals; kleine, spitze Ohren; kurze, starke Lenden, kompakter Rumpf; hoch angesetzter Schweif, stolz getragen; sehr harte, blauschwarze Hufe

Das kleinste der reinrassigen walisischen Pferde durchstreifte jahrhundertelang die Berg- und Moorlandschaften von Wales. Im Laufe der Jahre wurden auch andere Rassen eingekreuzt; Julius Cäsar gründete ein Kaiserliches Römisches Gestüt bei Bala in Merionethshire und führte Orientalisches Blut ein, um den Tierbestand aufzuwerten. Im 19. Jahrhundert gab es Einkreuzungen von Arabern und vom inzwischen ausgestorbenen Norfolk Roadster (einem Vorläufer des Hackney-Pferdes, s. S. 167). Der erste schriftlich erwähnte Einfluss jedoch kam von dem Englischen Vollblüter Merlin, einem direkten Nachfahren von Darley Arabian, der im 18. Jahrhundert in die Ruabon-Hügel von Clywd gebracht wurde – noch heute werden die Ponys in Wales Merlins genannt.

Das moderne Welsh-Mountain-Pony ist der züchterische Grundstock, aus dem das Welsh-Pony und der Welsh Cob hervorgegangen sind. Sein Aussehen ist unverwechselbar. Es ist bekannt für seine spektakulär kraftvolle Aktion, seine Intelligenz und seine vererbte Robustheit. Die Beine sind schlank und elegant, mit kurzen Röhrbeinen, flachen, gut geformten Gelenken und dichten Knochen. Laut Rassestandard sollte es einen umfangreichen Brustkorb mit guter Gurtentiefe und Berippung aufweisen.

Das Welsh-Mountain-Pony ist ein vorzügliches Reitpony und geht auch im Geschirr außergewöhnlich gut. Es ist eines der beliebtesten Ponys weltweit. Seine unschätzbaren Stärken und Qualitäten gibt das Tier als Grundstock für die Zucht größerer Ponys und Pferde weiter.

Schwere Pferde

Mehr als ein Jahrhundert nach der Erfindung des Verbrennungsmotors und zwei Jahrhunderte, nachdem Dampf als Energiequelle nutzbar gemacht wurde, messen wir die Kraft eines Motors noch immer in Pferdestärken. Das ist nicht verwunderlich, wenn wir uns vor Augen führen, dass das Pferd bis zum Ende des 18. Jahrhunderts die einzige »Energiequelle« für den Transport war.

Zunächst war das Pferd ein Packtier. Es wurde eingesetzt, um das zu transportieren, was die Menschen für ihren Lebensunterhalt benötigten. Ohne solche Packpferde wäre örtlicher, nationaler und internationaler Handel niemals möglich gewesen. Letzterer fand hauptsächlich in Küstenregionen statt, wo Schiffe sicher anlegen konnten. Mithilfe der Packpferde konnten die Rohmaterialien und Fertiggüter, die im Inland hergestellt worden waren, diese Schiffe erreichen, die die Waren dann in die Welt hinausfuhren.

Mit der Entwicklung des Jochs in der Bronzezeit (ca. 5000 v. Chr. im Mittleren Osten und 2000 v. Chr. in Europa) konnte das Pferd effektiv ein größeres Gewicht ziehen, als es tragen konnte, und so begann – zunächst mit simplen Karren und zweirädrigen Triumphwagen – die lange Geschichte der von Pferden gezogenen Vehikel.

Ein schöner Noriker-Hengst

Schwere Pferde

Der Shire – eines der beliebtesten Pferde

Schwere Pferde (Kaltblüter) sind die »sanften Riesen« der Pferdewelt, sie erreichen bis zu 1,85 m Stockmaß. Immens kraftvoll, haben sie einen umfangreicheren Brustkorb und kürzere, dickere Beine als Warmblüter gleicher Größe. Die schweren Pferde von heute sind Nachkommen der Streitrösser mittelalterlicher Ritter. Obwohl ebenfalls groß und kräftig, waren die damaligen Pferde kleiner als die heutigen Rassen, doch trotzdem fähig, einen Ritter in voller Rüstung mit einem Gewicht von ca. 136 kg zu tragen. Nimmt man das Gewicht von Sattel und Aufputz hinzu, blieb dem Pferd immer noch genug Kraft, um die Lanze des Ritters auszubalancieren, die bis zu 4,5 m lang war.

Nach dem Mittelalter wurden die Nachfahren der Streitrösser weiter auf Kraft und Größe hin als Zugpferde gezüchtet. In irgendeiner Hinsicht »arbeiten« alle Pferde, doch es kann unterschieden werden zwischen den Tieren, die für sportliche oder Freizeitzwecke genutzt werden, und solchen, die Arbeit in der »Industrie«, vor allem in der Landwirtschaft leisten. Schwere Pferde waren die Basis der ersten »Massentransport«-Systeme; zuerst zogen sie Postkutschen durch das Land und verbanden auf diese Weise die Städte miteinander, dann zogen sie Schleppkähne, Busse und Straßenbahnen. Die erste englische Eisenbahnstrecke wurde 1803 zwischen Croydon

Handbuch Pferderassen

und Wandsworth, Südlondon, in Betrieb genommen und fuhr mit Wagen, die von Pferden gezogen wurden. Schwere Pferde wurden auch in Rangierbahnhöfen eingesetzt, 1967 wurde das letzte europäische Rangierpferd in Newmarket, England, »pensioniert«. Noch im Ersten Weltkrieg wurden die Pferde militärisch genutzt, jedoch eher als Zug- denn als Reittiere. Sie zogen die gewaltigen Kanonen in Position, lieferten Nachschub und zogen Krankenwagen. Während viele schwere Pferde immer noch als Zugpferde arbeiten, besonders in Brauereien, wo sie die Brauereiwagen ziehen und zugleich für ihre Tradition werben, ist ihre Rolle beim Militär heute zum Glück auf eine rein zeremonielle beschränkt, wie z. B. als Regiments-Trommelpferde.

Schwere Pferde waren bis vor relativ kurzer Zeit in ganz Europa ein Teil des alltäglichen Lebens auf den Bauernhöfen und in

Ein Clydesdale-Trommelpferd

Schwere Pferde

den Städten. Tatsächlich sind sie in einigen Teilen Nord- und Osteuropas noch immer unentbehrlich in der Landwirtschaft.

Der Gebrauch schwerer Pferde in der Landwirtschaft kam erst im 18. Jahrhundert auf, erst zu dieser Zeit ersetzten die Pferde in weiten Teilen der Welt die Ochsengespanne; in Asien und Fernost sind Rinder noch heute die meistgenutzten Arbeitstiere. Die Verfügbarkeit schwerer Pferde förderte die Entwicklung spezieller, von Pferden gezogener Geräte und unterstützte die »Industrialisierung« der Landwirtschaft ab dem 18. Jahrhundert, bis schließlich die Motorisierung einsetzte. In den Prärien der USA bedeutete der Einsatz von Pferden, dass Millionen ha Land urbar gemacht werden konnten. Riesige, von einem Gespann aus 40 Pferden gezogene und von sechs Männern gelenkte Mähdrescher wurden üblich; die Geschirre waren so beschaffen, dass ein einzelner Mensch ein Gespann von 36 Pferden lenken konnte, das Egge oder Drillmaschine zog.

Ein schöner Suffolk-Punch-Fuchs

Shire

Größe:	1,60–1,80 m
Farben:	Rappen, Braune, Schimmel; meist mit weißen Abzeichen
Gebrauch:	Schweres Zugpferd; Schaupferd
Merkmale:	Durchschnittliche Gurtentiefe 1,80–2,40 m; kurzer Rücken, kräftige Lenden; muskulöse, klare Beine (Röhrbeinumfang 28–30 cm), große runde, offene Hufe; langer, glatter und seidiger Behang

Viele Menschen betrachten den Shire als das Kaltblutpferd schlechthin. Sein Name leitet sich von den traditionellen Zuchtgebieten der englischen Grafschaften Lincolnshire, Leicestershire, Staffordshire und Derbyshire ab. Der Shire stammt vom großen mittelalterlichen Streitross ab. Zunächst wurde er manchmal einfach Großes Pferd genannt, später wurde er als Englischer Rappe bekannt – ein Name, den er von Oliver Cromwell bekam, Lordprotektor Englands während einer kurzen republikanischen Periode im 17. Jahrhundert. Schwarz ist immer noch die häufigste Farbe des Shire, doch Braun, Dunkelbraun und Weiß, mit seidigem, glatten und langem weißen Fesselbehang, kommen auch vor.

Den Haupteinfluss auf die Entwicklung des massiven Tieres – das mehr als eine Tonne wiegt – übte das Flämische Pferd aus. Im 16. und 17. Jahrhundert brachten die Holländer, die die Sumpflandschaften in den östlichen Grafschaften trockenlegten und für die Landwirtschaft nutzbar machten, viele ihrer Pferde mit ins Land. Diese wurden mit einheimischen Tieren gekreuzt. Die enorme Kraft der daraus entstandenen Pferde kann an Rekorden beim Ziehen von Lasten abgelesen werden: Bei der Wembley-Ausstellung von 1924 zog ein Shire-Zweigespann so stark gegen einen Dynamometer (ein Gerät zum Messen mechanischer Kraft) an, dass die Messnadel über das Höchstgewicht hinaus anschlug.

Schätzungsweise bewegten die Pferde ein Gewicht von 50 Tonnen. Dieselben Pferde, hintereinander gespannt, zogen auf feuchtem Granitboden 18,5 Tonnen – wobei das hintere Tier mit dem Ziehen begann, noch bevor dem vorderen Pferd der Halsbügel umgelegt worden war.

Als Stammhengst der Rasse gilt Packington Blind Horse, der zwischen 1755 und 1770 in Ashby-de-la-Zouch, Leicestershire, gehalten wurde; der Name dieses schwarzen Pferdes taucht erstmals im Stutbuch der *English Cart Horse Society* von 1878 auf. Der Name Shire wurde erst ab 1884 verwendet, als die Gesellschaft sich in *Shire Horse Society* umbenannte. Ein Zeichen für die weite Verbreitung des Tieres ist die Tatsache, dass zwischen 1901 und 1904 jährlich 5000 neue Shires in den Stutbüchern registriert wurden. Es gab einen blühenden Exportmarkt für Shires, besonders in die USA. Nach dem Zweiten Weltkrieg brauchte man sie jedoch sowohl in der Industrie wie auch in der Landwirtschaft kaum noch, und ihre Zahl schrumpfte beträchtlich.

Doch Shires wurden in England nach wie vor in Brauereien genutzt, und der loyalen Unterstützung dieses Industriezweigs verdanken sie zum großen Teil ihr Überleben bis heute. Von majestätischen Shires gezogene Brauereiwagen ziehen in vielen Städten die Blicke auf sich und lassen den Verkehr zum Erliegen kommen. Bei der jährlichen Horse-of-the-year-Show in England ist die spektakuläre Vorführung der schweren Pferde vor dem Wagen einer der populärsten Programmpunkte, und die jährliche Shire-Horse-Show in Peterborough, Cambridgeshire, zieht durchschnittlich 300 Nennungen und 15 000 Zuschauer an. In einem von Technologie und städtischer Lebensart geprägten Zeitalter jubeln außerdem immer noch Hunderte von Menschen regelmäßig Shires und ihren Betreuern bei Wettbewerben im Pflügen zu.

Handbuch Pferderassen

Ardenner

Größe: Ab 1,57 m
Farben: Stichelhaarige Rotfüchse bevorzugt, danach Braune mit schwarzem Langhaar und schwarzen Füßen; alle Grundfarben außer Rappen anerkannt
Gebrauch: Schweres Zugpferd; Fleischlieferant
Merkmale: Massiver Kopf mit geradem Profil; rechteckiges Maul, vorstehende Augen, kleine, weit auseinander stehende Ohren; breiter und ungewöhnlich kurzer Rücken; kurze, sehr starke Beine; ungewöhnlich für schwere Pferde ist der auf einer Linie mit der Kruppe (oder sogar tiefer) liegende Widerrist.

Diese alte Kaltblutrasse stammt sowohl aus Frankreich wie auch aus Belgien, und es ist fast sicher, dass der Ardenner direkter Nachfahre des prähistorischen Pferdes ist, dessen Überreste bei Solutré gefunden wurden; die Skelettform des Kopfes und die viereckige Nase haben beim heutigen Ardenner noch die gleiche primitive Ausprägung. Die Rasse war schon dem alten griechischen Geschichtsschreiber Herodot (ca. 484–425 v. Chr.) bekannt, der ihre Ausdauer und Zähigkeit lobte, und auch Julius Cäsar kannte sie. Stämmig, kompakt und mit großen Knochen, war das Tier gut an die Region der Ardennen angepasst, wo das raue Klima immer wieder ausgezeichnete Pferde mittlerer Größe hervorbringt, ideal geeignet für landwirtschaftliche Arbeit.

Vor dem 19. Jahrhundert waren die Ardenner weniger massive Pferde, die geritten wurden und auch leichte Zugarbeiten verrichteten. Während der Französischen Revolution (1789–1794) und der darauf folgenden Kaiserzeit hielt man sie für die besten Artillerie-Pferde Europas. Beim verheerenden Russlandfeldzug Napoleons im Jahr 1812 waren sie die einzigen Pferde, die zäh genug waren, den harten russischen Winter während des Rückzugs zu überstehen; sie brachten den größten Teil des kaiserlichen Armeetrosses nach Hause. Nachkommen dieser leichteren Ardenner (Post-Pferde) waren rund um Bassigny im Nordosten Frankreichs noch bis in die 1970er Jahre zu finden.

Der moderne Ardenner ist das Ergebnis der Zucht im 19. Jahrhundert: Um Schnelligkeit und Ausdauer zu verbessern, wurde Arabisches Blut in dieser Rasse (s. S. 113) eingekreuzt. Später gab es Kreuzungen mit

Schwere Pferde

dem Percheron (s. S. 103), dem Boulonnais und dem Englischen Vollblutpferd (s. S. 122). Drei Typen des Ardenners entwickelten sich: zunächst ein kleiner, dem alten Typ ähnlicher Ardenner von 1,52 bis 1,63 m Größe; dann der größere und massivere Ardennais du Nord, auch als Trait du Nord bekannt, der aus Kreuzungen mit dem Brabanter hervorging (in Belgien auch als Belgisches Ardennen-Pferd bekannt); schließlich der Auxois, der größte und stärkste Typ des ursprünglichen Ardenners, der hauptsächlich in der Region von Burg- und im Nordosten Frankreichs zu finden ist.

Der heutige Ardenner ist stämmig und untersetzt – mehr als jede andere Kaltblutrasse – und besitzt einen ungewöhnlich kurzen Rücken. Man sagt, er sei »wie ein Traktor gebaut« und habe »Beine wie Eichenstämme«. Die Hufe sind überraschend klein, die Fesseln weisen einen leichten, fedrigen Behang auf und sind nicht so dick wie bei vielen anderen Rassen. Die Ohren sind ebenfalls klein und stehen weit auseinander, was auch ungewöhnlich für einen Kaltblüter ist; der Hals ist enorm stark und schwer. Das Pferd ist außerordentlich kräftig, aber auch so sanft, dass Kinder mit ihm umgehen können. Es wird als schweres Zugpferd und auch wegen seines Fleisches gezüchtet.

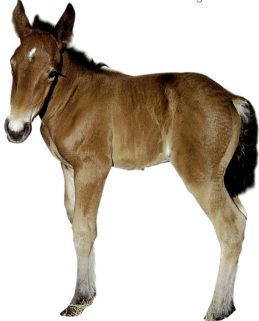

93

Handbuch Pferderassen

Boulonnais

Größe:	1,60–1,67 m
Farben:	Hauptsächlich Schimmel, außerdem Braune und Füchse
Gebrauch:	Zugpferd
Merkmale:	Feiner Kopf und kurzer, dicker, aber elegant gewölbter Hals; muskulöse Schultern und kraftvolle Brust; breiter, gerader Rücken; starke Beine; große, stabile Gelenke; buschiges Langhaar

Der im Nordwesten Frankreichs beheimatete Boulonnais – den viele für die edelste Zugpferderasse halten – ist ein Nachfahre des alten nordeuropäischen schweren Pferdes. Dieses wurde im 1. Jahrhundert v. Chr. mit Pferden orientalischen Ursprungs gekreuzt, von denen es heißt, dass sie zur numidischen Kavallerie Julius Cäsars gehörten, die zwischen 55 und 54 v. Chr. in Britannien einmarschierte. Im Mittelalter wurde der Rasse während der Kreuzzüge noch mehr Orientalisches Blut zugeführt.

Deutsche Kaltblüter, die im 14. Jahrhundert eingekreuzt wurden, gaben der Rasse mehr Gewicht und Größe. Als die Spanier im 16. Jahrhundert die Niederlande besetzten, wurde Spanisches Blut eingeführt, was den Körperbau und die Bewegungsabläufe der Pferde verbesserte. Im 17. Jahrhundert war die Rasse anerkannt und unter dem Namen Boulonnais bekannt. Zwei unterschiedliche Typen entstanden; der kleinere Boulonnais war 1,55 bis 1,57 m groß und wurde Mareyeur (Pferd der Gezeiten) genannt. Vor dem Wagen hatte er einen energischen Trab, ideal für den schnellen Fischtransport von Boulogne nach Paris. Das Pferd existiert heute nicht mehr.

Den zweiten, schwereren Zweig des Boulonnais, genutzt als schweres Zugpferd, gibt es noch heute. Seine Aktion ist für ein Zugpferd außergewöhnlich: gerade, lang und flink. Der Einfluss seiner östlichen Vorfahren ist deutlich sichtbar im geraden Kopfprofil, dem gewölbten Hals, der guten Proportionierung und dem eigentümlich buschigen, hoch angesetzten Schweif.

Schwere Pferde

Bretone

Größe:	Großer Bretone: Durchschnittlich 1,60 m; Postier-Bretone: Durchschnittlich 1,50 m
Farben:	Füchse, Blau- oder Rotschimmel, Braune, Schimmel
Gebrauch:	Zugpferd
Merkmale:	Eckiger Kopf mit geradem Profil; kurzer, dick gewölbter Hals, der in kurze Schultern übergeht; breiter, starker Rumpf, starke Hinterbacken; kurze, sehr starke und muskulöse Gliedmaßen

Seit dem Mittelalter ist die Bretagne berühmt für ihre charakteristischen Pferdetypen, die von einem »haarigen« kleinen Pferd abstammen, das wahrscheinlich Nachfahre des Steppenpferdes war. Einst existierten vier unterschiedliche Typen von Bretonen, heute gibt es nur noch zwei. Der eine Typ ist ein schweres Zugpferd, das Ergebnis von Kreuzungen mit dem Boulonnais, dem Percheron (s. S. 103) und (in den Berggebieten) dem massiveren Ardenner, der stärkere und schwerere Nachkommen hervorbrachte. In der Mitte des 19. Jahrhunderts wurde das Blut des Norfolk Roadsters zugeführt; das Resultat war ein zweiter Typ, der Postier-Bretone, ein ideales leichtes Zugpferd. Der Postier ist eine kompaktere, leichtere Version des Suffolk Punch (s. S. 104) ohne Beinbehang, seine Aktion ist sehr energisch, seine Konstitution äußerst gesund. Wie auch bei anderen französischen Zugpferden üblich, wird der Schweif des Bretonen gestutzt, damit die Zügel sich nicht im Haar verfangen.

Der Bretone ist in Frankreich noch immer äußerst beliebt und wird als Arbeitstier und für Zuchtzwecke in alle Welt exportiert.

Handbuch Pferderassen

Gypsy Vanner

Größe: 1,43–1,55 m
Farben: Hauptsächlich Schwarz- oder Braunschecken, andere Farben anerkannt
Gebrauch: Zugpferd; traditionell Zigeunerwagenpferd
Merkmale: Das lange, fließende Langhaar und der fedrige Behang lassen das Pferd beim Laufen aussehen, als würde es fliegen.

Die Beziehung zwischen Zigeunern und ihren Pferden ist legendär, doch der Gypsy Vanner (Zigeunerwagenpferd) ist eine »moderne« Rasse. Das Rasseverzeichnis wurde erst 1996 in den USA geschaffen, wo Dennis und Cindy Thompson die ersten Exemplare importierten – zwei Fohlen, Bat und Dolly. Der Gypsy Vanner ist ein geschecktes, kompaktes Pferd mit wunderschön fließendem Mähnen- und Schweifhaar und fedrigem Behang. Wenn er galoppiert, weht das Haar im Wind, sodass es aussieht, als würde er fliegen. Die Tiere werden zwischen 1,43 bis 1,55 m groß, die kurze Hals- und Rückenpartie verleiht ihnen die Kraft, Zigeunerwagen zu ziehen.

Im Lauf der Jahrhunderte in Osteuropa entwickelt, ist der Gypsy Vanner das Ergebnis von Kreuzungen zwischen Friese (s. S. 160), Shire (s. S. 90), Clydesdale (s. S. 99) und Dales-Pony (s. S. 56); damit sollte ein Pferd geschaffen werden, das über reichlich Ausdauer und ein ruhiges Temperament verfügte und aufgrund seiner leichten und sicheren Handhabung ideal für das Umherreisen geeignet war. Die schwerknochigen, mit flachen Knien und stattlichen Hufen ausgestatteten Pferde sind meist schwarz-weiß oder braun-weiß gescheckt, der Zuchtverein erkennt jedoch alle Farben an. Ziel der *Gypsy Vanner Horse Society* ist es, die Rassestandards zu respektieren und in Ehren zu halten, die in der mündlichen Tradition der Zigeuner zur Zucht des perfekten Wagenpferdes weitergegeben wurden.

Schwere Pferde

Comtois

Größe:	1,47–1,57 m
Farben:	Gewöhnlich Braune und Füchse mit blonder Mähne
Gebrauch:	Leichtes Zugpferd
Merkmale:	Eckiger Kopf mit geradem Profil; kleine, bewegliche Ohren; kurzer, muskulöser Hals; gemäßigt ausgeprägter Widerrist; gerader Rücken und breite, schräg abfallende Kruppe; tiefer Schweifansatz; tiefer Brustkorb, lange, schräge Schultern; schlanke, starke Beine mit einer Neigung zu Säbelbeinen; feste Hufe, üppiger Behang

Der Comtois ist eine alte Kaltblutrasse aus der französischen Region Franche-Comté. Das mittelalterliche Kriegspferd wurde unter König Louis XIV. und unter Napoleon als Kavallerie- und Artilleriepferd berühmt. Im 19. Jahrhundert wurde der Comtois mit anderen Zugpferden gekreuzt, und ab 1905 wurde mithilfe kleiner Ardenner-Deckhengste ein viel stärkeres Pferd mit verbesserten Beinen produziert. Dieser letzte Einfluss ist auch bei der inzwischen freien Aktion des Comtois zu sehen. Heute wird das Tier in den französischen Alpen, im Massif Central und in den Pyrenäen gezüchtet. Als trittsicheres, aktives und sehr robustes Pferd wird der Comtois immer noch in der alpinen Forstwirtschaft und für das Ziehen von Pferdeschlitten in Wintersportgebieten eingesetzt. Als landwirtschaftliches Arbeitstier wird er nach Nordafrika exportiert, außerdem dient er als Fleischlieferant.

Der Comtois ist ein leicht gebautes Zugpferd, vorherrschend sind Fuchsschattierungen mit kontrastierendem blondem Langhaar.

Handbuch Pferderassen

Normänner Cob

Größe: 1,60–1,68 m
Farben: Füchse, Braune
Gebrauch: Leichtes Zugpferd
Merkmale: Kräftiger, untersetzter Körper ohne die Grobschlächtigkeit echter schwerer Rassen; gewölbter Hals, kompakter Rumpf; kräftige Hinterhand mit hoch angesetztem Schweif; kurze Beine und mittelgroße Hufe

Der Normänner Cob stammt von Pferden aus der Bretagne und der Normandie ab, die als Bidets bekannt waren. Die Römer kreuzten diese Pferde mit ihren schweren Packpferdstuten, um ein starkes Gebrauchspferd zu züchten. Im Mittelalter waren die Züchter aus der Normandie berühmt für ihre Kriegspferde, die auch als leichte Zugpferde ideal waren. Im 16. und 17. Jahrhundert wurden Araber und Berber eingekreuzt, und die Rasse wurde leichter. Im 19. Jahrhundert führten weitere Einkreuzungen von Englischen Vollblutpferden, Norfolk Trotter und halbblütigen englischen Jagdhengsten zum Anglo-Normänner, der sich zum Selle Français weiterentwickelte.

Zu Beginn des 20. Jahrhunderts wurde zwischen den leichteren Normännern des Reit- oder Kavallerietyps und den kräftigeren, schwereren Pferden unterschieden, die als leichte Zugpferde eingesetzt wurden. Diese behielten die schwungvollen Gangarten ihrer Vorfahren bei, wurden im Laufe der Jahre aber schwerer. Die Tiere, denen üblicherweise der Schweif kupiert wird (in Deutschland und England verboten, in Frankreich erlaubt), wurden Normänner Cobs genannt und als eigenständige Rasse anerkannt.

Schwere Pferde

Clydesdale

Größe:	1,65–1,80 m
Farben:	Gewöhnlich Farbschimmel oder Braune, außerdem Dunkelbraune, Rappen und Füchse; großflächige weiße Abzeichen an Kopf und Beinen und an der Unterseite des Bauchs verbreitet
Gebrauch:	Schweres Zugpferd; Paradepferd
Merkmale:	Gerades Kopfprofil; Schultern schräger und Hals proportional länger als beim Shire; kuhhessige Beine sind ein Rassemerkmal, und die Hinterbeine sind länger als bei vielen anderen schweren Rassen.

Der Clydesdale ist das einzige noch existierende schottische Kaltblutpferd. Er stammt aus dem Clyde-Tal in Lanarkshire und ist das Ergebnis der Verbindung von einheimischen Stuten mit schwereren Flämischen Hengsten, die zu Beginn des 18. Jahrhunderts eingeführt wurden. Die Rasse wurde im Wesentlichen von 1715 bis 1720 vom 6. Herzog von Hamilton und dem Züchter John Paterson von Lochlyloch ins Leben gerufen, deren Interesse der Zucht eines starken Zugpferds für die landwirtschaftliche Arbeit und die Kohleförderung aus den neu eröffneten Minen galt. Folglich wurde viel Wert auf gesunde Beine und starke Hufe gelegt. Die Hufe sind groß, eher flach, aber sehr offen mit gut geformtem Strahl und ideal für die Arbeit auf sehr hartem Boden, z. B. gepflasterten Straßen. Für die Feldarbeit sind die Pferde weniger gut geeignet, da sie zuweilen zu groß für die Ackerfurchen sind. Clydesdales arbeiteten in den Prärien von Kanada und Amerika und halfen bei der Kultivierung von Australien.

Im 19. Jahrhundert kreuzten bedeutende Züchter wie Lawrence Drew, Verwalter des Landsitzes Merryton im Dienst des 11. Herzogs von Hamilton, und David Riddell sehr viele Shires (s. S. 90) ein. Sie gründeten 1883 die *Select Clydesdale Horse Society,* in direkter Opposition zum Stutbuch der offiziellen *Clydesdale Horse Society,* das 1878 angelegt

Handbuch Pferderassen

worden war. Trotz des Shire-Einflusses behielt der Clydesdale seinen leichteren Körperbau.

Der Clydesdale ist heute bezüglich seines Typs und seines Aussehens unverwechselbar. Die Beine erscheinen oft lang und tragen einen üppigen fedrigen Behang. Die Gelenke sind dick und die Sprunggelenke breit und kuhhessig, was nicht als Fehler, sondern als Rassemerkmal angesehen wird. Das Pferd ist auch berühmt für seine Aktion, die vom Rasseverband so beschrieben wird: »Sein extravaganter Stil, seine auffallend schwungvolle Körperhaltung und seine hohe Beinaktion machen ihn zum elegantesten Tier unter den Zugpferden.« Es heißt, der Clydesdale sei solch eine Augenweide, dass eine ganz normale Bieranlieferung zum öffentlichen Ereignis werde. Keine berittene Militärparade wäre ohne ein Clydesdale-Trommelpferd denkbar. Der Clydesdale ist eines der beliebtesten schweren Pferde weltweit; er ist auf dem europäischen Festland, in Russland, Südafrika, Japan, Australien und Neuseeland sowie in den USA und Kanada anzutreffen.

100

Schwere Pferde

Noriker

Der Name Noriker leitet sich ab vom alten Königreich Noricum, einem Vasallenstaat des Römischen Reiches, dessen Grenzen etwa denen des heutigen Österreich entsprachen – der Heimat des Norikers. Entlang der südlichen Grenze lebten die Veneter, die sich 900 v. Chr. dort angesiedelt hatten und für ihre Pferdezucht berühmt waren. Dieses Gebiet wurde das Heimatland des Haflingers (s. S. 67), und es ist wahrscheinlich, dass der Noriker diesem Bergpony einiges zu verdanken hat.

Die Römer brauchten in der Berglandschaft Österreichs Kriegspferde, die auch als Pack- und Zugpferde taugten. So wurden die Noriker zuerst von den Römern im damaligen Juvavum in der Nähe von Salz-

Größe:	1,50–1,70 m
Farben:	Schecken, Gesprenkelte, Apfelschimmel mit schwarzem Kopf, Braune und Füchse anerkannt; Marbach-Pferde sind Füchse mit blondem Langhaar.
Gebrauch:	Reit- und Kutschpferd
Merkmale:	Schwerer, zum Maul spitz zulaufender Kopf; große Gurtentiefe (oft größer als das Maß vom Ellbogen bis zum Boden); Hinterbeine mit starken Unterschenkeln

Handbuch Pferderassen

burg gezüchtet, doch ab dem Mittelalter waren es die Klöster, die die bedeutendsten Beiträge zur Ausformung der Rasse lieferten. Die besten Exemplare der Rasse waren in der Region um den Großglockner zu finden. 1565 wurden unter der Leitung der Klöster Rassemerkmale aufgestellt und verbessert, und unter dem Prinz-Erzbischof von Salzburg wurde das Salzburger Stutbuch angelegt; es wurden neue Gestüte gegründet und die Rassestandards niedergelegt. Später wurden zur Verbesserung der Rasse Spanische, Neapolitanische und Burgunder-Hengste eingekreuzt. Dieses neue Blut führte nicht nur zu einem höheren Wuchs, sondern im 18. Jahrhundert auch zu dem gefleckten Fellmuster – besonders häufig bei Pferden aus dem Pinzgau, den Pinzgauer Norikern.

Außer dem Pinzgauer erkennt das Salzburger Stutbuch vier andere Hauptschläge aus den Gebieten Kärnten, Steiermark, Tirol und Bayern an (der bayerische Noriker wird auch Süddeutsches Kaltblut genannt). Im württembergischen Marbach liegt Deutschlands ältestes Staatsgestüt, wo der typische Noriker-Schlag mit traditioneller Fuchsfarbe und blondem Langhaar gezüchtet wird. Wegen seiner Bedeutung für die örtliche Forstwirtschaft ist er dort auch als Schwarzwaldpferd bekannt.

Alle Noriker müssen den strengen Rassestandards entsprechen. Nicht nur der Körperbau wird überprüft, auch Umgänglichkeit, Ausdauer und Arbeitseifer; bei Deckhengsten wird vor ihrem Einsatz in Gestüten die Willigkeit, im Geschirr zu gehen, geprüft, außerdem die Fähigkeit, eine schwere Last zu ziehen, sowie das Gehen einer Strecke von 500 m und das Traben von 1000 m innerhalb einer vorgegebenen Zeit. Jungstuten werden ebenfalls getestet. Das Ergebnis ist ein für die Arbeit in den Bergen gut geeignetes, kompaktes, starkes, vielseitiges Kaltblutpferd, das auch für sein sanftes und williges Wesen bekannt ist.

Schwere Pferde

Percheron

Größe:	1,60–1,70 m
Farben:	Schimmel, Rappen
Gebrauch:	Zugpferd
Merkmale:	Gerades Kopfprofil; lange Ohren, weit auseinander stehende Augen; große, offene, fein geschnittene Nüstern; langer, gewölbter Hals; blauschwarze, harte Hufe; fedriger Behang fehlt

Der elegante Percheron aus der Region von Le Perche in der nordfranzösichen Normandie verdankt viele seiner Merkmale den Einflüssen Orientalischen Blutes. Nur die in den französischen Verwaltungsbezirken von Le Perche gezüchteten Pferde werden ins Percheron-Stutbuch aufgenommen, Pferde aus anderen Gegenden werden in gesonderten Stutbüchern geführt.

Die Vorfahren des Percheron waren wohl die Schlachtrösser der fränkischen Ritter von Karl Martell in der Schlacht von Poitiers 732 n. Chr., in der die vorrückenden Mauren geschlagen wurden. Folglich beeinflussten die von den Feinden erbeuteten Pferde, Araber und Berber, die Rasse. Noch mehr Orientalisches Blut wurde in der Folge des ersten Kreuzzuges importiert.

Der Percheron diente als Schlachtross, zog Postkutschen, bearbeitete Felder, zog im Ersten Weltkrieg die schwere Artillerie und war außerdem enorm beliebt für den Export nach Übersee – zwischen 1880 und 1890 wurden ca. 500 Hengste und 2500 Stuten allein in die USA exportiert, andere traten eine Reise nach Südafrika oder Australien an. Der Percheron hat gegenüber anderen Rassen den Vorteil, dass er sich leicht an verschiedenste Klimabedingungen anpasst und einen exzellenten Grundstock für Kreuzungen darstellt. Er ist ein robustes, ausgeglichenes, starkes und vielseitiges Pferd.

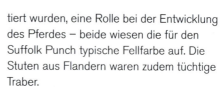

Suffolk Punch

Größe: 1,60–1,65 m
Farben: Füchse
Gebrauch: Schweres Zugpferd; Schaupferd
Merkmale: Breite Stirn; für ein Kaltblut relativ kleine Ohren; stark gewölbter Hals; Gurtentiefe von bis zu 2,03 m; mächtige, runde Hinterbacken; kurze, kraftvolle Beine mit wenig Behang; langlebige Tiere

Der Suffolk Punch stammt aus der gleichnamigen englischen Grafschaft, doch seit Generationen wird er als Einwohner der gesamten Region von East Anglia angesehen. Seine Ursprünge reichen bis ins 16. Jahrhundert zurück; William Camden weist in seiner *Britannia* (erschienen 1586) darauf hin, dass die Rasse seit 1505 existiert. Zweifellos spielten sowohl die Norfolk-Roadster-Traber wie auch schwerere Stuten aus Flandern, die im 16. Jahrhundert importiert wurden, eine Rolle bei der Entwicklung des Pferdes – beide wiesen die für den Suffolk Punch typische Fellfarbe auf. Die Stuten aus Flandern waren zudem tüchtige Traber.

Der Suffolk Punch ist eine der reinsten britischen Arbeitspferderassen. Der Stammbaum jedes Tieres kann auf einen Hengst zurückverfolgt werden: Thomas Crisps Horse of Ufford (Orford), Stutbuchnummer 404, geboren 1768. Dieser Hengst wurde im Gebiet rund um Woodbridge, Saxmundham und Framlington eingesetzt, noch heute das Zuchtzentrum des Suffolk Punchs. Crisps Pferd besaß Beschreibungen zufolge einen großen Rumpf, kurze Beine und war ein heller, 1,57 m großer Fuchs.

Heute sind alle Suffolks Füchse. Von der *Suffolk Horse Society* werden sieben Schattierungen anerkannt, die 1877 von Herman Biddell aufgestellt wurden; sie reichen von einer blassen, fast mehligen Farbe bis zu einer dunklen, fast braunen Schattierung, am häufigsten ist jedoch die hellrote Fuchsfarbe.

Der Suffolk Punch wurde als Ackerpferd entwickelt und eignet sich gut für die Arbeit auf dem schweren Boden von East Anglia, denn er hat wohlproportionierte Beine und verfügt über große Zugkraft und Ausdauer. Die Hinterhand ist sehr kraftvoll, und die Hinterbeine stehen dicht beieinander, sodass das Pferd in einer Ackerfurche

Schwere Pferde

von nur 23 cm Breite gehen kann. Zudem braucht der Suffolk weniger Futter als andere schwere Pferde.

Die Zuchtauslese der Bauern von East Anglia und die strengen Regeln Biddells, die vom Rasseverband für Registrierung und Verkauf der Tiere übernommen wurden, trugen viel zum Erfolg der Rasse bei; kein Tier konnte ohne tierärztliches Gesundheitszeugnis bei einer der führenden landwirtschaftlichen Ausstellungen gezeigt oder bei Verkaufsveranstaltungen des Zuchtverbands verkauft werden. Wenn die Pferde bei Jahrmärkten zum Verkauf angeboten wurden, wurden sie getestet, indem man sie vor einen schweren, am Boden liegenden Baumstamm spannte. Das Pferd musste den Baum nicht unbedingt verrücken können, aber in der für Suffolk Punchs typischen Art zum Ziehen in die Knie gehen, um den Test zu bestehen.

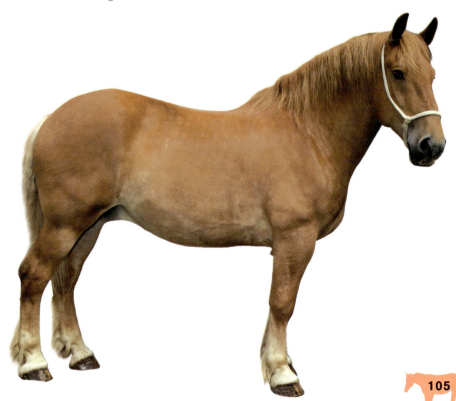

Handbuch Pferderassen

American Cream Draft

Größe:	1,52–1,70 m
Farbe:	Cremefarbene
Gebrauch:	Zugpferd
Merkmale:	Bernsteinfarbene Augen; weißes Langhaar; rosafarbene Haut

Der American Cream Draft ist die einzige in den USA entstandene Zugpferderasse. Als reines Zugpferd ist er nicht zu verwechseln mit dem American Crème (ein Farbtyp), Palomino oder anderen leichten Rassen.

Zu Beginn des 20. Jahrhunderts kaufte Harry »Hat« Lakin aus Ellsworth, Hamilton County, Iowa, eine kleine cremefarbene Stute. Diese wurde Old Granny genannt und sollte die Stammmutter von 98 Prozent der Pferde werden, die heute bei der *American Cream Draft Association* registriert sind. Die Merkmale der Stute wurden zum Rassestandard: cremefarbenes Fell, weißes Langhaar, rosafarbene Haut und bernsteinfarbene Augen.

Old Granny zog einige Fohlen auf, bevor sie an Nachbarn, die Nelson-Brüder, verkauft wurde. Eric Christian, ein Tierarzt, wurde auf eines ihrer Hengstfohlen aufmerksam und überzeugte die Nelson-Brüder, es zu behalten. Dieser Hengst wurde Nelson's Buck No. 2 genannt und gilt heute als Rassebegründer; er zeugte mit einer großen Percheron-Stute (s. S. 103), ebenfalls im Besitz der Nelsons, einen cremefarbenen Hengst, Yancy No. 3, der 1923 geboren wurde.

Um 1935 wuchs das Interesse am American Cream Draft, und es war der Verdienst

Schwere Pferde

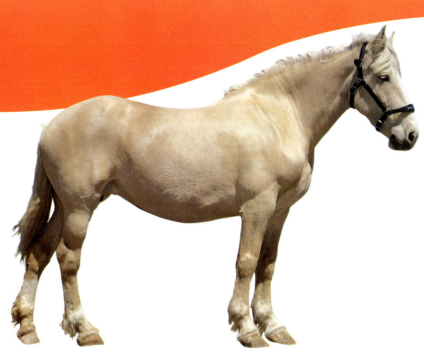

C.T. Riersons, dass man über die Entwicklung dieser neuen Rasse nachdachte und begann, genaue Aufzeichnungen über Zucht und Nachkommen zu führen. Bald engagierten sich andere interessierte Züchter: H.L. Bavender und E.E. Reece aus New Providence, Iowa, Verner Stromer aus Klemme, Iowa, sowie Ray Veldhouse und Gaylord Engle. Sie ermutigten weitere Pferdezüchter, ihre Bemühungen auf die Verbesserung und Perfektionierung der neuen Rasse zu richten. Im Frühjahr 1944 gründete eine Gruppe von Züchtern bei Iowa Falls, Iowa, die *American Cream Draft Horse Association,* und 1950 wurde die Rasse vom Landwirtschaftsministerium von Iowa anerkannt.

Durch sorgfältige selektive Kreuzung der besten Individuen in Linienzucht sowie mit den besten Blutlinien anderer Zugpferderassen wurden Größe und Qualität dieser großartigen Pferde ohne Einbußen von Typ und Merkmalen verbessert. Der ideale American Cream Draft besitzt eine kräftige Cremefarbe mit weißem Mähnen- und Schweifhaar und rosafarbener Haut (die wesentlich für die Deckhaarfarbe ist). Die schönen, bernsteinfarbenen Augen sind ebenfalls ein ungewöhnliches und unverwechselbares Merkmal der Rasse, einige weiße Abzeichen sind sehr erwünscht. Fohlen werden mit fast weißen Augen geboren, die jedoch bald nachdunkeln. Größe und Gewicht des mittelschweren Zugpferdes liegen idealerweise bei 1,52 bis 1,63 m und 725 kg für ausgewachsene Stuten und 1,63 bis 1,70 m und 800 bis 900 kg für Hengste.

Leichte Pferde

Leichte Pferde gründen sich auf Rassen mit größtenteils »östlichem« Ursprung: den Araber, den Berber (aus Nordafrika), das Englische Vollblutpferd (einem Abkömmling des Arabers) und das Spanische Pferd (größtenteils vom Berber beeinflusst). Araber, Berber und Englische Vollblutpferde sind als Vollblüter bekannt, ein Name, der sich auf die starke Reinheit ihrer Zucht bezieht, während andere leichte Pferde Warmblüter genannt werden. Leichte Pferde sind 1,52 bis 1,75 m groß. Ihr Körperbau – schmales Gebäude, lange Beine, schräge Schultern – macht sie für das Reiten geeignet. Die meisten sind schnell und wendig, und viele werden wegen ihres Stehvermögens geschätzt; die »Wüstenpferde«, wie die Achal-Tekkiner (s. S. 124), sind für ihre Ausdauer berühmt.

Pferderassen und -typen entwickelten sich einst ganz allmählich, indem die Tiere sich an ihre natürliche Umgebung anpassten und sich mit Pferdegruppen mischten, mit denen sie den Lebensraum teilten. Als das Pferd domestiziert wurde, beschleunigte und lenkte der Mensch diesen Prozess zur Erzeugung spezifischer Typen und Rassen. Das Kastrieren von männlichen Pferden hatte den Zweck, dass nur mit den besten Hengsten gezüchtet wurde, was zu einer Steigerung der Qualität und einer Ausformung der Merkmale führte, die für die Art von Tätigkeit, für die die Pferde gebraucht wurden, am geeignetsten waren. Mit der Entwicklung landwirtschaftlicher Techniken und der damit einhergehenden Produktivitätssteigerung hatten Pferde nahrhafteres Futter zur Verfügung – dies führte dazu, dass die Pferde schneller, größer oder stärker wurden, je nachdem, was die Züchter brauchten.

Pferde wurden wahrscheinlich von den frühesten Tagen der Domestizie-

Polizeipferd

Leichte Pferde

rung an für den Sport verwendet; Pferderennen mit Reit- oder Zugpferden waren schon im antiken Griechenland und in Rom beliebt. Viele der modernen Pferdesportarten wie Springen, Dressur, Vielseitigkeit oder Distanzreiten stammen jedoch tatsächlich aus der Militärpraxis.

Im 19. Jahrhundert veranstaltete das Militär in Frankreich, Deutschland, Schweden und den USA 30 bis 725 km lange »Ausdauerritte« als Teil seines Kavallerietrainings. Es war keine Springprüfung enthalten, das Augenmerk lag auf Ausdauer. Die Franzosen entwickelten 1902 einen umfassenderen Test, das *Championnat du Cheval d'Armes* bei Paris. Die militärischen Aufgaben umfassten einen Dressurritt, ein Hindernisrennen, ein Rennen über 50 km im Gelände sowie einen Springwettbewerb. Diese Prüfung bildete die Grundlage für die Drei-Tages-Veranstaltung für Militärreiter, die 1912 Teil der Olympischen Spiele wurde. Nach dem Zweiten Weltkrieg nahmen auch zivile Reiter teil, und der Sport breitete sich aus. In Großbritannien erhielt er Auftrieb durch die Ausscheidungswettkämpfe von Badminton, die erstmals 1949 stattfanden.

In Italien erkannte Hauptmann Frederic Caprilli (1868–1907), Ausbildungsleiter der

Andalusier-Schimmel

Handbuch Pferderassen

Klassischer American Saddlebred

Kavallerieschule von Pinerolo, dass die Knie-an-Knie-Formation berittener Schwadronen in zunehmend durch Feuerwaffen dominierten Kriegen nicht länger nützlich war. Stattdessen, so glaubte Caprilli, lag die Rolle der Kavallerie jetzt in dynamischen Erkundungsmissionen, die einen schnellen Ritt über das Land erforderten sowie die Fähigkeit, mit allen Hindernissen auf dem Weg fertig zu werden. Caprilli begann deshalb, Reiter mit verkürzten Steigbügeln arbeiten zu lassen. Sie sollten ihr Gesäß aus dem Sattel heben und sich nach vorn beugen – so wurde ihr Gewicht aufgefangen und so weit wie möglich nach vorn verlagert, und das Pferd konnte sich freier bewegen. Die Grundlagen von Caprillis Lehre wurden von Kavallerieschulen auf der ganzen Welt übernommen. Beim Springreiten wird heute grundsätzlich der leichte Sitz eingenommen.

Dressur kommt vom französischen Wort *dresser* (abrichten) und wird im Zusammenhang mit dem Training von Reit- und Kutschpferden verwendet. Die Wurzeln der Dressur liegen in der Renaissance, ihren Höhepunkt erreichte sie im 18. Jahrhundert unter dem Einfluss von François Rubichon

Leichte Pferde

Appaloosa, Schabrackenmuster

de la Guerinière, dem Vater der »Klassischen Reitschule«; nach den Prinzipien in dessen 1733 herausgegebenem Buch *École de Cavalerie* wird noch heute ausgebildet. Die Kavallerie richtete Prüfungen für »am besten ausgebildete Dienstpferde« ein, noch bevor die Dressur erstmals bei den Olympischen Spielen 1912 in Stockholm als Wettkampfsport in Erscheinung trat. Die Dressurprüfung mit dem höchsten Schwierigkeitsgrad ist der *Grand Prix* – hier werden sämtliche Lektionen, z. B. Passage, Piaffe, Pirouette und Einerwechsel im Galopp, verlangt. Zum Wettbewerb gehört auch der *Grand Prix Special* mit dem »Pferdeballett«, einem Freistil-Wettbewerb zu Musik. Aus dem militärischen Hintergrund heraus entwickelte sich die Dressurreiterei zu einer hochspezialisierten Kunstform, deren höchste Vollendung vielleicht die wunderschönen Lipizzaner der Spanischen Hofreitschule in Wien zeigen (s. S. 186).

Handbuch Pferderassen

Cob

Größe:	Idealerweise 1,52 m; bis 1,55 m
Farben:	Alle, viele Schimmel
Gebrauch:	Reitpferd
Merkmale:	»Arbeiter«-Kopf mit intelligentem Blick; kurzer Hals mit starkem Mähnenkamm; starke, schräge Schultern; kurzer, breiter Rücken, gut geformte Hinterbacken; kurze, kraftvolle Beine, kurze Röhrbeine und breite, offene Hufe

Mit Ausnahme des Welsh Cobs und des Normänner Cobs ist der Cob ein Pferdetyp, keine anerkannte Rasse. Er ist ein kompaktes Gebrauchspferd mit großem Rumpf, das fest und gleichmäßig auf seinen kurzen, kraftvollen Beinen steht. Sein Körperbau gleicht in der starken Struktur eher dem schwerer Pferde als dem der langbeinigeren, auf Schnelligkeit gezüchteten Warmblüter. Das stämmige, jedoch ganz symmetrische, nur 1,52 m große Pferd ist leicht zu besteigen, und man kann einen sicheren, ruhigen Ritt von ihm erwarten. Sein Temperament wird in Großbritannien liebevoll mit dem eines Butlers verglichen – ruhig, zurückhaltend, aber unermüdlich darin, seinem Herrn zu dienen.

Füher wurde Cobs der Schweif gestutzt, im Jahr 1948 wurde dies jedoch als grausam verurteilt und gesetzlich verboten. Die Mähnen werden noch immer gestutzt, was die Halswölbung des Cobs unterstreicht. Im Schauring sind die Klassen für Cobs unterteilt in Leichtgewicht (Reitergewicht bis 89 kg, Röhrbeinumfang bis 21 cm), Schwergewicht (Reitergewicht mehr als 89 kg, Röhrbeinumfang mindestens 23 cm) und Arbeits-Cobs, von denen auch eine Springprüfung verlangt wird. In allen Klassen dürfen Cobs nicht größer als 1,55 m sein.

Leichte Pferde

Araber

Größe: 1,50–1,52 m
Farben: Schimmel, Füchse, Braune, Rappen
Gebrauch: Reitpferd; Verbesserung anderer Rassen
Merkmale: Spitz auf das kleine Maul zulaufender, trockener Kopf und große, weit ausgestellte Nüstern; prächtige, große, ausdrucksvolle Augen; kompakter Rumpf mit kurzem, leicht konkavem Rücken; eher flache Hinterhand und Kruppe; lange, schlanke Beine mit kurzen Röhrbeinen und klar definierten Sehnen; feines, seidiges Langhaar; der Schweif wird in der Bewegung gewölbt nach oben getragen.

Das Verdienst des Arabers (auch Arabisches Vollblutpferd genannt) an modernen Pferderassen kann gar nicht hoch genug geschätzt werden. Der Lipizzaner, der Achal-Tekkiner, das Englische Vollblutpferd, der Orlow-Traber, um nur einige zu nennen – sie alle sind durch Arabisches Blut gezeichnet. Der Araber ist eines der Stammpferde der heutigen Pferde, und wegen seiner Reinheit dient er noch immer zur Aufwertung und Veredelung anderer Rassen.

Der Araber existierte schon zur Zeit des Propheten Mohammed, seine Blütezeit hatte er im 7. Jahrhundert an den Höfen der Haschemiten-Prinzen. Es ist gut möglich, dass die arabischen Beduinen diese erstklassigen Pferde schon seit mehr als 2500 Jahren züchten. Schriftliche Aufzeichnungen gab es bei den Beduinen wenn überhaupt nur wenige, der Stammbaum der Pferde wurde jedoch mündlich tradiert. Danach führen die Blutlinien zurück auf den Hengst Hoshaba und die Stute Baz, die der Legende nach im Jemen von Bax, dem Ururenkel Noahs, gefangen wurde.

786 n. Chr. schrieb der Historiker El Kelbi erstmals die Geschichte und den Stammbaum der Pferde nieder. Im 19. Jahrhundert unterteilte Emir Abd-el-Kader (1808–

1883) die Geschichte des Arabers in vier Zeitalter: von Adam bis zu Ismael (dem verstoßenen Sohn Abrahams und Vorfahren der Beduinenstämme); von Ismael bis zu König Salomon (der – trotz des Gesetzes der Israeliten gegen Götzenanbetung, das die Haltung von Pferden verbot – 1200 Reitpferde und 40 000 Wagenpferde in den königlichen Ställen hielt); von Salomon bis zum Propheten Mohammed; schließlich die Zeit nach Mohammed. Die Ausbreitung des Islam sorgte auch für die Ausbreitung des Arabers über weite Teile der Alten Welt. Er wurde von den Mauren, die im 8. Jahrhundert in Spanien eindrangen, nach Europa eingeführt und war schnell wegen seiner Ausdauer, seinem Mut, seiner Vornehmheit und großen Schönheit begehrt. Das Pferd Marengo, das Kaiser Napoleon in der Schlacht von Waterloo ritt, war ein Araberschimmel.

Das Aussehen des Arabers ist bemerkenswert; die charakteristischsten Merkmale sind seine Silhouette und sein Kopf. Die Kontur des Körpers wird durch einen einzigartigen Knochenbau bestimmt – das Pferd besitzt 17 Rippen (andere Rassen haben 18), fünf Lendenwirbel (sechs) und 16 Schwanzwirbel (18). Diese Unterschiede sind verantwortlich für die Form von Rücken und Hinterhand und für die schöne hohe Schweifhaltung. Der Kopf ist sehr kurz und trocken, mit klar sichtbaren Adern. Die Profillinie des Gesichts verläuft konkav (Hechtkopf), während die Stirn konvex ist und eine schildförmige Rundung zwischen den Augen bildet, die auf arabisch *jibbah* genannt wird. Ein weiteres Unterscheidungsmerkmal ist die *mitbah,* der Winkel zwischen Kopf und Hals – je größer der Bogen hier ist, desto größer ist die Beweglichkeit des Kopfes in alle Richtungen. Außerdem zeigt die Rasse das, was als »fließende Aktion« beschrieben wird: Es sieht aus, als würde sich das Pferd auf unsichtbaren Quellen bewegen. Die Ausdauer des Arabers ist legendär, er kann eine Strecke von 160 km laufen. Er wird bis zu 1,52 m groß, die durchschnittliche Größe liegt bei 1,50 m. Ungeachtet dessen wird das herrliche Tier immer als Pferd bezeichnet niemals als Pony.

Leichte Pferde

Ägyptischer Araber

Größe: 1,50–1,52 m
Farben: Schimmel, Füchse, Braune, Rappen
Gebrauch: Reitpferd; Verbesserung anderer Rassen
Merkmale: Spitz auf das kleine Maul zulaufender, trockener Kopf und große, weit ausgestellte Nüstern; prächtige, große, ausdrucksvolle Augen; kompakter Rumpf mit kurzem, leicht konkavem Rücken; eher flache Hinterhand und Kruppe; lange, schlanke Beine mit kurzen Röhrbeinen und klar definierten Sehnen; feines, seidiges Langhaar; der Schweif wird in der Bewegung gewölbt nach oben getragen.

Es ist anzunehmen, dass der Ägyptische Araber bereits vor 2500 Jahren auf der Arabischen Halbinsel gezüchtet wurde, wo er von den Beduinen bis heute in seiner reinen Form erhalten wird. Mit den muslimischen Eroberungen des 7. Jahrhunderts begann sich der Einfluss der Rasse weiter auszubreiten. Um 700 n. Chr. hatten die Streitkräfte des Islam das gesamte Gebiet der heutigen Türkei, Persiens, Palästinas, Syriens und Nordafrikas eingenommen und besetzt, einschließlich Libyen, Marokko und Nordägypten. Von Nordafrika aus drangen die Mauren nach Spanien vor, sodass alle berühmten Pferdezuchtgebiete der Alten Welt, mit Ausnahme Russlands, in ihrer Macht waren. Die besten Hengste und Stuten wurden in die damalige Hauptstadt des Islam, Damaskus in Syrien, gebracht, wo durch selektive Zucht der moderne Araber entstand.

Die verschiedenen heute existenten Abstammungslinien von Arabern mögen Anlass zu Diskussionen geben, doch führt eine Linie über Generationen auf eine Mutterstute zurück, die im Besitz eines Scheichs oder eines Stammes war. Die Verbreitung des Arabers begann vor vielen Jahrhunderten; 1350 n. Chr. schenkte der Rajput-Sultan Allah-uh-Din seinem Sohn bei dessen Hochzeit 500 Araberpferde. Die indischen Mogulen-Herrscher brachten die persische Tradition nach Indien, große Pferde von herrlicher Schönheit zu besitzen. Sie gehörten zu den ersten, die

115

Araberhengste zur Veredelung indischer Pferderassen importierten. Der ägyptische Einfluss ist einer der wichtigsten und umfassendsten; die Zucht Ali Pasha Sherifs brachte die Hengste Mahruss II. und Mesaoud hervor, die im späten 19. Jahrhundert auf das Crabbet-Gestüt von Lady Anne und Sir Wilfred Scawen Blunt in England kamen. Die heutigen ägyptischen Araber stammen von den Herden Mohammed Ali Pashas und denen seines Enkels, Abbas Pasha I., sowie von 20 Pferden aus dem Crabbet-Gestüt ab, die auf das Gestüt Lady Blunts in Ägypten kamen. Der berühmte Hengst Nazeer, ein Schimmel, zeugte optimale Nachkommen; zu seinen »besten« Söhnen zählten Morafic, Ibn Halima, Ghazal, Hadban Enzahi und Aswan.

Leichte Pferde

Shagya-Araber

Größe:	Durchschnittlich 1,50 m
Farben:	Oft Schimmel, außerdem alle anderen Grundfarben
Gebrauch:	Reit- und Kutschpferd
Merkmale:	Arabertypisches Exterieur, aber größer, mit mehr Substanz und stärkeren Knochen als viele moderne Araber; ausgeprägter Widerrist, schrägere Schultern und korrekte Hinterbeine

Seit mehr als 1000 Jahren bringt Ungarn hervorragende Pferde hervor, denn das Klima und die nahrhafte Vegetation sorgen für starke Tiere. Ungarische Pferde waren einst so kostbar, dass vor ca. 900 Jahren König László weitere Exporte verbot, um den einheimischen Tierbestand zu schützen. Die Lage Ungarns an den »Straßenkreuzungen Europas« machte das Land immer wieder zum Opfer von Invasionen, und während der einhalb Jahrhunderte andauernden Besetzung durch die türkischen Ottomanen wurde die Pferdepopulation stark durch arabische und syrische Hengste der ottomanischen Kavallerie beeinflusst.

Zwei ungarische Rassen stammen vom reinrassigen Araber ab: der Shagya-Araber und der Gidran-Araber. Letzterer wurde in Mezöhegyes gezüchtet, dem ersten großen, modernen Gestüt Ungarns, das 1785 gegründet wurde. Das Gestüt ist auch berühmt für die Entwicklung des Nonius (s. S. 197) und des Furiosos (s. S. 162).

Der Shagya-Araber wurde in Bábolna, einem 1789 gegründeten Gestüt im Nordwesten Ungarns, gezüchtet, das heute das Zentrum für die Zucht reinrassiger Araber in Ungarn ist. Der Stammhengst der Rasse war Shagya, ein Araber der Kehil/Sighlawy-Linie, der 1830 in Syrien geboren und 1836 mit sieben anderen Hengsten und fünf Stuten nach Bábolna gebracht wurde. Für einen Araber war Shagya mit einem Stockmaß von 1,52 m groß, und es hieß, er habe eine unverwechselbare und ungewöhnliche Cremefarbe. Shagya zeugte eine Anzahl sehr erfolgreicher Söhne, die die Beständigkeit der Linie sicherten. Heute sind seine Nachkommen sowohl im Gestüt von Bábolna wie auch in Gestüten in der Tschechischen Republik, der Slowakei, in Österreich, Polen, Deutschland und Russland zu finden.

Der Shagya-Araber weist alle Merkmale eines reinrassigen Arabers auf – Charakter, Schönheit und Intelligenz –, er besitzt jedoch stärkere Knochen und einiges mehr an Substanz als reine Araber. Das einstige Lieblingsreitpferd der ungarischen Husaren ist als Reit- und Kutschtier hervorragend geeignet.

Leichte Pferde

Polnischer Araber

Größe:	1,50–1,52 m
Farben:	Schimmel, Füchse, Braune, Rappen
Gebrauch:	Reitpferd; Verbesserung anderer Rassen
Merkmale:	Arabertypisches Exterieur

Polen ist seit Jahrhunderten für seine Pferdezucht berühmt, und im Laufe einer langen Folge von Kriegen wurden die verschiedensten Hengste aus dem Nahen Osten erbeutet. Diese beeinflussten zweifellos die Entwicklung der polnischen Pferde. Nachdem einige reinrassige Araberstuten gefangen werden konnten, wurden in Polen reinrassige Araber gezüchtet. Als die türkischen Kriege zu Beginn des 18. Jahrhunderts endeten, reisten polnische Abgesandte in den Nahen Osten, um in Aleppo, Bagdad und Damaskus Hengste zu kaufen. 1845 kamen drei reinrassige Araberstuten in das Gestüt Jarczowce; diese drei Stuten wurden zu den Stammtieren der weiblichen Linie, die noch heute gedeiht.

Seit damals hat Polen einige der besten Araber der Welt hervorgebracht, und polnische Araberhengste sind weltweit äußerst begehrt. 1912 wurde der Schimmelhengst Skowronek nach England exportiert, wo er 1920 in das Crabbet-Gestüt kam. Seine Nachfahren sind noch heute berühmt, und das nicht nur in Großbritannien, sondern auch in Südamerika, Spanien, den USA und der ehemaligen Sowjetunion. 1926 wurde unter der Schirmherrschaft des Landwirtschaftsministeriums das Stutbuch des polnischen Arabers angelegt; zuvor hatte jedes Gestüt eigene Zuchtbücher geführt. Viele polnische Araber haben einen Stammbaum, der über zehn Generationen oder sogar über einen Zeitraum von 150 bis 200 Jahren zurückverfolgt werden kann. Das 1817 gegründete Gestüt Janow Podlaski ist heute das Hauptgestüt Polens, wo sowohl reinrassige Araber wie auch Anglo-Araber gezüchtet werden.

Handbuch Pferderassen

Anglo-Araber

Größe:	1,60–1,67 m
Farben:	Alle Grundfarben
Gebrauch:	Reit-, Renn- und Turnierpferd
Merkmale:	Ausdauernd, athletisch; Exterieur, das sich dem Vollblut annähert, mit geradem Kopfprofil, gut abgeschrägten Schultern und ausgeprägtem Widerrist; stabileres Gebäude und längere Kruppe als bei Vollblütern; hervorragendes Sprungvermögen, gut für die Dressur geeignet

Die Kreuzung eines Englischen Vollblutpferds (dem besten Rennpferd der Welt) und eines Arabers mit ihren darauf folgenden Rückkreuzungen gilt in England als Anglo-Araber. Der Stammbaum weist nur zwei Linien auf, und um ins britische Stutbuch aufgenommen zu werden, muss ein Pferd mindestens 12,5 Prozent Araberblut aufweisen. Der Anglo-Araber entstand in Großbritannien, wird aber seit mehr als 150 Jahren auch viel in Frankreich gezüchtet, wo ein Minimum von 25 Prozent Araberblut für die Aufnahme ins Stutbuch erforderlich ist.

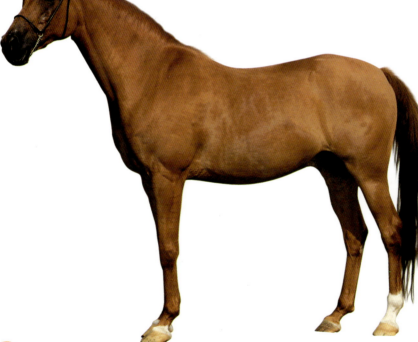

Leichte Pferde

Idealerweise sollte ein Anglo-Araber die gesunde Konstitution, Ausdauer und Zähigkeit des Arabers mit der Größe und Schnelligkeit des Vollblutpferds verbinden – doch ohne die Nervosität des Letzteren. Eine beliebte Zuchtmethode in Großbritannien ist die Zusammenführung eines Araberhengstes mit einer Vollblutstute, da hierbei die Wahrscheinlichkeit groß ist, dass das Fohlen einmal beide Elternteile an Größe übertreffen wird. (Die Kreuzung eines Vollbluthengstes mit einer Araberstute führt meist zu kleineren Nachkommen, die weniger wertvoll sind, als es reine Nachkommen jeder anderen Rasse wären.)

In Frankreich befinden sich die wichtigen Zuchtzentren heute in Pau, Pompadour, Tarbes und Gelos. Viel Unterstützung verdanken die französischen Rassen den lang etablierten königlichen und später nationalen Gestüten, die im 17. Jahrhundert unter König Louis XIV. gegründet wurden. Die systematische Zucht des Anglo-Arabers begann 1836 mit den beiden Araberhengsten Massoud und Aslan und den drei Vollblutstuten Dair, Common Mare und Selim Mare. Es wurde ein strenges, auf Ausdauer, Leistung und Körperbau gegründetes System der Zuchtauswahl aufgestellt, das noch immer gültig ist; später kamen Rennprüfungen hinzu.

Im Aussehen gleicht der Anglo-Araber mehr dem Vollblutpferd als dem Araber; der Kopf ist gerade (nicht konkav), der Hals länger (ein Indiz für größere Schnelligkeit), der Widerrist ausgeprägter, und die Schultern sind schräger und kraftvoller. Die Hinterhand ist tendenziell lang und horizontal, das Gebäude ist »stabiler« als beim Vollblutpferd. Die Füße des Anglo-Arabers sind außergewöhnlich gesund und stark und kaum anfällig für Krankheiten. Zwar erreichen Anglo-Araber vielleicht nicht ganz die Schnelligkeit der Englischen Vollblüter, doch sind sie sehr wendige und athletische Pferde. Die im französischen Gestüt von Pompadour gezogenen Tiere sind nicht nur für ihre Größe, sondern auch für ihr exzellentes Sprungvermögen bekannt.

Handbuch Pferderassen

Englisches Vollblutpferd

Größe:	Bis 1,62 m
Farben:	Alle Grundfarben
Gebrauch:	Reit-, vor allem Rennpferd; Einkreuzungen
Merkmale:	Edler, eleganter Kopf auf langem, gewölbtem Hals; schräge Schultern und kraftvolle Hinterhand; tiefe Brust, die eine maximale Ausdehnung der Lungen erlaubt; große, flache Gelenke; starke, harte Beine

Das Englische Vollblut ist nicht nur das schnellste und vielleicht wertvollste Pferd der Welt, sondern auch eines der schönsten. Mit seinen perfekten Proportionen und seiner enormen Ausdauer ist es der Inbegriff des Rennpferdes. Es wurde im 17. und 18. Jahrhundert in England als Rennpferd zur Unterhaltung der Königsfamilie und der Oberschicht gezüchtet. Lange vorher schon wurden in England kleine Running-Horses (Rennpferde) produziert, wie der Galloway (ein Vorfahr des Fellponys, s. S. 64) und der Irish Hobby (der Vorgänger des Connemaras, s. S. 54). König Henry VIII. initiierte die Rennen von Hampton Court und ließ einheimische Rennpferde mit Pferden aus Spanien und Italien kreuzen, die zweifellos von Berbern beeinflusst waren. Spätere Könige behielten das große Interesse an Rennpferden bei. Im 17. und 18. Jahrhundert wurden Rassen aus dem Orient eingeführt – nicht wegen ihrer Schnelligkeit, denn sie waren nicht viel größer als die Running-Horses, sondern für eine artgerechte Züchtung.

Das Vollblut geht auf drei große Stammhengste zurück: Byerley Turk, Darley Arabian und Godolphin Arabian. Keiner von ihnen lief je ein Rennen. Byerley Turk nahm an der Schlacht am Boyne teil, bevor er auf ein Gestüt nach Durham kam und die erste der Stammlinien gründete, die mit dem Hengstfohlen Herod (geboren 1758) begann.

Darley Arabian, 1,52 m groß, wurde bei Aleppo in Syrien entdeckt und 1704 in den Osten Yorkshires gebracht. Mit der Stute Betty Leedes zeugte er das erste große Rennpferd, Flying Childers. Dessen Bruder, Bartlett's Childers, war der Vorfahr von Eclipse, der die zweite Blutlinie gründete und auf den einige der einflussreichsten Linien des 20. Jahrhunderts zurückgehen.

Leichte Pferde

Godolphin Arabian kam 1728 nach England auf das Gestüt Lord Godolphins in Cambridgeshire. Er deckte die Stute Roxanna, woraus der Hengst Lath and Cade hervorging, der wiederum 1748 Matchem zeugte, Anführer der dritten Blutlinie. Eine vierte Blutlinie geht auf Highflyer, einen Sohn Herods, zurück. Der größte Teil des Vollbluterbgutes stammt von 31 Tieren ab; auf sie lassen sich alle heutigen Vollblüter in männlicher Linie zurückführen.

Die heutigen Vollblüter werden auf frühe Reife gezüchtet, sie laufen bereits mit zwei Jahren ihr erstes Rennen. Die Aktion ist lang und niedrig; die Hinterbeine sind von der Hüfte bis zum Fesselgelenk so lang, dass beim Galopp maximale Schubkraft erreicht wird, während der tiefe Brustkorb eine maximale Ausdehnung der Lungen erlaubt – beides fundamentale Merkmale eines Rennpferdes. Der trockene, schlanke und sehr edle Kopf des Vollblutes ist mit dünner Haut bedeckt und hat, anders als bei den arabischen Vorfahren, ein gerades Profil. Die Augen sind groß und wachsam, die Ohren beweglich, die Nüstern groß. Die Veredelung des Vollblutes erstreckt sich auch auf das dünne und seidige Fell. Hauptfarben der Rasse sind Braune, Füchse und Rappen. Die Schimmelfarbe stammt von den Hengsten Alcock Arabian und Brownlow's Turk aus dem 17. Jahrhundert.

Handbuch Pferderassen

Achal-Tekkiner

Größe: Durchschnittlich 1,55 m
Farben: Füchse, Schimmel, Rappen, »Goldmetallic«-Falben
Gebrauch: Reit-, Renn- und Turnierpferd (Distanzritte)
Merkmale: Langer, schmaler Hals, der hoch getragen wird; 45-Grad-Winkel zwischen Hals und Kopf; Maul oft höher als der Widerrist (rassetypisches Merkmal); außergewöhnlich feines Fell, dünne Haut; kurzer, seidiger Schweif, spärliches Mähnen- und Schopfhaar; harte, kleine Hufe

Der Achal-Tekkiner, eines der apartesten und ungewöhnlichsten Pferde der Welt, gehört zu den ältesten Rassen und ist berühmt für seine Ausdauer und seinen Mut. Er ist ein Nachkomme des Tarpans und des Pferdes vom Typ 3. Pferdeskelette, die in Anau bei Aschchabad, der Hauptstadt Turkmenistans, ausgegraben wurden, zeigen, dass diese Wüstenpferde – feinknochig und mit dünner Haut – schon vor ca. 2500 Jahren in dieser Region gezüchtet wurden.

Im späteren Mittelalter und in der Renaissance wurden Achal-Tekkiner nach Russland und in andere europäische Zentren exportiert, wo sie extensiv zur Zucht genutzt wurden; die Kuban-Kosaken im westlichen Nordkaukasus z. B. ritten gern auf Achal-Tekkinern. Die Rasse ist nicht nur einzigartig wegen ihres Alters, sondern auch wegen der traditionellen Zuchtmethoden in den Oasen der zentralasiatischen Wüsten; zum Schutz vor nächtlicher Kälte und glühender Mittagssonne legten die Turkmenen ihren Pferden Filzdecken auf und fütterten sie

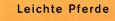

Leichte Pferde

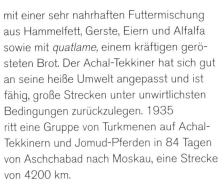

mit einer sehr nahrhaften Futtermischung aus Hammelfett, Gerste, Eiern und Alfalfa sowie mit *quatlame,* einem kräftigen gerösteten Brot. Der Achal-Tekkiner hat sich gut an seine heiße Umwelt angepasst und ist fähig, große Strecken unter unwirtlichsten Bedingungen zurückzulegen. 1935 ritt eine Gruppe von Turkmenen auf Achal-Tekkinern und Jomud-Pferden in 84 Tagen von Aschchabad nach Moskau, eine Strecke von 4200 km.

Das Gestüt von Aschchabad ist das Hauptzuchtzentrum der Rasse. Der Achal-Tekkiner ist ein sehr charakteristisches, drahtiges Pferd. Nach westlichem Standard ist sein Gebäude nicht perfekt, doch es wird in der Rassebeschreibung anerkannt. Der Rumpf ist lang und schmal, der Brustkorb flach, und oft ist der Vorarm nach westlichem Standard nicht muskulös genug. Die Hinterbeine sind häufig sichelförmig und kuhhessig, während die Vorderbeine gewöhnlich zu dicht beieinander stehen. Das Langhaar ist spärlich und fein. Ein eigentümliches Rassemerkmal ist die Kopfhaltung über den Händen des Reiters – in der westlichen Reiterei steht diese Haltung »über dem Gebiss« für eine verminderte Kontrolle des Reiters über das Pferd.

Trotz allem ist der Achal-Tekkiner ein hochgeschätztes Pferd, das große Geschwindigkeit erreichen kann, ein erstaunliches Springtalent und große Ausdauer besitzt sowie Schönheit und Grazie in den Bewegungen. Die Aktion ist, wie die Rasse selbst, einzigartig; das Pferd »gleitet« in fließenden Bewegungen und ohne Schwingungen des Körpers über den Boden. Es gibt Füchse, Rappen und Schimmel, am eindrucksvollsten sind jedoch die honiggoldenen Falben mit einem intensiven goldenen oder silbermetallischen Schimmer – besonders gut sichtbar, wenn das Pferd im Sonnenlicht steht.

Handbuch Pferderassen

American Saddlebred

Größe: 1,50–1,60 m
Farben: Alle Grundfarben, auch Palomino, gelegentlich Dunkelschimmel
Gebrauch: Reit- und Kutschpferd; Schaupferd
Merkmale: Kleiner, eleganter Kopf auf langem, muskulösem Hals; Rücken, Schultern und Hinterhand stark; das Wachsenlassen der Hufe und das Beschlagen mit Gewichtseisen (außer bei Kutschpferden) verstärken die spektakuläre Aktion. Traditionell werden die Muskeln an der Unterseite der Schweifrübe eingeschnitten, wodurch der Schweif unnatürlich hoch getragen wird.

Der American Saddlebred, ein schönes, auffälliges Pferd mit spektakulärer Aktion, war usprünglich als Kentucky Saddler bekannt und ist im 19. Jahrhundert als Allround-Pferd für Sattel, Kutsche und Feldarbeit von Plantagenbesitzern in Kentucky entwickelt worden. Die Traber und die einst hochgeschätzten Gangpferde (Gait-Horses) kamen im England des 17. Jahrhunderts mit dem Aufkommen von Galopprennen mit Englischen Vollblütern (s. S. 122) aus der Mode. Viele dieser Pferde fanden ihren Weg nach Amerika, wo sie nach kurzer Zeit den Grundstock für zahlreiche amerikanische Rassen bildeten. Dabei wurden die ver-

Leichte Pferde

schiedenen Gangarten verfeinert. Der American Saddlebred basiert auf zwei solcher Gangpferderassen, dem Canadian Pacer und dem Narragansett Pacer (beide Rassen sind inzwischen ausgestorben). Blutbeimischungen vom Morgan (s. S. 195) und Englischen Vollblut führten zu diesem eindrucksvollen, schnellen und eleganten Pferd.

Man unterscheidet einen Three-Gaited- (Drei-Gänge-) und einen Five-Gaited-(Fünf-Gänge-)Saddlebred; die Three-Gaited-Pferde beherrschen Schritt, Trab und Galopp, wobei jeder Gang mit langsamer, aber hoher Aktion erfolgt. Sie werden mit gestutzter Mähne und herausgeputztem Schweif vorgeführt. Der Five-Gaited-Saddlebred hat zwei zusätzliche Gänge: den Slow-Gait (Passgang; Viertakt-Bewegung, bei der die Beine einer Seite gleichzeitig vorgesetzt werden), und den Rack (Rennpass, bei dem eine Geschwindigkeit von bis zu 60 km/h erreicht wird). Der Five-Gaited-Saddlebred wird mit vollem Mähnen- und Schweifhaar vorgeführt. Das Tier ist auch ein außergewöhnliches Schaupferd im Fahrsport; beurteilt wird die Qualität des Schrittes und des spektakulären Park-Walk. Mit normal beschnittenen – und nicht für den Schauring extra lang belassenen – Hufen wird der American Saddlebred auch viel für das Freizeitreiten und die Vieharbeit eingesetzt.

Handbuch Pferderassen

American Standardbred

Größe:	1,55–1,60 m
Farben:	Alle Grundfarben
Gebrauch:	Trabrennpferd
Merkmale:	Nüchterner Kopf, gut auf starken Schultern sitzender Hals; Widerrist gut ausgeprägt, jedoch oft niedriger als die Kruppe; längerer und niedrigerer Rumpf als bei Vollblütern, aber kraftvoll und mit guter Gurtentiefe; außerordentlich kraftvolle Hinterhand; Hinterbeine und Sprunggelenke müssen völlig korrekt sein, gesunde Hufe und tadellos geradlinige Aktion werden verlangt.

Der American Standardbred ist zweifellos das berühmteste und schnellste Trabrennpferd der Welt und der beste Vertreter eines Trabrenn-Stils, der nicht nur in den USA, sondern auch in Europa, Russland und Skandinavien populär ist. Die Bezeichnung Standardbred tauchte erstmals 1879 auf und bezieht sich auf den Geschwindigkeitsstandard, den ein Pferd für die Aufnahme ins Zuchtbuch erreichen musste. Ursprünglich lag die Höchstzeit für die Meile bei 3 Minuten. Später wurden separate Rennen für konventionelle Traber (diagonale Bewegung) und für Passgänger (laterale Bewegung, bei der Vorderbein und Hinterbein derselben Seite gleichzeitig aufgesetzt werden) eingeführt. Die Standardzeit wurde dabei auf 2 Minuten 30 Sekunden für den Renntrab über eine Meile (1,6 km) festgelegt sowie auf 2 Minuten 25 Sekunden für den Rennpass. Heute sind Geschwindigkeiten von weniger als 2 Minuten nicht ungewöhnlich. Der Pacer (Pass-Traber), der schneller ist und seltener aus der Gangart fällt, wird in den USA bevorzugt, während in Europa konventionelle Renntraber überwiegen.

Der Standardbred entwickelte sich im späten 18. Jahrhundert in den Oststaaten der USA. Er gründet sich auf einen Englischen Vollbluthengst, Messenger (ein Nachfahre des Darley Arabian), der 1788 aus England importiert wurde. Obwohl Messenger wie alle frühen Vollblüter nicht im Ge-

Leichte Pferde

schirr Rennen lief, hatte er durch sein Norfolk-Roadster-Blut ein Talent zum Traben. Messenger verbrachte 20 Jahre als Deckhengst in Pennsylvania, New York und New Jersey, wo er für die Zucht des Morgans (s. S. 195) sowie des Canadian Pacers und des Narragansett Pacers verwendet wurde. Stammhengst des Standardbred wurde ein direkter Nachfahre Messengers, Hambletonian 10, der 1849 zur Welt kam. Er lief ebensowenig Trabrennen wie Messenger, doch sein Körperbau wies eine Besonderheit auf, die für seinen Erfolg als Stammvater von Trabern wesentlich war – Hambletonian war »überbaut«: Er maß 1,55 m an der Kruppe und nur 1,53 m am Widerrist – eine Anatomie, die enorme Schubkraft für die Hinterhand bedeutete. Das Tier erwies sich mit nicht weniger als 1335 Nachkommen zwischen 1851 und 1875 als außerordentlich fruchtbarer Deckhengst.

In den USA wetteifern Standardbred-Traber auf über 70 größeren Rennbahnen miteinander. Die Pferde laufen im Rennpass mit Fußfesseln, die ein Ausbrechen aus der Gangart verhindern sollen.

Handbuch Pferderassen

Andalusier

Größe:	Durchschnittlich 1,57 m
Farben:	Gewöhnlich Braune oder Schimmel, außerdem sehr auffallende Dunkelpurpurfarbene
Gebrauch:	Reitpferd
Merkmale:	Falkenähnliches Kopfprofil; langes, oft welliges Langhaar; stolze und hohe Aktion mit langsamem, rhythmischem Schritt, hohe Aktion beim Traben und sanft schaukelnder Galopp; die starke, gut ausgeformte Hinterhand sorgt für die geschmeidigen Bewegungen auf Pferdeschauen oder in der Stierkampfarena.

Bei der Entwicklung moderner Pferderassen spielten der Berber, der Araber und das Spanische Pferd eine wichtige Rolle. Das Spanische Pferd erhielt im Laufe der Jahrhunderte viele Namen, von denen die meisten aus den geographischen Zuchtgebieten abgeleitet wurden: Andalusier, Kartäuser, Altér Real und Peninsular. Es gibt Vorschläge, all diese Pferde unter dem Begriff Iberisches Pferd zusammenzufassen, was auch benachbarte Rassen wie den portugiesischen Lusitano umfassen würde. Die Andalusische Rasse geht mindestens auf die Zeit der maurischen Besetzung Spaniens zurück, als Berber aus Nordafrika auf die Iberische Halbinsel gebracht wurden. Die Einmischung von Berberblut in den einheimischen Tierbestand – der sich aus dem urtümlichen Sorraia-Pony und den Nachkommen germanischer Pferde, die 405 n. Chr. im Zuge der Invasion der Vandalen nach Spanien gekommen waren, zusammensetzte – brachte eines der herausragendsten Pferde Europas hervor. Seine falkenähnliche Kopfform verdankt der Andalusier dem Berber. Der Andalusier wiederum hat viele andere europäische

130

Leichte Pferde

Rassen beeinflusst, darunter den Lipizzaner (s. S. 186) und amerikanische Rassen wie den Paso Fino und den Peruanischen Paso (s. S. 211). Die Bezeichnung Andalusier ist etwas vage – Andalusien ist ein Gebiet in Südspanien um Sevilla, Cordoba und Granada; jahrhundertelang verstand man darunter ganz Südspanien. Während in vielen anderen Ländern noch der Begriff Andalusier verwendet wird, kennen spanische Züchter diese Pferde seit 1912 als Pura Raza Española (Reine Spanische Rasse). Zuchtzentren sind nach wie vor Cordoba und Sevilla sowie das 1476 gegründete Kartäuser-Kloster von Jerez de la Frontera, wo die Mönche jahrhundertelang die Reinheit der Rasse erhielten, indem sie das königliche Edikt zur Einkreuzung schwerer Neapolitaner ignorierten.

Der schöne und imponierende Andalusier hat einen prunkvollen, rhythmischen Schritt, eine hohe Aktion beim Traben und einen sanften, spektakulär wiegenden Galopp. Er ist kein schnelles, aber ein ungeheuer starkes Pferd. Wegen seiner guten Balance und großen Beweglichkeit – gepaart mit seinem mutigen Wesen und den spektakulären Gangarten – ist das Tier sowohl für die Hohe Schule als auch für die Stierkampfarena geeignet, wo es heute vielfach bewundert werden kann. Andalusier sind meist Schimmel oder Braune. Beim »alten« Spanischen Pferd gab es auch gesprenkelte oder gescheckte Linien. Die Fellmuster von Appaloosa und Pinto stammen von Spanischen Pferden ab, die im 16. Jahrhundert mit den Eroberern nach Amerika kamen. Ein sehr typisches Merkmal des Andalusiers ist sein langes, üppiges und oft gewelltes Mähnen- und Schweifhaar.

Handbuch Pferderassen

Lusitano

Größe: 1,50–1,60 m
Farben: Hauptsächlich Schimmel, außerdem Braune und sehr auffallende Dunkelpurpurfarbene
Gebrauch: Reit- und Kutschpferd
Merkmale: Gerades oder leicht konvexes Kopfprofil; kleine, wachsame Ohren, weit auseinander stehende Augen; volles Langhaar; kurzer, dicker Hals; sehr kraftvolle Schultern und Hinterbacken; kurzer Rücken und tiefe Brust; lange, schlanke Beine; natürlich hohe Aktion

Der Lusitano ist der portugiesische »Blutsbruder« des Andalusiers (s. S. 130) – ein schönes, kompaktes Pferd mit hoher Aktion, dessen Name (unter dem es offiziell erst seit 1966 bekannt ist) von Lusitania abgeleitet wurde, der römischen Bezeichnung Portugals. Die genauen Ursprünge der Rasse sind unklar, wir wissen jedoch, dass Lusitano und Andalusier dieselben genetischen Wurzeln und sehr ähnliche Charaktereigenschaften aufweisen. Im Körperbau gibt es wesentliche Unterschiede; die Kruppe des Lusitanos ist im Allgemeinen schräger, der Schweifansatz tiefer und das Kopfprofil konvexer. In beiden Rassen kommen Schimmel und Braune sowie ein wunderschöner dunkler Purpurton vor.

Der Lusitano wurde in Portugal ab dem 16. Jahrhundert als Allround-Arbeitstier gezüchtet. Er wurde für leichte Feldarbeit, als Zugtier und als Kavalleriepferd verwendet. Am engsten jedoch ist die Zucht dieser Pferde mit der Zucht und den Kämpfen der berühmten schwarzen Stiere Portugals verknüpft; der wendige, intelligente und furchtlose Lusitano ist das bevorzugte Pferd der Campinos, der Hüter der Herden, und der Rejoneadores, der beritte-

Leichte Pferde

nen Stierkämpfer. Der gesamte Stierkampf – in Portugal eine Kunstform, mit Regeln, die im 18. Jahrhundert vom Marquis de Marialva (1713–1799) niedergelegt wurden – wird vom Pferderücken aus durchgeführt. Der Stier wird nicht in der Arena getötet, und es bedeutete eine schlimme Missachtung des Pferdes, wenn es beim Kampf verletzt würde. In der Stierkampfarena zeigt der Lusitano seine natürlich hohe Aktion sowie die volle Bandbreite seiner Dressurbewegungen – und das bei beträchtlicher Geschwindigkeit. Es ist nur natürlich, dass diese hochintelligente und sehr wendige Rasse mittlerweile auch außerhalb seiner portugiesischen Heimat große Aufmerksamkeit auf sich zieht, insbesondere in den USA und Großbritannien.

Handbuch Pferderassen

Appaloosa

Größe:	1,47–1,57 m
Farben:	Schecken, Gesprenkelte oder Getupfte (fünf Grundmuster); oft Rotschimmel
Gebrauch:	Reitpferd; auch Rodeo
Merkmale:	Gesprenkelte Haut auf Nase, Lippen und Genitalien; weiße Lederhaut des Auges sichtbar; oft vertikal gestreifte Hufe; spärliches Langhaar

Der Appaloosa ist eine amerikanische gesprenkelte Rasse, die im 18. Jahrhundert von den Nez-Percé-Indianern im Nordosten Oregons, USA, entwickelt wurde. Die Nez Percé waren hervorragende Züchter, die Pferde von solch hoher Qualität produzierten, dass Meriwether Lewis schon 1806 im Bericht der Expedition von Lewis und Clarke nach Oregon die Vorzüge dieser Pferde lobte.

Im Oktober 1877 wurden die Nez Percé innerhalb von sechs Tagen von der US-Armee ausgelöscht; doch die Hinterlassenschaft des Stammes, der Appaloosa, lebte fort. 1938 wurde die Rasse unter der Schirmherrschaft des *Appaloosa Horse Club* wiederbelebt, der in Moscow, Iowa, gegründet wurde. Die Rasse ist heute mit über 65 000 registrierten Tieren eine der beliebtesten in den USA und die drittgrößte Pferderasse der Welt.

Gesprenkelte Tiere gibt es wohl schon seit tausenden von Jahren, und die Fellzeichnung des Appaloosas ist das Ergebnis eines Erbfaktors, der diese Sprenkelung mit jeder Grundfarbe ermöglicht. Gefleckte Pferde kamen wahrscheinlich im 16. Jahrhundert mit den Spaniern nach Nordamerika; einige davon fanden ihren Weg in die nordöstlichen Staaten der USA. Andere gefleckte amerikanische Pferde sind das Pony of the

Leichte Pferde

Americas, eine aus einer Kreuzung von Appaloosa und Shetland-Pony entstandenen Rasse, und der Colorado Ranger (s. S. 146), der auf Araber- und Berberblut zurückgeht.

Anders als beim Pinto oder Paint-Horse, die große Farbflecken mit zufälliger Form aufweisen (s. S. 205), erscheint die Fleckung beim Appaloosa mit bestimmten regelmäßigen und bemerkenswert exakten Mustern weniger willkürlich. Es gibt fünf Grundmuster: Leopardenmuster (auf dem ganzen Körper verteilte dunkle, »eiförmige« Punkte auf weißem Untergrund), Schneeflockenmuster (helle Punkte auf dunklem Untergrund), Schabrackenmuster (weiße Schabracke mit weißem Bereich über den Hüften, gepunktete Schabracke mit Punkten auf Lende und Hinterhand), Marmorscheck (über das ganze Fell verteilte Sprenkelung) und Frostmuster (dunkles Fell mit wenigen weißen Flecken auf Hüfte und Lende). Am häufigsten sind Appaloosa-Rotschimmel. Die Haut rund um Nase, Lippen und Genitalien ist gesprenkelt, die weiße Lederhaut des Auges ist sichtbar; die Hufe zeigen oft schwarz-weiße Streifen, das Langhaar ist bemerkenswert dünn und strähnig. Es heißt, dass die Nez-Percé-Indianer das Langhaar absichtlich dünn züchteten, damit es sich beim Reiten nicht in dornigem Gebüsch verfing. Während die Nez Percé ein praktisches, stämmiges Pferd brauchten, das sich sowohl für die Jagd wie auch für Verteidigungskämpfe eignete, ist der Appaloosa heute vorwiegend ein Freizeitpferd und häufig bei Pferdeschauen anzutreffen. Das Tier ist zudem als Renn- und Springpferd sowie bei Distanzritten und als Western-Reitpferd beliebt.

Handbuch Pferderassen

Azteke

Größe: 1,47–1,60 m

Farben: Alle Grundfarben, außerdem Tobianos und Overos

Gebrauch: Reitpferd; Ranch-Arbeit; Trekking

Merkmale: Mittelgroßer Kopf mit geradem Profil (manchmal auch leicht konkav oder konvex), breite Stirn; leicht gewölbter, muskulöser Hals; lange, schräge Schultern; langes, fließendes Langhaar; Knieaktion hoch und brillant oder lang und fließend

Der Azteke wird oft als das »Nationalpferd« Mexikos bezeichnet. Er ist eine relativ neue Erscheinung. 1972 begannen die Charros, die mexikanischen Rinderhirten, ein Pferd für die Ranch-Arbeit zu züchten, das Schnelligkeit, Ausdauer, Wendigkeit und ein »Gespür für Rinder« zeigen sollte. Durch Kreuzung von Andalusiern (s. S. 130) mit Quarter-Horse (s. S. 213) und Criollo-Stuten (s. S. 148) produzierten sie ein außergewöhnlich vielseitiges und schönes Pferd, den Azteken. Der Andalusier (Spanisches Pferd) vererbte der neuen Rasse die schrägen Schultern, die robusten Beine und Hufe, seine Ausdauer, seine hohe Beinaktion sowie das üppige Mähnen- und Schweifhaar. Der Andalusier war einst das herausragendste Pferd in Europa; er war so wertvoll, dass Napoleon während seines Feldzuges von 1808 fast alle Exemplare aus Spanien stahl. Heute arbeitet das Pferd, genau wie der Azteke, mit Rindern – allerdings weniger auf der Ranch als vielmehr in den spanischen Stierkampf-arenen. Mehr als drei Viertel aller modernen Rassen – eingeschlossen das Quarter-Horse – sind in ihren Ursprüngen auf das Spanische Pferd zurückzuführen.

Seine Stärke und seine Schnelligkeit hat der Azteke vom Quarter-Horse; der Name dieses Pferdes, das von den frühen englischen Siedlern in den US-Bundesstaaten Virginia und Carolina entwickelt wurde, leitet sich ab von den Rennen über eine dreiviertel Meile (engl. *quarter* = Viertel), in denen es

Leichte Pferde

sich auszeichnete. Die Zuchtanforderungen besagen, dass der Blutanteil von Andalusiern oder Quarter-Horses in den ersten Generationen nicht mehr als drei Viertel betragen darf. Das Ziel ist eine Ausgewogenheit des Blutes beider Rassen, um deren beste Eigenschaften zu vereinen. Für die Zucht von Azteken werden sowohl Quarter-Horses wie auch Paint-Horses und Pintos (s. S. 205) verwendet – folglich werden alle Grundfarben des Quarter-Horse sowie das Tobiano-Muster (weißer Grund mit großen farbigen Flächen) und das Overo-Muster (farbiger Grund mit unregelmäßiger weißer Fleckung) des Paint-Horse akzeptiert. Charakteristisch für den Azteken sind auch sein langes, fließendes Mähnen- und Schweifhaar und die variablen Gangarten mit entweder hoher Knieaktion oder langer und fließender Aktion. Dies alles macht ihn zu einem idealen Pferd, nicht nur für südamerikanische Cowboys, sondern auch für die Hohe Schule.

Handbuch Pferderassen

Bayerisches Warmblut

Größe:	1,57–1,68 m
Farben:	Füchse, außerdem alle Grundfarben
Gebrauch:	Reit- und Kutschpferd; leichtes Zugpferd
Merkmale:	Starke Beine, sehr gesunde Hufe; große Gurtentiefe; ruhiges, verlässliches Temperament; Brandzeichen »B« in einem Wappenschild, darüber eine stilisierte Krone

Das Bayerische Warmblut ist einer der weniger bekannten deutschen Warmblüter, doch es ist eine der ältesten Rassen, deren Ursprünge bis vor die Kreuzzüge zurückverfolgt werden können. Es geht auf den Rottaler zurück, der im fruchtbaren Rottal in Bayern zu Hause war. Diese Region war berühmt für die Zucht von wertvollen Militärpferden.

Die systematische Zucht begann im 16. Jahrhundert in den klösterlichen Gestüten von Hornbach und Worschweiler in der Region von Zweibrücken, und im 18. Jahrhundert wurde der Tierbestand durch die Einkreuzung von halbblütigen englischen Hengsten, Cleveland Bays und Norman Cobs, weiter verbessert. Gegen Ende des 19. Jahrhunderts wurde als Antwort auf die Nachfrage nach schwerer gebauten Warmblütern Oldenburger Blut eingeführt, wodurch die Rottaler mehr Substanz erhielten. Auch Vollblüter wurden eingekreuzt, die den Rottaler zu einem leichteren, doch noch immer sehr stabil gebauten Pferd machten, ca. 1,63 m groß und gut proportioniert.

In den 1960er Jahren wurde der traditionelle Name des Rottalers in Bayerisches Warmblut umgeändert. Heute konzentrieren sich die Züchter darauf, das ruhige Temperament dieser großartigen Pferde mit der traditionell dominierenden Fuchsfarbe zu erhalten; alle Tiere werden einer Leistungsprüfung unterzogen. Das Bayerische Warmblut eignet sich gut für die Dressur- und Springreiterei, doch wie viele andere Warmblüter ist es nicht der beste Galoppierer.

Leichte Pferde

Belgisches Warmblut

Größe:	1,57–1,68 m
Farben:	Alle Grundfarben
Gebrauch:	Reit- und Springpferd
Merkmale:	Kurzer, starker Hals; tiefer, breiter Brustkorb; gut gerundeter Rumpf; kraftvolle, abgeschrägte Hinterhand; stabile, kurze Beine mit guten Knochen und Hufen; hoch angesetzter Schweif

Jahrhundertelang war Belgien berühmt für die Zucht von massiven Kaltblütern, wie den Brabantern und Ardennern, doch in neuerer Zeit hat sich in der Bemühung, die Nachfrage nach Turnierpferden zu befriedigen, der Zuchtschwerpunkt zugunsten des Warmblutes verschoben. Das Belgische Warmblut ist ein junges Mitglied der europäischen Warmblutfamilie, und es zeigte schon nach kurzer Zeit hervorragende Leistungen bei Dressur- und Springturnieren. Das Pferd wird in ganz Belgien, vor allem aber in der traditionellen Pferderegion Brabant gezüchtet; jedes Jahr werden durchschnittlich 4500 Fohlen geboren.

Die Geschichte des Belgischen Warmbluts begann in den 1950er Jahren, als die leichteren belgischen Bauernpferde mit den trockeneren Beinen zunächst mit Gelderländern gekreuzt wurden, später mit Holsteiner Hengsten und mit dem athletischen Selle Français – letzterer besitzt Vollbluthintergrund und ist bekannt für seine geradlinige, rhythmische Aktion. Um ein leistungsstarkes Turnierpferd zu erhalten, wurden auch reine Vollblüter eingekreuzt, während Anglo-Araber und Holländische Warmblüter für ein ausgeglichenes Temperament sorgen sollten.

Das Belgische Warmblut ist ein kraftvolles, wendiges und ruhiges Pferd für das Dressur- und Springreiten; seine starken Lenden und die kurze, hohe Gangart verschaffen ihm einen natürlichen Wettbewerbsvorteil.

139

Handbuch Pferderassen

Budjonny

Größe: Durchschnittlich 1,60 m
Farben: Alle Grundfarben, doch 80% Füchse
Gebrauch: Turnierpferd (Springen, Dressur, Distanzritte); ursprünglich Kavalleriepferd
Merkmale: Leicht gebaut, jedoch mit vergleichsweise schwerem Rumpf; langer, gerader Hals; trockener Kopf, bei dem die Venen durch die feine Haut scheinen; die Beine sind etwas mangelhaft, aber die Rasse ist trotzdem unglaublich zäh.

Der Budjonny gehört zu den Pferderassen, die im frühen 20. Jahrhundert in der Sowjetunion entwickelt wurden. Die Rasse wurde nach dem bolschewistischen Marschall Budjonny benannt, einem Helden des Russischen Bürgerkriegs (1918–1920), der in den 1920er Jahren in der Region von Rostow am Schwarzen Meer ein Programm zur Zucht des perfekten Militärpferdes einleitete. Das Militärgestüt von Rostow wurde später nach ihm benannt. Der Marschall begann damit, ausgewählte Don- (s. S. 153) und Chernomor-Stuten mit Englischen Vollbluthengsten (s. S. 122) zu kreuzen, um einen »Anglo-Don« zu produzieren – also ein »Russisches Warmblut«. Der Chernomor ist ein Kosakenpferd, das dem Don sehr ähnlich ist und das ursprünglich im Norden des Kaukasusgebirges rund um Krasnodar gezüchtet wurde.

Das komplexe Zuchtprogramm sah vor, die besten Nachkommen der Kreuzungen wiederum miteinander zu verbinden, um einen zähen, starken und unverwüstlichen Grundstock zur Zucht zu erhalten. Den Zuchtstuten wurde besondere Aufmerksamkeit zuteil, sie kamen auf die saftigsten Weiden und erhielten im Winter die beste

Leichte Pferde

Unterbringung. Von Beginn des Zuchtprogramms an wurden die Jungpferde im Alter zwischen zwei und vier Jahren Leistungstests auf dem Rennplatz sowie Militärprüfungen unterzogen. Insgesamt 657 Stuten wurden verwendet, um den Rassetyp festzulegen; 359 davon waren Anglo-Dons, 261 Kreuzungen zwischen Anglo-Dons und Chernomors und 37 Anglo-Chernomors. Die Stuten wurden von Anglo-Don-Hengsten gedeckt, und später wurden alle Stuten, denen es an Vollblutcharakter mangelte, wiederum von Vollbluthengsten gedeckt.

Die Budjonny-Rasse wurde 1949 offiziell anerkannt; in den frühen Tagen gab es drei unterschiedliche Typen: Massiv, Östlich und Mittel. Als die Nachfrage nach einem Allround-Turnierpferd stieg, wurde die Produktion eines Typs mit größerem Vollblutanteil gefördert. Der heutige Budjonny ist durchschnittlich 1,60 m groß, die idealen Maße für einen Hengst sind: Rumpflänge 1,63 m, Gurtentiefe 1,90 m, Röhrbeinumfang 20 cm. Das letzte Maß wird als »optimistisch« bezeichnet, denn die Beine des Budjonny spiegeln die Qualitäten des züchterischen Grundstocks wider, weniger die des Vollblutes. Der Budjonny ist ein sehr zähes Pferd. Die meisten Tiere sind Füchse – oft mit einem schönen goldenen Schimmer, der ihre Don- und Chernomor-Vorfahren verrät; gelegentlich kommen Braune und Rappen vor.

Handbuch Pferderassen

Camargue-Pferd

Größe: 1,43–1,53 m
Farben: Fohlen werden schwarz geboren, schimmeln aber mit zunehmendem Alter aus.
Gebrauch: Reitpferd
Merkmale: Lange, hohe Aktion im Schritt, aber kurzer Trab; wendig und trittsicher; kurzer Hals, normalerweise steile Schultern; tiefe Brust; starker und ziemlich kurzer Rücken; sehr harte Hufe, die nur selten beschlagen werden müssen; insgesamt urwüchsiges Erscheinungsbild

Die Camargue, wo diese Pferde leben, liegt in Südwestfrankreich, im Rhône-Delta zwischen der Stadt Aigues-Mortes und dem Meer. Hinsichtlich Landschaft und Klima ist es eine raue Gegend. Im Sommer ist es brütend heiß; das restliche Jahr über ist der Boden mit kaltem Salzwasser bedeckt, und ein eisiger Mistralwind fegt über das Land. Abgesehen von der Farbe ist an den Camargue-Pferden am bemerkenswertesten, dass sie mit der dort vorhandenen Nahrung – im Wesentlichen Salzwasser und zähe Gräser – zurechtkommen. Sie sind zwar erst seit 1968 als eigenständige Rasse anerkannt, doch sind die Tiere in dieser Region schon lange heimisch; ihre Vorfahren lebten wahrscheinlich bereits in prähistorischen Zeiten dort, denn die Camargue-Pferde ähneln auffallend den Pferden auf den Zeichnungen in den Höhlen von Lascaux und Niaux, die vor ca. 15 000 Jahren entstanden.

Obwohl ein großer Teil der Camargue trockengelegt und urbar gemacht wurde, streifen halbwilde Herden (Manades genannt) immer

142

Leichte Pferde

noch frei durch die Lagune von Étang de Vacares, einem 6880 ha großen Naturschutzgebiet, wo der Anblick der durch seichtes Meerwasser galoppierenden Tiere ihnen den Beinamen Pferde des Meeres eintrug. Einmal jährlich werden sie unter Aufsicht des Nationalgestüts von Nîmes zusammengetrieben; die Jungtiere erhalten Brandzeichen, minderwertige Junghengste werden kastriert. Camargue-Pferde werden auch traditionell als Reitpferde der Guardians, der französischen Stierhirten, beim Hüten der berühmten schwarzen Rinder des Rhône-Deltas verwendet. Die Hirten benutzen ein Lasso aus Pferdehaar und einen Dreizack für die Arbeit mit den Rindern, sie reiten auf einem tiefen Sattel mit hohem Hinterzwiesel und stecken die Füße in vorn geschlossene Steigbügel, die auf der gesamten Iberischen Halbinsel verbreitet sind.

Die Freude beim Anblick von Camargue-Pferden wiegt die Tatsache auf, dass sie eigentlich nicht besonders gut gebaut sind: Der Kopf ist oft grob und schwer, der Hals kurz, und die Schultern sind meist etwas zu steil. Doch zum Ausgleich besitzen die Tiere einen breiten Brustkorb, einen guten, starken Rücken und sehr harte Hufe, die nur selten beschlagen werden müssen. Camargue-Pferde sind unglaublich zäh, mit großer Ausdauer und der Fähigkeit, bei spärlichster Nahrung zu überleben.

Alle Fohlen werden schwarz, braun oder als dunkle Schimmel geboren, schimmeln aber mit dem Erwachsenwerden aus. Das kann ein langsamer Prozess sein – das Camargue-Pferd wird erst im Alter zwischen fünf und sieben Jahren erwachsen; dafür ist es außergewöhnlich langlebig, oft wird es älter als 25 Jahre. Es ist nicht nur an seinem weißen Fell, sondern auch an seinen typischen Gangarten zu erkennen; der Schritt ist lang mit hoher Aktion, im Galopp ist es äußerst wendig. Galopp und Schritt sind auch die Gangarten, in denen es hauptsächlich geritten wird, denn die steilen Schultern führen zu kurzen und gestelzten Schritten im Trab.

Handbuch Pferderassen

Cleveland Bay

Größe: 1,60–1,65 m
Farben: Braune mit schwarzen Punkten
Gebrauch: Reit- und Kutschpferd; leichtes Zugpferd
Merkmale: Großer, kräftiger Körper, der aber nicht grob wirkt; großer, konvexer Kopf; Hals und Schultern kraftvoll; dickes schwarzes Langhaar; Röhrbeinumfang oft 22 cm oder mehr; Behang fehlt; offene Hufe mit hartem, dichtem Horn

Abgesehen von den einheimischen Ponys ist der Cleveland Bay die älteste und reinste britische Pferderasse, denn in seinen Adern fließen nur einige Tropfen Andalusier- und Berberblut aus dem 17. Jahrhundert. Das schöne Pferd gehört zu den langlebigsten und fruchtbarsten Rassen. Es entstand im Mittelalter in Wapentake of Langbaurgh, einem Gebiet, das dem heutigen Nordosten Yorkshires und Cleveland entspricht. Der Cleveland Bay entwickelte sich aus dem braunen Chapman-Horse (auch Vardy genannt, wenn es nördlich des Flusses Tees gezüchtet wurde), das von den Chapmen, fahrenden Händlern, genutzt wurde. Das Champan-Horse wurde auch gebraucht, um Eisenerz, Pottasche und Alaun aus den Bergminen Yorkshires zu den Flüssen und Seehäfen zu transportieren. Es war um einiges kleiner als der heutige Cleveland, doch selbst mit der geringen Größe von ca. 1,40 m war es immens kraftvoll und bekannt dafür, ein Gewicht von 100 kg durch eine der rauesten Gegenden Großbritanniens tragen zu können.

Zum Stolz der Cleveland-Züchter weisen ihre Tiere weder Zugpferd- noch Vollblutanteile auf. Zwei frühe Vollblut-Deckhengste, Jalep (ein Enkel Godolphin Arabians) und Manica (ein Sohn Darley Arabians), tauchen zwar im Stammbaum auf, doch war dies lange bevor das Vollblut anerkannt und in seiner heutigen Form zu erkennen war. Größeren Einfluss hatten Andalusier (s. S. 130) und Berber; im 16. und 17. Jahrhundert gab es eine große Anzahl dieser Spanischen Pferde im Nordosten Englands, und es fand viel Schiffsverkehr zwischen den nordöstlichen Seehäfen und der Küste des westlichen Nordafrika statt. 1661 brachte die Verheiratung Catherines von Braganza mit Charles II. der britischen Krone den nord-

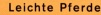

Leichte Pferde

afrikanischen Hafen von Tanger ein, und die Hafenanlagen wurden mithilfe von Unternehmern aus Yorkshire gebaut.

Der Kopf des Cleveland Bays trägt immer noch einige Merkmale des Andalusiers, obwohl sie bei den heutigen Tieren nicht mehr so offensichtlich sind wie bei den Pferden der Renaissance. Die manchmal konvexe Nasenlinie, die Ramsnase (engl. *ram* = Schafsbock), ist typisch für Spanische Pferde. Nach dem 18. Jahrhundert wurde kein fremdes Blut mehr beigemischt, sodass die Rasse sich nicht weiter veränderte und der Typ festgelegt blieb.

Bis zum Zeitalter Georges II. galt der Cleveland Bay als das beste und kraftvollste Kutschpferd Europas. Doch als Schotterstraßen entstanden und größere Geschwindigkeiten gefahren werden konnten, konnte der Cleveland nicht mehr mithalten. So wurde er größtenteils auf den Acker verbannt, denn er war das einzige Pferd, das auf den schweren Lehmböden vom nördlichen Yorkshire zurechtkam. Seine Zahl verringerte sich beständig, 1962 existierten nur noch vier Cleveland-Hengste im ganzen Land. Die Rasse wurde von Königin Elisabeth II. gerettet, die den Hengst Mulgrave Supreme kaufte und ein Zuchtprogramm einleitete. Nach 15 Jahren gab es wieder 36 reinrassige Hengste in Großbritannien. Die königlichen Cleveland Bays leben in den Stallungen hinter dem Buckingham Palace in London und können bei zeremoniellen Umzügen vor den königlichen Kutschen bewundert werden. Reinrassige Stuten sind jedoch knapp, und der Bestand des Cleveland Bays wurde kürzlich von der britischen Stiftung zur Erhaltung seltener Rassen als »kritisch« eingestuft.

145

Handbuch Pferderassen

Colorado Ranger

Größe:	Durchschnittlich 1,55 m
Farben:	Tiere in allen Appaloosa-Farben und -Mustern (s. S. 134)
Gebrauch:	Reit- und Kutschpferd
Merkmale:	Kleiner Kopf auf starkem Hals; kompakter Rumpf; Lenden und Hinterhand kraftvoll; gesunde, harte, offene Hufe; gesprenkeltes Fell

Zwar gibt es in den USA Pferde und Ponys mit einer großen Bandbreite an Fellfarben, doch existieren nur drei gesprenkelte Rassen – der Appaloosa (s. S. 134), das Pony of the Americas und der farbenprächtige Colorado Ranger. Letzterer erhielt seinen Namen nach dem US-Bundesstaat, in dem er entwickelt wurde, aus dem er ursprünglich aber nicht stammt. 1878 besuchte Ulysses S. Grant den türkischen Sultan Abdul Hamid in Konstantinopel, dem heutigen Istanbul. Dieser schenkte ihm zwei Pferde: Leopard, einen reinrassigen Siglavy-Gidran-Araberschimmel, und Linden Tree, einen Berberapfelschimmel. Die beiden wurden nach Virginia auf das Gestüt Randolph Huntingdons gebracht, der vorschlug, mit ihnen eine neue Rasse zu gründen: den »Americo-Araber«.

Die Hengste wurden jedoch zunächst für eine Saison auf die Colby-Ranch in Nebraska in den »Urlaub« geschickt, wo sie die einheimischen Stuten deckten. Einige der Stuten waren gesprenkelt oder gescheckt – ein Erbe, das wahrscheinlich von den Berbern und Spanischen Pferden stammt, die im 16. Jahrhundert in die Neue Welt gebracht worden waren. Die außergewöhnlichen Nachkommen dieser zufälligen Verbindung zogen schnell die Aufmerksamkeit von Züchtern aus dem Westen auf sich; A. C. Whipple aus Kit Carson County, Colorado, kaufte einige Stuten sowie einen Schimmelhengst mit schwarzen Ohren namens Tony, Sohn und Enkel Leopards. So wurde Leopard auf beiden Seiten des Stammbaums zum Stammvater der Rasse;

Leichte Pferde

die Whipples verwendeten ihn und seine Söhne extensiv zur Reinzucht.

Doch im Wesentlichen wurde der moderne Colorado Ranger im frühen 20. Jahrhundert von Mike Ruby entwickelt; Ruby kaufte Patches, einen Sohn Tonys, und Max, einen Berber und Sohn Waldron Leopards aus der ursprünglichen Blutlinie. Ruby benutzte beide Tiere als Stammhengste für eine neue Rasse, die jetzt eine große Bandbreite an ungewöhnlichen Farben zeigte. 1934 wurde sie Colorado-Ranger-Horse genannt, und Mike Ruby war bis zu seinem Tod 1942 Vorsitzender des Zuchtverbandes. Colorado Rangers wurden als Arbeitspferde gezüchtet; kompakt, zäh und sehr stark, mit gesunden, offenen Hufen, kommen sie gut mit dem harten Boden ihrer Heimat zurecht. Alle Appaloosa-Farben und -Muster werden anerkannt – tatsächlich kann ein Colorado Ranger als Appaloosa registriert werden, doch ein Appaloosa nicht als Ranger. Der Grund dafür ist, dass der Eintrag im Colorado-Ranger-Stutbuch nicht von der Farbe abhängt (obgleich das gemusterte Fell ein Muss ist), sondern vom Stammbaum, der sich auf die ursprünglichen Blutlinien zurückverfolgen lassen muss.

Handbuch Pferderassen

Criollo

Größe: 1,42–1,52 m
Farben: Hauptsächlich Falben mit dunklem Aalstrich, außerdem Füchse, Braune, Rappen und Schimmel
Gebrauch: Kavallerie- und Lastpferd; Reitpferd; Polo-Pferd; Ranch-Arbeit
Merkmale: Konvexer Kopf auf elegantem, muskulösem Hals; lange, schräge Schultern; kurzer, kompakter Rücken und kräftige Lenden; kurze Beine mit stämmigen Gelenken und kurzen Röhrbeinen; gut entwickelte Oberschenkel, harte Hufe; einige Criollos haben den Passgang ihrer spanischen Vorfahren bewahrt.

Der Criollo kommt aus Argentinien, wo Pferde noch immer eine wichtige Rolle in der Wirtschaft spielen; sie werden in den abgelegenen Bergregionen zum Transport benutzt, und da Erdöl eingeführt werden muss, waren die Möglichkeiten zur Mechanisierung der Landwirtschaft immer beschränkt. Das Pferd spielt auch in der argentinischen Kultur eine wichtige Rolle, denn die Kreuzung von Criollos mit Vollblütern brachte die besten Polo-Ponys der Welt hervor. Criollo bedeutet »von spanischer Herkunft«, und diese Bezeichnung wird für zahlreiche südamerikanische Pferde

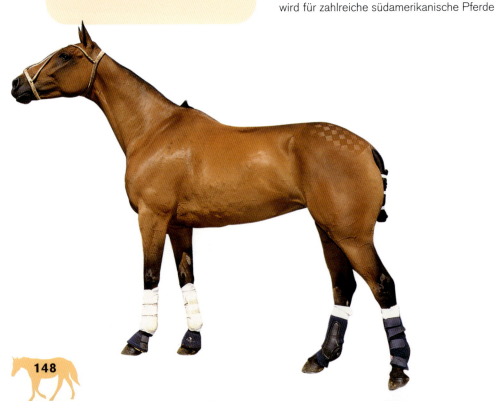

Leichte Pferde

verwendet; in Brasilien z. B. werden sie Crioulos genannt und in Chile Caballos Chilenos. In Peru gibt es drei Typen: den Costerno, den Morochuco und den Chola. Der argenitische Criollo stammt vom Grundstock des frühen Andalusiers ab (s. S. 130), in dessen Adern viel Berberblut floss; hinzu kam Sorraia-Blut. Im Jahr 1535 brachte Pedro de Mendoza, der Gründer von Buenos Aires, 100 Pferde zum Rio de la Plata. Dies war die erste nennenswerte Einführung von Pferden nach Argentinien. Fünf Jahre später, als die Siedlung von einheimischen Charros-Indianern geplündert wurde, flohen die Pferde. Innerhalb von 50 Jahren hatten sie sich so stark vermehrt, dass ihre Anzahl auf über 20 000 geschätzt wurde.

Außerhalb von Südamerika ist kaum bekannt, dass der Criollo das Reitpferd der berühmten Gauchos ist. Zäh, gesund und fähig, schwerste Gewichte über große Entfernungen und schwieriges Terrain zu transportieren, ist er gut an strenges Klima, wenig Futter und eine fast permanente Wasserknappheit angepasst. Nur die widerstandsfähigsten Tiere konnten unter diesen Bedingungen überleben. Der 1918 gegründete Zuchtverband führte Ausdauertests als Auswahlkriterien ein; ein 756 km langer Ritt musste innerhalb von 15 Tagen mit einem Gewicht von 110 kg zurückgelegt werden – ohne mitgeführte Futter- und Wasserreserven. 1925 erfolgte der berühmteste »Ausdauertest«: Professor Aime Tschiffely reiste mit den Criollos Mancha (15 Jahre alt) und Gato Cardell (16 Jahre alt) von Buenos Aires nach Washington D.C. – eine Strecke von 16 090 km innerhalb von zweieinhalb Jahren durch einige der unwirtlichsten Regionen der Welt, darunter der Condor-Pass mit einer Höhe von ca. 5500 m über dem Meeresspiegel bei Minustemperaturen. Gato Cardell wurde 34 Jahre alt, Mancha 37 – und es heißt, keines der Pferde sei auch nur einen Tag krank gewesen.

Die Fellfarben der stämmig gebauten Criollos sind unterschiedlich. Es gibt Füchse, Braune, Rappen, Schimmel (auch Rotschimmel und Apfelschimmel) sowie Schecken, doch Falbschattierungen dominieren; die wertvollste Farbe der Rasse ist Mausfalb (span. *grullo* oder *gateado*).

Handbuch Pferderassen

Dänisches Warmblut

Größe: 1,62–1,68 m
Farben: Alle Grundfarben, hauptsächlich Braune
Gebrauch: Reit- und Turnierpferd
Merkmale: Sichtbarer Vollbluteinfluss beim Kopf; trockene Kehle; gut platzierter Widerrist und schräge Schultern; kraftvolle Beine mit stabilen, sauberen Gelenken, kurze, stabile Röhrbeine; ausgezeichnete, ebenmäßige Hufe

Das Dänische Warmblut, zunächst als Dänisches Sportpferd bekannt, ist eine junge Rasse, deren Stutbuch erst in den 1960er Jahren angelegt wurde. Frühe Pferdezucht gab es in Dänemark in den Zisterzienserklöstern in Holstein, wo große deutsche Stuten mit Spanischen Hengsten gekreuzt wurden, um Arbeitspferde wie den Frederiksborg und den Holsteiner (s. S. 174) zu entwickeln.

Die Basis für das neue Dänische Warmblut war die Mischung aus dem alten Frederiksborg und Vollblütern. Die halbblütigen Stuten wurden dann von Selle-Français-Hengsten gedeckt, um den Körperbau zu verbessern und den Tieren einen sportlicheren Charakter zu verleihen; außerdem wurden Wielkopolski-Hengste (polnische, mit den Trakehnern verwandte Warmblüter) eingeführt, um die Ausdauer zu optimieren und den Typ festzulegen, sowie wiederum Vollblüter, die für eine Verfeinerung sorgten und Bewegungsabläufe, Geschwindigkeit und Mut förderten. Das entstandene schöne Pferd zeigt den Charakter des Vollbluts, aber mit der Substanz und Stärke seiner Frederiksborg-Ahnen.

Das bis zu 1,68 m große Tier gilt als eines der besten europäischen Turnierpferde, das in der Dressur und oft auch bei Vielseitigkeits-Wettbewerben brilliert. Die Beine sind kraftvoll, die Gelenke groß und stabil und die Knochen kräftig genug, um das Gewicht von Pferd und Reiter zu tragen.

Leichte Pferde

Holländisches Warmblut

Größe: Durchschnittlich 1,63 m
Farben: Alle Grundfarben, hauptsächlich Braune und Dunkelbraune
Gebrauch: Reit- und Turnierpferd
Merkmale: Kopf mit dem Charakter des Vollbluts, starker Hals; gut ausgeprägter Widerrist; kurzer, starker Rücken; starke Schultern und tiefe Brust; starke Beine mit kurzen Röhrbeinen; gute Hufe

Ab dem 11. Jahrhundert lag die Pferdezucht in erster Linie in den Händen der Bauern, unterstützt durch die großen königlichen und staatlichen Gestüte, insbesondere bei Bedarf an Kavallerie- und Kutschpferden. Gegen Ende des 19. und zu Beginn des 20. Jahrhunderts – mit zunehmender Mechanisierung der Landwirtschaft, des Transportwesens und der Kriegsführung – wurden diese Arten von Pferden immer weniger gebraucht, und der Zuchtschwerpunkt verschob sich von schweren Arbeitspferden hin zu leichteren Reitpferden, die besser für Sport und Freizeit geeignet waren.

Das Holländische Warmblut ist solch ein Pferd; zu Beginn des 20. Jahrhunderts in den Niederlanden entwickelt, ist es ein Produkt aus zwei einheimischen holländischen Rassen: dem Gelderländer (s. S. 164), einem Zugpferd mit einer starken Vorhand, und dem schweren Groninger mit einer starken Hinterhand. Die holländischen Züchter vereinigten im Prinzip die beiden »starken Hälften« dieser Rassen in einem Pferd und veredelten es anschließend mithilfe von Vollblütern. Das Ergebnis war ein Tier, das die besten Eigenschaften der ursprünglichen holländischen Rassen beibehielt, aber durch seine Vollblutanteile mehr Geschwindigkeit, Ausdauer und Mut aufwies. Die für Zugpferde typische Aktion und der

Handbuch Pferderassen

lange Rücken wurden eliminiert, der einst kurze, dicke Hals verlängert. Das Pferdestammbuch in den Niederlanden sieht strenge Selektionstests für Hengste vor, um sicherzustellen, dass nur Tiere mit ausgezeichnetem Gebäude, Charakter und Temperament für die Zucht verwendet werden. Die Tests umfassen Springen, Vielseitigkeits-Prüfungen und gelegentlich auch die Arbeit im Geschirr. Mehr als 14 000 Stuten werden jährlich gedeckt, und auch bei ihnen werden Gebäude, Aktion und Temperament geprüft.

Leichte Pferde

Don

Größe:	1,57–1,68 m
Farben:	Füchse und Braune, oft mit goldenem Schimmer
Gebrauch:	Reitpferd; leichte Arbeit in der Landwirtschaft
Merkmale:	Mittelgroßer Kopf mit geradem Profil auf geradem Hals; kurze, aufrechte Schultern; gut entwickelter Brustkorb; runde Kruppe mit oft zu steil abfallenden Hinterbacken aufgrund einer Fehlstellung von Hüfte und Becken; Hinterbeine oft sichelförmig; Vorderbeine meist gut bemuskelt, aber manchmal kuhhessig; Langhaar normalerweise kurz und dünn

Der Don ist das Pferd der berühmten Kosaken und die bekannteste aller russischen Rassen. Als die meisten Pferde Napoleons im strengen Winter während des französischen Rückzugs aus Moskau im Jahr 1812 starben, überlebten die zähen Dons. Die Rasse entstand im 18. und 19. Jahrhundert aus den Steppenpferden, die von den Nomadenstämmen entlang des Flusses Don gezüchtet wurden. Einen frühen Einfluss übten zweifellos mongolische Pferde aus, des weiteren der persische Araber, der Turkmene – der nah mit dem Achal-Tekkiner

153

Handbuch Pferderassen

(s. S. 124) verwandt ist – sowie der Karabach, ein Pferd aus den Bergen Aserbaidschans. Der Einfluss der beiden letztgenannten Rassen ist am Goldschimmer der Braunen und Füchse abzulesen. Im 19. Jahrhundert verbesserten die Kosaken ihre Pferde durch Einkreuzung von Orlow-Trabern (s. S. 203), Vollblütern und Anglo-Arabern. Seit Beginn des 20. Jahrhunderts wird die Rasse rein gehalten, kein Blut von außen wird mehr zugeführt.

Dons werden niemals »verhätschelt«, stattdessen sorgen sie weitgehend für sich selbst. Im Winter scharren sie mit den Hufen den Schnee beiseite und fressen das gefrorene Gras. Sie sind zwar nicht die elegantesten Pferde, aber zäh und vielseitig und mit offensichtlicher Leichtigkeit fähig, sich an unterschiedliche Klimabedingungen anzupassen. Berühmt für ihre Ausdauer, sind sie unter dem Sattel und im Geschirr geeignet für alle Zwecke; in den Steppenregionen und Halbwüstengebieten Kasachstans und Kirgistans werden sie von den Schafhirten geritten. Viele Dons werden heute auch im Gestüt von Budjonny (s. S. 140) gezüchtet sowie im Gestüt von Zimownikow in der Gegend von Rostow am Schwarzen Meer.

Trotz seiner eher eingeschränkten und gestelzten Aktion (einem Resultat der geraden, kurzen Schultern), der Kalbsknie (Innenkurve unterhalb des Vorderfußwurzelgelenks) sowie einer Tendenz zu sichelförmigen Sprunggelenken und senkrechten Fesseln brilliert der Don bei Distanzrennen. Eine Standard-Prüfung unter dem Sattel ist der Ritt über 275 km, der in weniger als 24 Stunden zurückgelegt werden muss.

Leichte Pferde

Schwedisches Warmblut

Größe: Durchschnittlich 1,65 m
Farben: Alle Grundfarben
Gebrauch: Reit- und Turnierpferd
Merkmale: Stark und gesund; kompakter Körper auf kurzen, starken Beinen; stabile Knochen und kurze Röhrbeine unter großen, flachen Vorderfußwurzelgelenken

Das Schwedische Warmblut – dem Vollblüter zu Ehren, dessen Blut zur Verfeinerung und Entwicklung der Rasse verwendet wurde, auch Halbblut genannt – wurde im 17. Jahrhundert auf dem großen Gestüt Stromsholm als Kavalleriepferd entwickelt.

Es basiert auf einer Vielzahl importierter Pferde aus dem benachbarten Dänemark, aus Frankreich, Deutschland, England, Russland, Ungarn, Spanien und der Türkei. Die Folge eines solchen »Cocktails« war, dass es in den frühen Tagen keinen festgelegten Rassetyp gab, doch die Spanischen und Friesischen Importe sowie die Orientalischen Hengste, die mit einheimischen Stuten zusammengeführt wurden, erzeugten eine sehr starke Nachkommenschaft. Das Blut von Arabern, Vollblütern, Hannoveranern und Trakehnern wurde im 19. Jahrhundert und dann wieder in den 1920er und 1930er Jahren beigemischt – dies führte zu einem großen und kraftvollen Tier, das im Typ gefestigter war.

Das entstandene moderne Schwedische Warmblut ist ein starkes, gesundes, intelligentes Reitpferd mit umgänglichem Temperament und guten, klaren Gängen. Aufgrund seiner Trakehner-Ahnen ist es nicht verwunderlich, dass es ein exzellentes Dressurpferd abgibt. Darüber hinaus ist es ein gutes Springpferd und wird auch als Kutschpferd hoch geschätzt. Bevor ein Tier zur Zucht zugelassen wird, wird es einer strengen Inspektion unterzogen, bei der Gebäude, Bewegungsablauf, Temperament und Leistungsfähigkeit geprüft werden, um den hervorragenden Rassestandard zu bewahren.

Handbuch Pferderassen

Florida-Cracker

Größe:	1,38–1,55 m
Farben:	Hauptsächlich Grundfarben, auch Schimmel
Gebrauch:	Reitpferd; Ranch-Arbeit
Merkmale:	Feiner Kopf; graue, blaue oder dunkle Augen, weiße Lederhaut sichtbar; gut geformter, schmaler Hals ohne ausgeprägte Wölbung; kurzer, starker Rücken; gut ausgeformter Brustkorb; abgeschrägte Kruppe und mittig angesetzter Schweif; natürliche Fähigkeit zum Passgang

Die Wurzeln des Florida-Crackers reichen zurück bis zu den Spanischen Pferden, die von den Conquistadoren im 16. Jahrhundert in die neue Welt gebracht wurden. Seine Ahnen setzen sich aus nordafrikanischem Berber, spanischem Sorraia, Jennet und Andalusier zusammen, was ihn dem Spanischen Mustang (s. S. 226), dem Criollo aus Argentinien (s. S. 148), dem Paso Fino und dem Peruanischen Paso (s. S. 211) ähnlich macht; diese sind ebenfalls Nachfahren der von den Spaniern auf die karibischen Inseln und nach Amerika gebrachten Pferde. Der Cracker wurde aufgrund seiner Isolation in Florida, wo die Pferde frei umherstreiften, ein besonderes Mitglied dieser Familie. Sein Talent zum Viehhüten und das Spanische Blut sorgten für seinen natürlich schnellen Schritt. Zwar sind nicht alle Cracker ausgesprochene Gangpferde, doch die meisten beherrschen den Coon-Rack (Waschbär-Passgang); andere Gänge des Crackers sind Flatfoot-Walk (Flachfuß-Schritt), Running-Walk (Rennschritt), Trot (Trab) und Paso-Type.

Aufgrund der Fähigkeit, in seiner isolierten Umgebung zu überleben und sich ihr anzupassen, wurde das Pferd ein wichtiger Teil der Wirtschaft Floridas, die sich auf die Rinderzucht gründet. Das Knallen ihrer Peitschen in der Luft brachte den Cowboys Floridas den Spitznamen Cracker ein. Dies wurde auch der Name für die von ihnen gehüteten Rinder und schließlich für die kleinen, schnellfüßigen, sehr wendigen Pferde, die sie ritten.

In den 1930er Jahren stand die Rasse unter einem ungünstigen Stern. Die Wirtschaftskrise führte zu einer Reihe regierungsunterstützter Hilfsprogramme; eines davon sah vor, Rinder aus den Trockengebieten des mittleren Westens nach Florida zu bringen. Mit den Rindern kam der Spul-

Leichte Pferde

wurm, der die Praxis der Rinderhaltung in Florida veränderte: Von Spulwürmern befallene Rinder mussten mit dem Lasso eingefangen werden, um sie tierärztlich zu behandeln, und dafür wurden größere, stärkere Pferde wie das Quarter-Horse (s. S. 213) gebraucht. So gingen die Bestände des Florida-Crackers zurück.

Der Cracker ist heute selten; es gibt eine geschätzte Population von weltweit ca. 2000 Tieren und weniger als 100 Neuregistrierungen jährlich. Doch die Rasse hat dank der Bemühungen einiger engagierter Familien überlebt. Sie hielten die einzelnen Blutlinien in ihren Herden am Leben, und die Anzahl der Pferde steigt langsam, aber stetig an. 1984 schenkte John Ayers dem Landwirtschaftsministerium Floridas eine Gruppe von Pferden als Grundstein für die Withlacoochee-State-Forest-Cracker-Herde. Es folgte der Kauf weiterer Tiere, die im staatlichen Paynes-Prärie-Naturschutzgebiet freigelassen wurden, und 1989 die Gründung der *Florida Cracker Horse Association,* die Besitzer und Züchter in einer Organisation zusammenführte. Seit 1991 wird die Rasse im Zuchtregister nach strengen Regeln geführt, um die Reinheit der Blutlinien zu schützen; die Pferde werden entweder in der Stammpferdeabteilung oder in der Cracker-Abteilung (Nachkommen der Stammpferde) eingetragen.

Handbuch Pferderassen

Französischer Traber

Größe: Durchschnittlich 1,65 m
Farben: Rappen, Braune, Füchse, Schimmel
Gebrauch: Trabrennpferd (Reiten und Fahren)
Merkmale: Lebhafter Kopf auf starkem, geradem Hals; flacher Widerrist; lange Aktion aufgrund starker, schräger Traberschultern; muskulöse Hinterhand; lange, harte Beine mit kurzen Röhrbeinen und starken Hufen

Der Französische Traber ist größer und kraftvoller als andere Traber. Er wurde im 19. Jahrhundert in der nordfranzösischen Normandie entwickelt. Züchter, die zähe Allround-Pferde entwickelt hatten – sowohl als Reit- wie auch als leichte Zugpferde im Militärdienst geeignet –, begannen, sich auf beide Typen getrennt zu spezialisieren. Unterstützt von den Nationalgestüten, importierten die Franzosen Englische Vollblüter (s. S. 122) und Hunter-Hengste (s. S. 176) sowie den besten damaligen Traber Europas unter dem Sattel und im Geschirr, den Norfolk Roadster. Zwei der wichtigsten englischen Beiträge kamen vom halbblütigen Young Rattler – oft Französischer Messenger genannt, weil sein Einfluss auf den Französischen Traber vergleichbar war mit dem Messengers, dem Stammhengst des American Standardbreds – und vom Englischen Vollblut Heir of Linne. Letztlich gab es fünf wichtige Blutlinien, auf die sich die meisten modernen Französischen Traber zurückführen lassen: Conquerant, Lavater,

Normand, Phaeton und Fuchsia. Später wurde das Blut des American Standardbreds beigemischt, um dem Französischen Traber mehr Geschwindigkeit zu verleihen, ohne auf seine größere Gestalt und seinen diagonalen Trab zu verzichten.

Der Trabrennsport, sowohl gefahren wie auch geritten, wurde im 19. Jahrhundert in Frankreich etabliert. Die ersten gerittenen Trabrennen fanden auf dem Champs de Mars in Paris statt, die erste Trabrennbahn wurde 1836 in Cherbourg eröffnet. Heute werden zehn Prozent aller Traber für gerittene Rennen genutzt; dafür wird ein Pferd mit mehr Substanz und ausgeglichener Aktion gebraucht, das ein relativ schweres Gewicht tragen kann. Das wichtigste Rennen unter dem Sattel ist der Prix de Cornulier in Frankreich, das Äquivalent im Geschirr ist

Leichte Pferde

der Prix d'Amérique. Beide Rennen finden im Hippodrome de Vincennes statt. Dieser Rennplatz wird als schwierigste Prüfung für gefahrene wie gerittene Trabrennpferde angesehen: Die mehr als 2 km lange Rennstrecke führt zunächst bergab, wird dann flach und verläuft während der letzten 900 m steil bergauf. 1989 betrug die Qualifikationszeit für die Zulassung von vierjährigen und älteren Pferden über 1 km 1 Minute 22 Sekunden.

Der Französische Traber, der 1922 als Rasse anerkannt wurde, hat auch zur Entwicklung des Selle Français (s. S. 224) beigetragen und wird des weiteren bei der Springpferdezucht eingesetzt.

Handbuch Pferderassen

Friese

Größe: Durchschnittlich 1,52 m
Farben: Rappen; ohne weiße Abzeichen
Gebrauch: Kutschpferd
Merkmale: Kleine, kompakte Statur, aber stark und muskulös; feiner Kopf; kurze Beine mit fedrigem Behang; harte, blauschwarze Hufe; das üppige, lockige Langhaar wird lang getragen, ein Trimmen ist offiziell nicht gestattet.

Der Friese gehört zu den ältesten europäischen Rassen. Er wurde – genau wie die berühmten Friesen-Kühe – nach seinem Herkunftsgebiet Friesland benannt, einer Küstenregion der Niederlande, wo es schon um 1000 v. Chr. schwere Pferde gab. Der römische Geschichtsschreiber Tacitus (55–120 n. Chr.) beschreibt den Friesen als kraftvolles, ausgezeichnetes Gebrauchspferd. Das Tier stammt vom primitiven Waldpferd ab und beeinflusste viele Rassen, insbesondere britische wie das Fellpony (s. S. 64), das Dales-Pony (s. S. 56) und den Shire (s. S. 90). Im Mittelalter trug es die friesischen und deutschen Ritter auf ihren Kreuzzügen. Bis heute haben sich die Friesen die Eigenschaften, die bereits vor mehr als 1000 Jahren hoch geschätzt wurden, bewahrt – sie sind stark, ausdauernd und von sanftem Wesen. Durch den Kontakt mit Orientalischen Pferden während der Kreuzzüge und später mit Andalusiern (s. S. 130) und Berbern während der spanischen Besetzung der Niederlande im 16. und 17. Jahrhundert verbesserten sich Ausdauer und Bewegung der Rasse.

Es überrascht nicht, dass der Friese zur Verbesserung anderer Rassen und als züchterischer Grundstock sehr gefragt war. Das deutsche Staatsgestüt von Marbach züchtete im 17. Jahrhundert mit Friesen, und der Oldenburger (s. S. 201) wurde mit einem grundlegenden Tierbestand aus Friesen entwickelt. Trotz seines großen Einflusses auf andere europäische Rassen war der Friese im frühen 20. Jahrhundert fast ausgestorben. Der wichtigste Grund dafür war die große Beliebtheit von Trabern im 19. Jahrhundert; der Friese war ein recht gutes Kutschpferd, doch die Nachfrage nach leichteren, schnelleren Pferden verdrängte ihn aufs Land. 1913 gab es nur

Leichte Pferde

noch drei Friesen-Hengste in Friesland. Paradoxerweise wurde die Rasse durch den Zweiten Weltkrieg gerettet, denn aufgrund der Benzinknappheit besannen sich viele holländische Bauern wieder auf die Pferdestärke. Ein neues Zuchtprogramm mit eingeführten Oldenburger-Hengsten wurde initiiert, die Rasse wurde wieder aufgebaut. Ein neuer Zuchtverband wurde gegründet, der 1954 eine königliche Konzession erhielt. Die heutigen Friesen sind immer schwarz; unglaublich vielseitig und willig, werden sie auf Bauernhöfen genutzt, sind Kutsch- und hochgeschätzte Dressurpferde.

In London beschäftigt das berühmte Warenhaus Harrods noch immer ein prachtvolles Friesen-Gespann für Auslieferungen und Werbefahrten durch die Straßen. Zudem sind in England traditionelle Beerdigungen in Mode, bei denen elegant mit schwarzen Trauerfedern geschmückte Friesen den Leichenwagen ziehen.

Handbuch Pferderassen

Furioso

Größe: 1,55–1,63 m
Farben: Hauptsächlich Rappen, Dunkelbraune und Braune; weiße Abzeichen eher selten
Gebrauch: Reit-, Kutsch- und Turnierpferd
Merkmale: Kopf mit dem Charakter des Vollbluts, jedoch etwas längere Ohren; eckiges Maul mit großen Nüstern; schräg abfallende Kruppe; gute Beine mit trockenen, großen und gut ausgeprägten Gelenken; starke Hinterbeine und tief liegende Sprunggelenke; die senkrechten Fesseln verraten die Kutschpferdahnen.

Der Furioso (oder auch Furioso North Star) wurde im 19. Jahrhundert in Ungarn entwickelt und gehört zu den vielen Rassen, die zu der Zeit gezüchtet wurden, als Österreich-Ungarn die dominierende Macht in Europa war – in politischer Hinsicht, aber auch im Hinblick auf Pferde.

Das Gestüt von Mezöhegyes, 1785 vom Habsburger Kaiser Joseph II. gegründet, wurde zunächst das Zentrum der Nonius- (s. S. 197), dann – auf der Grundlage von Nonius-Stuten – der Furioso-Zucht. Der Name der Rasse geht auf zwei englische Pferde zurück: den Englischen Vollbluthengst (s. S. 122) Furioso, der von Graf

Leichte Pferde

Karolyi um 1840 nach Ungarn importiert wurde, sowie auf North Star, einen Norfolk Roadster, der ca. drei Jahre zuvor nach Ungarn kam.

Furioso zeugte in Mezöhegyes nicht weniger als 95 Hengste, und North Star – ein Großenkel Waxys, dem Derby-Sieger von 1793 – wurde der Vater vieler Trabrennpferde. Zunächst wurden die Linien von Furioso und North Star getrennt gehalten, ab 1885 jedoch vermischt, wobei die Furioso-Linie dominierend wurde. Immer wieder wurden Vollblüter eingekreuzt, um die Rasse aufzuwerten, und das Ergebnis war ein qualitätvolles Pferd, das sich für alle Pferdesportarten eignet.

Der ausdauernde und intelligente Furioso wird heute in ganz Zentral- und Osteuropa gezüchtet, von Österreich über Ungarn, die Tschechische Republik und die Slowakei bis Polen und Rumänien. In Ungarn ist das Zuchtzentrum des Furiosos heute das Apajpuszta-Gestüt, das zwischen den Flüssen Donau und Theiß liegt. Da sie in solch einem weiträumigen Gebiet gezüchtet werden, können die verschiedenen Furioso-»Nationalitäten« in Größe und Farbe voneinander abweichen. Die schwereren Pferde werden oft für leichte Geschirr- und Feldarbeit benutzt. Der Furioso ist stark und willig, aber genau wie sein Verwandter, der Nonius, nicht für Schnelligkeit gebaut. Er zeigt jedoch überragende Leistungen bei Trab- und Hindernisrennen, wo es mehr auf Mut und Stärke als auf Geschwindigkeit ankommt.

Handbuch Pferderassen

Gelderländer

Größe:	1,55–1,65 m
Farben:	Alle Grundfarben, gewöhnlich Füchse, manchmal Schimmel; oft weiße Abzeichen an Gesicht und Beinen
Gebrauch:	Reit- und Kutschpferd; leichtes Zugpferd
Merkmale:	Gedrungener Körper; schlichter Kopf auf langem, starkem, leicht gewölbtem Hals; gute Schultern auf tiefem, breitem Widerrist (angemessen für Geschirrpferde); starker, langer Rücken und starke Hinterbacken; kurze, starke Beine; energische Aktion; stolzes Kutschpferd

Der Gelderländer ist eines der beliebtesten Kutschpferde in den Niederlanden. Er stammt aus der niederländischen Provinz Geldern; gemeinsam mit dem Groninger hatte er den größten Einfluss auf die Entwicklung des Holländischen Warmblutes (s. S. 151).

Der Gelderländer wurde im 19. Jahrhundert entwickelt. Man wollte ein erstklassiges Kutschpferd schaffen, das sowohl über Präsenz wie auch über eine gute Aktion verfügte und das auch als Reitpferd und für leichte Zugarbeit taugte. Viel Wert wurde dabei auf ein ausgeglichenes Temperament gelegt. So wurde damit begonnen, Hengste aus dem Ausland für die Kreuzung mit heimischen Stuten zu importieren: Nonius- und Furioso-Hengste aus Ungarn, Cleveland Bays und Norfolk Roadsters aus Großbritannien, Trakehner aus Ostpreußen, Orlow-Traber aus Russland und Araber aus Ägypten; später kamen Oldenburger und Friesen hinzu. Um 1900 wurde Hackney-Blut beigemischt.

Der moderne Gelderländer ist ein sehr eindrucksvolles Kutschpferd mit einer ins Auge fallenden Rhythmik, einer stolzen Aktion, einer starken Hinterhand und hoch getragenem Schweif. Die Rasse hat einige überdurchschnittliche Springpferde hervorgebracht, doch die besten Ergebnisse erzielten diese Pferde, meist helle Füchse, im Turnierfahrsport.

Leichte Pferde

Hack

Größe:	1,47–1,60 m, je nach Klasse
Farben:	Alle Grundfarben
Gebrauch:	Reit- und Turnierpferd
Merkmale:	Feiner Kopf ohne konkave Wölbung, zum Maul hin spitz zulaufend; langer, eleganter Hals, der sanft in den gut ausgebildeten Widerrist übergeht; schräge Schultern; gut abgerundete Hinterhand; lange, grazile Beine, erwarteter Röhrbeinumfang 20 cm; Erscheinungsbild des Englischen Vollblutes

Der Hack – oder Show Hack – stand einst im Dienst der »feinen Gesellschaft« Großbritanniens, ist inzwischen aber in den Schauringen der ganzen Welt zu sehen. Das Pferd ist auf dem Papier leicht zu definieren, doch in der Praxis wird es schwieriger – was einen Hack ausmacht, ist ein heiß diskutiertes Thema im Schauring; über eines sind sich jedoch alle einig: Einen guten Hack erkennt man, wenn man ihn sieht. Die Bezeichnung Hack (oder Hackney, s. S. 167) leitet sich vom französischen Wort *haquenée* ab, das – in Unterscheidung zum Kriegspferd – ein Pferd für allgemeine Reitzwecke beschrieb. Im 19. Jahrhundert gab es zwei Hack-Typen in Großbritannien: den Covert Hack und den Park Hack. Der Covert Hack war ein schönes und elegantes, ja protziges, vollblütiges Reitpferd, das seinen Besitzer in einem sanften »Hack-Kantergalopp« zum Sammelplatz der Reitjagden trug. Mit ihm war der Reiter modisch auf der Höhe der Zeit und gab ein elegantes Erscheinungsbild ab. Sein Jagdpferd, ein Hunter (s. S. 176), das vom Knecht zum Sammelplatz geritten wurde, wartete dort bereits auf seinen Reiter. Da vom Hack nicht erwartet wurde, dass er das Reitergewicht den ganzen Jagdtag über trug, war er leichter gebaut als der Hunter; Knochen, Stärke und Ausdauer waren weniger wichtig als Eleganz, Präsenz und leichte, versammelte Aktion. Covert Hacks existieren nicht mehr, weder bei Jagden (wo der motorisier-

te Transport zum Sammelplatz sie überflüssig machte) noch im Schauring. Die nächste Entsprechung ist in den Schauklassen für Reitpferde zu sehen.

Der Park Hack war ein noch eleganteres und kultivierteres Pferd, ein echtes Statussymbol, auf dem der Reiter sich modisch gekleidet vor bewundernden Ladies – und kritischen Gentlemen – sehen lassen konnte. Die Rotten Row in Londons Hyde Park war die Flaniermeile, auf der man seine Kleidung sowie die Gewandtheit und Schönheit seines Hacks zur Schau stellte. Die Pferde mussten tadellose Manieren haben und mühelos mit einer Hand zu reiten sein, damit der Gentleman bei Bedarf seinen Hut lüpfen konnte.

Vom modernen Hack werden alle Eigenschaften des Park Hacks aus dem 19. Jahrhundert erwartet: Leichtigkeit, Grazie und perfekte Proportionen. Seine Aktion muss geradlinig und spurgenau sein (die Hinterhufe treffen genau auf die Spuren der Vorderhufe). Im Trab sollte die Bewegung lang und »fließend« und ohne hohe Knieaktion sein. Eleganz ist von höchster Wichtigkeit; schwache Vollblüter, denen es an Substanz und Knochen fehlt, zu große Ponys und Tiere mit ausgeprägt arabischem Erscheinungsbild werden nicht gefördert. Denn Substanz ist beim Hack genauso wünschenswert wie beim Hunter, ein gutes Erscheinungsbild ist wesentlich.

Die Mehrzahl der Neueinträge in Hack-Klassen besteht aus Vollblütern (s. S. 122), doch einige Tiere mit Araberblut und Anglo-Araber (s. S. 120) können auch darunter sein. Es gibt Klassen für Paare, aber auch für einzelne Hacks: kleine Hacks (1,47–1,52 m Stockmaß), große Hacks (1,53–1,60 m) und Ladies' Hacks (1,47–1,60 m), die mit Damensattel geritten werden. Hacks werden im Schritt, Trab und Kantergalopp vorgeführt – es wird kein schneller Galopp von ihnen erwartet; jeder Reiter muss individuell die Rittigkeit seines Hacks in der Bewegung zur Schau stellen, mit Übungen wie einfacher Fußwechsel, Zügelwechsel, Seitengänge, Rückwärtsrichten und Halten mit völligem Stillstand. Zucht, Training und Präsentation eines Hacks sind eine Kunst, und britischen Bestimmungen zufolge wird das Pferd auch von Richtern geritten, um zu prüfen, ob es unter einem fremden Reiter oder einer Reiterin ebenso ruhig und elegant geht.

Leichte Pferde

Hackney

Größe:	Hackney-Pferd: 1,43–1,60 m; Hackney-Pony: Bis 1,42 m
Farben:	Braune, Dunkelbraune, Rappen, Füchse
Gebrauch:	Kutschpferd
Merkmale:	Leicht konvexes Kopfprofil; kleine, zierliche Ohren, große Augen, feines Maul; langer Hals, fast vertikal an den außergewöhnlich starken Schultern ansetzend; recht niedrig angesetzter Widerrist; gedrungener Rumpf, aber große Tiefe im Brustraum; feines, seidiges Fell; die Hufe lässt man länger wachsen als üblich, um mehr »Schmiss« in die Aktion zu bringen.

Das Hackney-Pferd und das verwandte Hackney-Pony sind mit ihrer hohen, tänzelnden, kniebetonten Aktion die vielleicht eindrucksvollsten Kutschpferde der Welt. Sowohl das Pferd wie auch das Pony basieren auf den englischen Trabern des 18. und 19. Jahrhunderts (obwohl das Pony auch Fellpony-Einflüsse aufweist). Der Name Hackney ist von dem französischen Wort *haquenée* abgeleitet, das in England benutzt wurde, um ein Allzweck-Reitpferd zu beschreiben. Als sich 1883 in Norwich eine Gesellschaft mit dem Ziel gründete, ein Zuchtregister für englische Kutschpferde aufzustellen, wurde Hackney als Rassename gewählt. Einige Jahre zuvor war erkannt worden, dass sich zahlreiche

167

Kutschpferde herausgebildet hatten; diese waren hauptsächlich in East Anglia, Teilen von Lincolnshire und East Yorkshire zu finden, wo sie als Yorkshire Trotters (engl. *trotter* = Traber), Norfolk Roadsters, Norfolk Cobs oder auch als Nag-Horses bezeichnet wurden – das alte französische Wort *haque* ist mit dem spanischen Wort *haca* verwandt, was Klepper (engl. *nag*) oder Wallach bedeutet.

Die besten Kutschpferde – die in Norfolk und Yorkshire gezüchtet wurden – gehen auf den Hengst Shales zurück; dieser wurde 1755 geboren und war ein Sohn des Vollblüters Blaze (einem Urenkel von Darley Arabian, einem der drei Stammhengste des Vollblutpferdes, und verwandt mit Messenger, dem Stammhengst des American Standardbreds). Ab Mitte des 19. Jahrhunderts waren Hackney-Hengste in vielen Ländern zur Verbesserung einheimischer Tierbestände und zur Zucht von Militär- und Transportpferden sehr gefragt. Gegen Ende des Jahrhunderts führte die Popularität von Pferdeschauen zu einer Nachfrage nach eleganten Kutschpferden mit hoher Aktion; hier fand der Hackney mit seiner brillanten, extravaganten Trabaktion seine Domäne. Mit dem Aufkommen des motorisierten Transportwesens ging die Nachfrage nach den Pferden jedoch wieder zurück.

Heute gibt es keinerlei regionale Unterschiede mehr. Im modernen Hackney, in dessen Adern das Blut von Arabern und von Vollblütern fließt, sind die besten Eigenschaften der einstigen Kutschpferde vereinigt. Er ist im Schauring zu Hause, wo seine extravagante Trabaktion mit den raumgreifenden Schritten ideal zur Geltung kommt.

Zwar teilt das Hackney-Horse dieselben Ahnen und auch dasselbe Stutbuch mit seinem »Vetter«, dem Hackney-Pony, doch ist letzteres ein richtiges Pony (nicht größer als 1,42 m), nicht etwa nur ein kleines Pferd. Es wurde von Christopher Wilson aus Cumbria geschaffen; dieser entwickelte in den 1880er Jahren einen speziellen Typ auf der Grundlage von Kutschpferdlinien, die er mit Fellponys (s. S. 64) kreuzte. Die Wilson-Ponys, wie sie genannt wurden, wurden auch dadurch auf die erwünschte Größe beschränkt, dass sie sich im Winter in den kumbrischen Bergen selbst durchschlagen mussten – ein Umstand, der auch eine zähe Konstitution förderte.

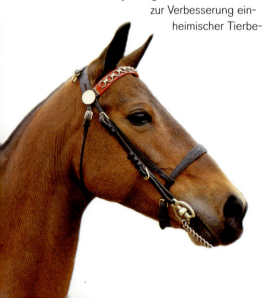

Leichte Pferde

Hannoveraner

Größe:	1,60–1,68 m
Farben:	Alle Grundfarben
Gebrauch:	Reit- und Turnierpferd
Merkmale:	Leichter, mittelgroßer Kopf; langer Hals, der in große, schräge Schultern und einen ausgeprägten Widerrist übergeht; breite, kraftvolle Lenden; muskulöse Hinterhand mit flacher Kruppe; kraftvolle, symmetrische Beine mit gut ausgeprägten Gelenken und gutem Röhrbeinumfang

Der Hannoveraner ist eines der erfolgreichsten europäischen Warmblutpferde und hat einen weltweiten Ruf als exzellentes Spring- und Dressurpferd. Die Ursprünge der Rasse sind bis ins 17. Jahrhundert zurückzuführen, als Spanische, Orientalische und Neapolitanische Hengste nach Deutschland importiert und mit einheimischen schweren Stuten gekreuzt wurden, um ein warmblütiges Arbeitspferd zu schaffen, den Holsteiner (s. S. 174). Das Haus Hannover gab der »örtlichen« Rasse Auftrieb: Das weiße Pferd von Hannover schmückte das Wappen des Kurfürsten Ernst August (1629–1698), und die königlich-hannoveranischen Elitepferde mit ihrem charakteristischen blass-kaffeefarbenen Mähnen- und Schweifhaar wurden in Herrenhausen gezüchtet, der königlichen Residenz der Kurfürstin Sophia. 1714 wurde Georg, Kurfürst von Hannover, König Georg I. von England. Er ließ frühe Vollblüter von England nach Deutschland schaffen, um den deutschen Tierbestand aufzuwerten.

1735 gründete Georg II. das Staatsgestüt in Celle, dessen Ziel die Bildung eines Grundstocks starker Hengste war, die mit einheimischen Stuten Pferde für landwirtschaftliche Zwecke hervorbringen sollten. Das Zuchtprogramm begann mit 14 starken Kutschpferden, den Holsteinern. Das Englische Vollblut wurde zugeführt, um ein leichteres, qualitätvolleres Pferd zu erhalten, das außer auf dem Acker auch im Geschirr

oder als Kavalleriepferd eingesetzt werden konnte. Von Beginn an wurden alle Pferde in Celle registriert und mit dem charakteristischen, stilisierten »H« gebrandmarkt, und gegen Ende des 18. Jahrhunderts wurden detaillierte Stammbäume aufbewahrt. Während der Napoleonischen Kriege wurde der Tierbestand in Celle dezimiert. Als das Gestüt seinen Betrieb 1816 wieder aufnahm, gab es nur noch 30 von den ursprünglich 100 Hengsten; die Anzahl wurde durch Importe von Vollblütern und Pferden aus Mecklenburg wieder aufgestockt.

Der Einfluss von Vollblütern, der als wichtiger Faktor für Rassemerkmale wie Ausdauer und Mut galt, war immer strikt überwacht und auf einen Blutanteil von nur zwei bis drei Prozent beschränkt worden, um die Zucht von zu »leichten« Pferden zu vermeiden. Gegen Mitte des 19. Jahrhunderts jedoch war der Vollbluteinfluss auf ca. 35 Prozent gestiegen, und der Hannoveraner war jetzt zu leicht für die Feldarbeit, für die er ursprünglich gezüchtet worden war. Neue Versuche zur Festlegung eines Zuchtstandards für einen schwereren Typ wurden unternommen, indem der Schwerpunkt auf entsprechende Linien innerhalb der Hannoveraner-Rasse gelegt wurde. Gegen Ende des Ersten Weltkriegs gab es in Celle 350 Hengste, 1924 waren es bereits 500. Doch nach dem Zweiten Weltkrieg verringerte sich die Bedeutung des Pferdes in der Landwirtschaft – was auf viele Rassen

Auswirkungen hatte, denn die Züchter gingen zur Zucht von Turnierreitpferden über. Einige »Flüchtlings«-Trakehner (s. S. 234) aus Ostpreußen fanden ihren Weg nach Celle und wurden, gemeinsam mit Vollblütern, in den Zuchtstock integriert. Diese Pferde wirkten als »Verfeinerungsmittel« auf den Hannoveraner: Sie machten das immer noch schwere Pferd leichter und verliehen ihm eine größere Beweglichkeit – allerdings ein wenig auf Kosten seiner Kraft. Heute zeigt der Hannoveraner keine Spur der hohen Knieaktion mehr, die charakteristisch für die alten Kutschpferde war, und ist als Spring- und Dressurpferd berühmt.

Die Zucht findet unter der Schirmherrschaft des Verbands Hannoverscher Warmblutzüchter statt, während das Hengstdepot in Celle und das angeschlossene Prüfungszentrum für Hengste in Westercelle von der niedersächsischen Landesregierung unterhalten werden.

Leichte Pferde

Malapolski

Größe:	1,57–1,65 m
Farben:	Alle Grundfarben
Gebrauch:	Reitpferd; größerer Typ: leichtes Zugpferd
Merkmale:	Tendenz zum Hechtkopf (konkave Profillinie); weit auseinander stehende Augen; länglicher Hals, starker, muskulöser Rumpf; breiter, tiefer Brustkorb; ausgeprägter Widerrist; langer, gerader Rücken, leicht schräge Kruppe; lange, schräge Schultern und gut bemuskelte Beine; gute Gelenke, harte Hufe

Der Malapolski, auch als polnischer Anglo-Araber bezeichnet, ist eine relativ neue Rasse, die einen Gutteil Orientalisches Blut führt. Er entwickelte sich aus primitiven einheimischen Pferden, mit Einflüssen von Furioso, Englischem Vollblut und Gidran-Araber.

Aufgrund der verschiedenen Zuchtregionen gibt es zwei unterschiedliche Malapolski-Typen. Der größere Sadecki wurde sehr vom Furioso beeinflusst; er wird viel auf den Bauernhöfen in Südwestpolen eingesetzt. Der kleinere Darbowsko-Tarnowski wird ebenfalls im Südwesten Polens gezüchtet, wurde jedoch mehr vom ungarischen Gidran-Araber beeinflusst. Alle polnischen Warmblüter sind auch als Wielkopolskis bekannt, doch Pferde wie der Malapolski, die in bestimmten Gebieten Polens gezüchtet werden, werden immer noch als charakteristische Typen anerkannt.

Der Malapolski ist ein qualitätvolles Reitpferd mit außergewöhnlichem Sprungtalent. Sein ruhiger und ausgeglichener Charakter, gepaart mit seiner großen Ausdauer, machen ihn zum ausgezeichneten Turnierpferd.

Handbuch Pferderassen

Westfale

Größe: 1,65–1,75 m
Farben: Alle
Gebrauch: Reit- und Turnierpferd
Merkmale: Edler Kopf auf langem Hals; schräge Schultern und hoher Widerrist; Rücken und Hinterhand gut bemuskelt; starke Beine mit großen Gelenken

Die Warmblutzucht in Deutschland wird weitgehend vom Hannoveraner (s. S. 169) dominiert; mehr als 7000 Stuten werden jährlich von ausgewählten Hengsten gedeckt, und der Typ wurde zum Leitbild für die Warmblutzucht. Folglich werden auch in vielen anderen Zuchtgebieten Deutschlands Hannoveraner-Hengste zur Zucht verwendet, doch es kann zu unterschiedlichen Typen kommen. Einer davon ist der Westfale.

Seit Römerzeiten wurden in Westfalen Pferde gezüchtet, und jahrhundertelang überlebten wilde Pferde in den sumpfigen, nicht urbar gemachten Regionen. Bis zum 19. Jahrhundert gab es fünf Herden wilder Pferde. Das letzte, heute noch existierende Reservat ist der Merfelder Bruch bei Dülmen, Heimat der letzten Herde halbwilder Pferde in Deutschland.

Der Westfale wurde im 1826 gegründeten westfälischen Staatsgestüt von Warendorf gezogen. Im Frühstadium ihrer Entwicklung basierte die Rasse auf einer Kreuzung von Oldenburger-Stuten (s. S. 201) mit Anglo-Normänner-Hengsten, aber diese Pferde erwiesen sich als ungeeignet für die Arbeit auf den schweren westfälischen Böden. Seit den 1920er Jahren basiert das westfälische Zuchtprogramm auf Hannoveraner-Blut mit Trakehner- und Vollblutbeimischungen, mit dem Ziel, ein großes Reit- und Turnierpferd mit ausgeglichenem Temperament zu produzieren.

Der Westfale ist also im Grunde ein Hannoveraner, der anders bezeichnet wird; Westfalen sind manchmal auch etwas

Leichte Pferde

grober gebaut, entsprechen mehr dem Typ des Kutschpferds, obwohl sie auch gute Reitpferde abgeben. 15 Westfalen wurden von Guillermo Zambrano im Jahr 1978 auf seine Hacienda La Escondida in Nordwestmexiko geholt, und seitdem hat die Ranch viele hervorragende Spring- und Dressurpferde hervorgebracht, darunter den berühmten Romanow II.

Die Westfalen-Zucht untersteht dem Westfälischen Stutbuch in Münster; das Warendorfer Landgestüt – wo jedes Jahr spektakuläre Hengstparaden abgehalten werden – wird von der nordrhein-westfälischen Landesregierung unterhalten.

Handbuch Pferderassen

Holsteiner

Größe: 1,63–1,73 m
Farben: Alle Grundfarben
Gebrauch: Reit-, Kutsch- und Turnierpferd
Merkmale: Kopf mit dem Charakter des Vollbluts, jedoch des schlichteren Typs; große, klare Augen; langer, leicht gewölbter Hals; ausgeprägter Widerrist; mächtige, breite Hinterhand und starke Ober- und Unterschenkel; relativ weit auseinander stehende Vorderbeine; große, trockene Gelenke

Die Spuren der ältesten deutschen Warmblutrasse, die ihren Namen von der Elmshorner Region in Holstein erhielt, lassen sich weit zurückverfolgen. Im 14. Jahrhundert war die Pferdezucht in dieser Region größtenteils eine Angelegenheit der Klöster, insbesondere des Klosters von Uetersen, das in den nahe gelegenen Marschen von Haseldorf ein Gestüt gründete. Das Kloster widmete sich der Entwicklung von Schlachtrössern und Pferden für Ritterturniere, wofür es das Patronat der Könige von Dänemark und der Grafen von Schleswig-Holstein erhielt. Später wurde Spanisches, Orientalisches und Neapolitanisches Blut beigemischt, was das Gebäude leichter machte. Vom 16. bis zum 18. Jahrhundert war der Holsteiner in ganz Europa als zähes

Leichte Pferde

Transport- und Kutschpferd äußerst gefragt.

Holsteiner wurden auch zur Aufwertung anderer deutscher Warmblutrassen, z. B. Hannoveraner (s. S. 169) und Westfale (s. S. 172), benutzt. 1680 wurde im königlichen Holsteiner-Gestüt von Esserom mit dem Hengst Mignon die Zucht der berühmten Elite-Hengste begründet, die zum Stolz der Kurfürsten von Hannover wurden. Als die britische Krone 1714 an das Haus Hannover überging, kamen diese Elite-Pferde in die königlichen Stallungen in London, wo sie bis 1920 zu finden waren.

Im 19. Jahrhundert wurden zwei importierte Rassen eingekreuzt: das Englische Vollblutpferd (s. S. 122) und das Yorkshire-Coach-Horse. Das Vollblutpferd machte den Holsteiner kompakter und kurzbeiniger, die übrig gebliebene Ramsnase wurde begradigt und die Galopper-Qualität verbessert. Das Yorkshire-Coach-Horse brachte dem Holsteiner seine charakteristisch hohen und weiten Gänge sowie sein ausgeglichenes Temperament. Mit diesem Erbgut erwarb der Holsteiner sich einen Ruf als ausgezeichnetes Kutsch- und Reitpferd. Die Rasse entwickelte sich im Traventhal-Gestüt weiter, das 1867 von den Preußen gegründet worden war. Als das Gestüt geschlossen wurde, übernahm der Verband der Züchter des Holsteiner Pferdes die Verantwortung für die Rasse, die wie alle europäischen Warmblutrassen strengen Leistungsprüfungen unterliegt.

Nach dem Zweiten Weltkrieg wurden zusätzlich Vollblüter eingekreuzt, um ein leichteres, vielseitiges Reit- und Turnierpferd zu produzieren, das hervorragend galoppieren und springen kann; Meteor und Tora sind nur zwei Beispiele für großartige Holsteinische Springpferde, die internationalen Ruhm erworben haben. Der Holsteiner ist ein kraftvoll gebautes, intelligentes, williges, sehr schönes Pferd mit ausgezeichnetem Temperament.

Hunter

Größe: 1,52–1,83 m,
doch meist 1,60–1,65 m
Farben: Alle
Gebrauch: Reitpferd; Schaupferd; Jagd
Merkmale: Alle Qualitäten eines Reitpferdes mit Substanz, Stärke und stabilem Knochenbau; kompakter Rumpf, gut abgeschrägte Schultern; gute Gurtentiefe; kraftvolle Hinterhand; Röhrbeine ausgerichtet auf Sprunggelenke, saubere Gelenke; keine Festschreibung für den Kopf, doch sollte er qualitativ gut sein, das Gesicht einen wachen, intelligenten Ausdruck haben.

Als Hunter wird jedes Pferd bezeichnet, das für Fuchsjagden genutzt wird. Der Hunter ist ein Pferdetyp, und je nach Land und Terrain, das es zu durchreiten gilt, können die Tiere sich voneinander unterscheiden. Da sie keine Rasse darstellen, zeigen sie auch keine speziellen Charakteristika, wie z. B. bestimmte Fellfarben. Ein guter Hunter ist gesund, wohl proportioniert und mit allen Gebäudemerkmalen eines erstklassigen Reitpferdes ausgestattet. Diese Qualitäten sind kombiniert mit Mut, Wendigkeit, Sprungvermögen, Ausdauer und einer robusten Konstitution.

Die besten Hunter werden in Ländern mit einer langen Fuchsjagd-Tradition, etwa Großbritannien und Irland, gezüchtet. Zunehmend produzieren jedoch auch Länder wie die USA, wo der Einfluss von Vollblütern stark ist, Hunter hervorragender Qualität. Je größer der Vollblutanteil, desto größer sind gewöhnlich Geschwindigkeit und Wirkungskreis des Pferdes; in den weiten, offenen Weidegründen der englischen Grafschaften *(shires)*, die Warwickshire, Leicestershire, Northhamptonshire und Teile Lincolnshires umfassen, werden dem Vollblut nahe Pferde bevorzugt, die über Gatter springen können. Für Ritte über mehr umfriedete Gebiete mit Äckern und Hügeln eignet sich ein kräftiges, kurzbeinigeres Halb- oder Dreiviertelblut besser.

Vollblutkreuzungen mit dem Cleveland Bay (s. S. 144) – einem eigenständigen Hunter – führten zu einem schnellen Pferd, das jedoch immer noch fähig ist, einen sehr schweren Reiter (bis zu 114 kg) einen ganzen Jagdtag lang über Lehmböden und große Hindernisse zu tragen. Andere schwergewichtige Hunter sind das Ergebnis von Kreuzungen zwischen Vollblütern und

Leichte Pferde

englischen Kaltblütern wie dem Clydesdale (s. S. 99), doch ebenso gute Pferde können durch Kreuzungen und Zweitkreuzungen mit einheimischen britischen Ponyrassen erzeugt werden. Einige der größeren britischen Ponys wie der Welsh Cob (s. S. 84) werden ebenfalls zur Jagd genutzt; sie können einen durchschnittlich schweren Erwachsenen mühelos durch die meisten Jagdgebiete tragen. Irische Hunter, die als eine der besten Kreuzungen zwischen Pferden verschiedener Länder gelten, basieren auf Verbindungen zwischen Vollblut und Irish Draught (s. S. 179). Diese Tiere werden als Drei- und Vierjährige zur Jagd benutzt und gewöhnlich nur mit einer einfachen Wassertrense gezäumt.

Vom Schauring, der einen bestimmten Hunter-Typ förderte, ging ein großer Einfluss auf die Zucht aus. Hunter-Klassen zählen zu den prestigeträchtigsten überhaupt. Die Klassen für gerittene Hunter sind in acht Kategorien unterteilt; in jeder Kategorie werden die Pferde unter dem Sattel im Galopp gezeigt, an der Hand vorgeführt und, in Großbritannien und Irland (jedoch nicht in den USA und Kanada), auch vom Richter geritten. Es gibt die Gewichtsklas-

Handbuch Pferderassen

sen leicht, mittelschwer und schwer; sie beziehen sich nicht auf die Größe des Pferdes, sondern auf das Gewicht, das das Pferd zu tragen vermag (was mit seiner Knochenstärke zusammenhängt, die am Röhrbein gemessen wird). Des weiteren gibt es Klassen für kleine Hurrter bis zu einer Größe von 1,55 m, Klassen für Ladies' Hunter, die mit Damensattel geritten werden, eine Anfängerklasse für Pferde, die noch keine Preisgelder gewonnen haben, Klassen für Vierjährige sowie Klassen für Arbeits-Hunter, von denen die Bewältigung eines Springparcours aus acht bis zwölf natürlichen Hindernissen erwartet wird. Der Richter bewertet Gebäude und Manieren, aber auch, ob Qualität und Substanz im richtigen Verhältnis zueinander stehen. Ein Hunter-Champion muss jedoch nicht nur im Stillstand perfekt aussehen – Bewegung und Rittigkeit werden ebenfalls bewertet.

Leichte Pferde

Irish Draught

Größe:	1,50–1,70 m
Farben:	Alle Grundfarben
Gebrauch:	Leichtes Zugpferd; Fuchsjagd
Merkmale:	Manchmal etwas langer Körper; kleiner Kopf; langer, gewölbter Hals und schräge Schultern; mächtiger Brustkorb, charakteristischer ovaler Rumpf (die Pferde sollten nicht »platt« wirken); gemäßigt ausgeprägter Widerrist; stark abfallende, aber starke, tiefe Hinterhand mit relativ niedrig angesetztem, in der Bewegung hoch getragenem Schweif; starke, kräftig bemuskelte Hinterbeine und große Sprunggelenke; minimaler seidiger Behang

Zweifelsohne ist der Irish Draught eine der besten Kreuzungen zwischen Pferden verschiedener Länder (und die Grundlage für den großartigen Irish Hunter). Die Entwicklung dieses Pferdes begann im 12. Jahrhundert, als der irische Pferdebestand mit schweren Französischen und Flämischen Pferden, die bei der Invasion der Anglo-Normannen 1172 ins Land gebracht worden waren, aufgewertet wurde. Die starken Stuten, die aus diesen Kreuzungen hervorgingen, wurden mit Andalusier-Hengsten (s. S. 130) gedeckt; hieraus entstanden verbesserte Zugtiere, die für alle Arten von Arbeiten auf kleinen irischen Höfen genutzt wurden, aber auch vielseitig genug waren, um unter dem Sattel zu gehen. Einst in allen ländlichen Gebieten Irlands verbreitet, wurde die Rasse während der Hungersnot von 1847 jedoch dezimiert.

Versuche, den verbleibenden Tierbestand mithilfe von Clydesdale- (s. S. 99) und Shire-Einkreuzungen (s. S. 90) zu vergrößern, führten zu einer Vergröberung der Rasse und waren auch dafür verantwortlich, dass der Irish Draught etwas »steif« unterhalb des Knies wurde – ein Fehler, den zu beheben einige Zeit in Anspruch nahm. Der damalige Irish Draught war ein tief gebautes Tier, nicht größer als 1,53 m, mit steilen Schultern, stark abfallender Hinterhand und einem kurzen Rumpf. Doch konnte er gut im Geschirr gehen und unter dem Sattel galoppieren, und er galt als guter Springer, der selbst vor den größten Hindernissen nicht zurückschreckte. Die Einkreuzung von Englischen Vollblütern (s. S. 122) im 19. Jahrhundert

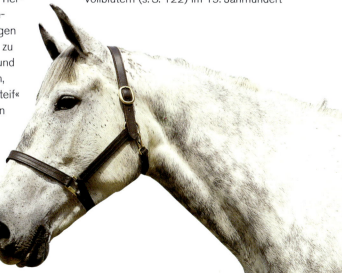

Handbuch Pferderassen

gab dem Pferd Qualität und Schnelligkeit, ohne sein angeborenes Jagdtalent zu vermindern. Nach 1904 wurde die Rasse wesentlich verbessert, als der Staat die Zucht förderte und Deckhengste subventionierte. Seit 1917 wird ein Stutbuch geführt; es listete zu Anfang 375 Stuten und 44 Hengste auf.

Mit zunehmender Mechanisierung der Landwirtschaft erlitt die Rasse einen Rückschlag, und im Ersten Weltkrieg wurden viele der besten Stuten von der Armee als »Kanonenpferde« beschlagnahmt. Mit ihren sauberen Beinen entwickelten Irish-Draught-Pferde nicht die »grasigen Fersen«, unter denen viele Pferde im Schlammboden von Flandern litten, und wegen ihrer Fähigkeit, auch bei mageren Armee-Futterrationen zu gedeihen, erlebten viele Irish Draughts, die 1914 ihr Heimatland als Kanonen-Gespanne verlassen

hatten, 1918 die feierliche Siegesparade in Brüssel. In den 1960er Jahren führten Exporte in die Schlachthöfe des europäischen Festlandes beinah zur Ausrottung im Heimatland. 1964 wurde der Handel per Gesetz eingeschränkt.

Glücklicherweise werden die Tiere inzwischen als Teil des irischen Nationalerbes angesehen. 1976 wurde die *Irish Draught Society* gegründet; diese führte eine Klassifizierung ein, um sicherzustellen, dass nur Tiere guter Qualität im Stutbuch registriert werden. Mit einer Vollblutstute gekreuzt, gibt ein Irish-Draught-Hengst seinen Knochenbau, seine Substanz, Größe und Sportlichkeit an seine Nachkommen weiter. Heute ist der Irish Draught ein größeres Pferd als ein Jahrhundert zuvor, das Stockmaß liegt meist bei ca. 1,63 m – Hengste erreichen oft 1,70 m.

Leichte Pferde

Kabardiner

Größe:	1,52–1,57 m
Farben:	Hauptsächlich Braune, Dunkelbraune und Rappen
Gebrauch:	Reit- und Kutschpferd; leichtes Zugpferd; Trekking
Merkmale:	Dieses »perfekte Bergpferd« weist Merkmale auf, die bei anderen Reitpferden oft als Fehler gelten: schmaler Hinterkopf, leicht nach innen gerichtete Ohren; steile Schultern, flacher Widerrist; sichelförmige Hinterbeine, aber gut gebaute, klar definierte Vorderbeine mit kurzen Röhrbeinen; üppiges Langhaar; die sehr harten Hufe erschweren das Beschlagen, doch die meisten Kabardiner können unbeschlagen auf härtestem Boden gehen.

Der Kabardiner ist ein kleines Bergpferd aus dem Kaukasus und gilt seit dem 16. Jahrhundert als Rasse. Im 17. Jahrhundert wurden diese Pferde über ihr Entstehungsgebiet hinaus bekannter und galten als die besten Bergpferde Zentralasiens. Sie wurden von Bergstämmen gezüchtet, die einheimische Bergrassen mit Turkmenen- und Karabach-Blut (beides südrussische Rassen) und im 19. Jahrhundert mit Arabern mischten. Der Kabardiner ist das Ergebnis einer jahrhundertelangen Zuchtauslese von Pferden, die unter härtesten Bedingungen überleben konnten. Später wurde er mit benachbarten Karabach-Pferden sowie mit Englischen Vollblutstuten (s. S. 122) gekreuzt, um den größeren – und schnelleren – Anglo-Kabardiner zu züchten.

Heute werden die besten Kabardiner in den Gestüten von Malo-Karachew und Malkin gezüchtet, wo im Frühling kleine Herden *(kosyaks)* von ca. 20 Stuten und einem Hengst – der die Stuten vor Wölfen und anderen Hengsten beschützt – zusammengestellt werden. Früh im Mai beginnt die Herde auf die Berge zu steigen, und je weiter die Schneedecke sich nach oben zurückzieht, desto höher steigen die Tiere, bis sie ihre Sommerweiden erreichen, wo ihr einziges Zufutter aus Salz besteht. Früh im August werden die Hengste von ihren Herden getrennt und alle Stuten zusammengetrieben; im September, mit den ersten Schneefällen, beginnen die Herden ihre Wanderung ins Tal, um den Winter auf umzäunten Weiden zu verbringen, wo sie als Zufutter Heu erhalten. Die Fohlen werden im November entwöhnt, und die Jährlinge werden getrennt nach Geschlechtern gehalten und trainiert.

Der Kabardiner hat durch die Anpassung an seinen Lebensraum und das strenge Klima Merkmale entwickelt, die bei anderen Reitpferden als Fehler gelten würden. Das Blut dieser Tiere kann im Vergleich zu anderen Pferden mehr Sauerstoff transportieren, was sie zu »Leistungssportlern« in großen Höhen macht: Sie können – mit einem Reiter auf dem Rücken – Höhen von mehr als 5000 m erklettern und müssen sich im

Handbuch Pferderassen

Gegensatz zu anderen Rassen nach diesen Strapazen nicht erholen. Ihre Herzen, Lungen, Sehnen, Gelenke und Muskeln sind ungeheuer stark und leistungsfähig.

Weil ihr Futter oft sehr düftig ist, legen Kabardiner schnell Körperfett an, wenn es einmal reichlich Nahrung gibt. Ihr Rumpf ist dicht, massiv und länglich, ihre Hinterbacken sind sehr muskulös, kurz und gerade, die Hinterhand fällt schräg von der gerundeten Kruppe ab. Die Lenden sind sehr stark und oft ein wenig konkav. Nach westlichem Standard ist der Widerrist flach, und die Schultern sind steil – was zu einer hohen Beinaktion führt. Einige Kabardiner sind natürliche Passgänger; es heißt, dass der Passgang vom Lieblingspferd des mächtigen Dschingis Khan an alle Pferde mit mongolischem Blut vererbt wurde. Das Kopfprofil ist »römisch« (ramsnasig), die Stirnmähne ist zwischen den Ohren besonders dünn und der Hinterkopf wenig ausgeprägt. Die Hinterbeine sind oft sichelförmig, was ein großer Vorteil für ein Bergpferd ist. Die Hufe sind unglaublich hart – die meisten Kabardiner werden nicht beschlagen, auch nicht in den härtesten Bergregionen.

Leichte Pferde

Kabardiner haben die bemerkenswertesten Fähigkeiten und gedeihen in schwierigster Umgebung, oft in extremen Höhen. Sie überwinden mit Leichtigkeit Bergpässe, marschieren durch Tiefschnee und eisige Flüsse, denn sie sind offensichtlich unempfindlich gegenüber Kälte. Sie stolpern kaum einmal, selbst wenn es im Trab oder Kantergalopp bergab geht, bleiben bei herabfallenden Felsbrocken ungerührt und haben einen unbeirrbaren Orientierungssinn: Die Angehörigen der Bergstämme wissen, dass die Pferde ihre Herden in einem Umkreis von 2 km finden – selbst im Dunkeln oder bei dichtem Nebel. Auf der Rennbahn ragen sie nicht besonders heraus, doch bei Distanzrennen sind sie kaum schlagbar. 1946 wurde in Moskau ein großer Leistungstest russischer Pferderassen organisiert; ein 250-km-Ritt – wovon die letzten 2 km im Trab zurückzulegen waren – wurde vom Kabardiner-Hengst Ali-Kadym in nur 25 Stunden bewältigt.

183

Handbuch Pferderassen

Knabstrupper

Größe: 1,55–1,57 m
Farben: Getupfte
Gebrauch: Reitpferd
Merkmale: Körperbau variabel, ähnelt aber dem Appaloosa (die Rückenlinie vom Widerrist aus ist typisch für den Knabstrupper und einige Appaloosa-Linien); starker, muskulöser, oft etwas kurzer Hals; flache, breite Vorderfußwurzelgelenke, kurze Röhrbeine; oft längs gestreifte Hufe; spärliches Langhaar; Farbtupfen bis hinunter zu den Hufen

Der Knabstrupper geht zurück auf die Spanische Stute Flaebehoppen. Ein Metzger namens Flaebe kaufte sie im Jahr 1808, zur Zeit der Napoleonischen Kriege, einem spanischen Offizier ab und verkaufte sie weiter an Richter Lunn, den Begründer der Rasse. Flaebehoppen war berühmt für ihre Schnelligkeit und Ausdauer; auf seinem Gut in Knabstrup, Dänemark, ließ Lunn sie von Frederiksborger-Hengsten decken und züchtete eine Linie getupfter Pferde, die nicht so viel Substanz wie der Frederiksborger hatten, aber wegen ihrer Farbe und ihrer Fähigkeiten sehr gefragt waren. Dies waren die »alten Knabstrupper«; sie hatten den

Leichte Pferde

Charakter von Zugpferden, klar zu sehen an den steilen Schultern und dem kurzen Hals. Auch waren sie stärker und grobknochiger als das moderne Pferd, doch genauso zäh und von schneller Auffassungsgabe.

Diese Qualitäten sowie ihre Farbe (ursprünglich weiß mit braunen oder schwarzen Punkten unterschiedlicher Größe auf dem gesamten Körper) machten sie zu beliebten Zirkuspferden. Unüberlegte Zucht mit der Fellfarbe als einzigem Auswahlkritierium führte zu einer Degeneration, und die Rasse starb beinah aus. Der alte Knabstrupper ist inzwischen selten, doch während der letzten 50 Jahre gab es wieder Verbesserungen in der Entwicklung der Rasse, und der moderne Knabstrupper zeigt viel mehr Substanz und größere Qualität als das Pferd des 19. Jahrhunderts; die besten Exemplare haben gut gerundete, muskulöse Hinterbacken. Die Gebäudefehler an den Beinen wurden ebenfalls weitestgehend korrigiert, und es gibt heute eine größere Farbpalette. Das spärliche Mähnen- und Schweifhaar stellte sich als charakteristisches Begleitmerkmal getupften Fells heraus; es findet sich beim alten und auch beim modernen Knabstrupper sowie beim Appaloosa (s. S. 134).

185

Handbuch Pferderassen

Lipizzaner

Größe:	1,50–1,60 m
Farben:	Schimmel, gelegentlich Rappen, Braune und Füchse
Gebrauch:	Dressurreitpferd der »Hohen Schule«; Kutschpferd
Merkmale:	Kopf mit arabischem Einfluss, manchmal auch mit dem ramsnasigen Profil des Spanischen Pferdes; kurzer Hals, kompakter Rumpf; gute Gurtentiefe, Widerrist nicht ausgeprägt; gut für das Reiten und das Ziehen von Kutschen geeignete Schultern; Aktion eher hoch als niedrig und lang; mächtige Hinterhand; kurze, kraftvolle Beine mit breiten Gelenken; harte Hufe; seidiges Langhaar

Der Lipizzaner ist in der Pferdewelt, was Rudolph Nurejew im Ballett war: Selbst Menschen, die nichts mit Pferden zu tun haben, kennen wahrscheinlich seinen Namen. Die Lipizzaner gehören zu den schönsten Pferden der Welt und führen an der berühmten Spanischen Hofreitschule zu Wien die elegantesten »Tänze« auf, darunter die berühmten »Sprünge der Hohen Schule über der Erde«.

Die alte Rasse erhielt ihren Namen vom Gestüt Lipizza (Lipica) in Kroatien, wo sie herstammt und noch immer gezüchtet wird. Einst Teil des großen Kaiserreichs von Österreich-Ungarn, wurde das Gestüt von Lipizza 1580 von Erzherzog Karl II. gegründet. Grundstock der Rasse waren neun Spanische Hengste und 24 Stuten, die mit dem Ziel aus Spanien importiert worden waren, hervorragende Pferde für die erzherzöglichen Ställe in Graz und die Ställe am Hof in Wien zu ziehen. Weitere wichtige Gestüte lagen in Piber, nahe Graz in Österreich, und in Kladrub in der Tschechischen Republik. Dieses 1572 gegründete Gestüt ist das älteste in Europa und die Heimat des Kladruber Kutschpferdes. Ebenfalls auf der Grundlage Spanischer Pferde gezüchtet, hatte der Kladruber einen recht großen Einfluss auf den Lipizzaner. Die Spanische Hofreitschule in Wien – so genannt, weil sie von Beginn an Spanische Pferde benutzte –

Leichte Pferde

wurde 1572 gegründet und war zunächst in einer Holzhalle nahe dem Palast untergebracht. 1735 wurde die prächtige Winterreithalle eingeweiht, die Kaiser Karl VI. bauen ließ und die noch heute Sitz der Reitschule ist. Die Pferde, die dort heute zu bewundern sind, basieren auf sechs Gründerhengsten: Pluto (geb. 1765) war ein Schimmel spanischer Abstammung, der vom dänischen Staatsgestüt gekauft wurde; Conversano (geb. 1767) war ein Neapolitaner-Rappe, während Neapolitano (geb. 1790) ein brauner Neapolitaner aus der Polesina war (beide Tiere waren spanischer Abstammung); Maestoso (geb. 1819) war ein Kladruber-Schimmel, gezogen auf dem berühmten ungarischen Gestüt

Handbuch Pferderassen

Mezöhegyes; Favory, ein Falbe, wurde 1779 auf dem Gestüt Kladrub geboren; vom letzten, Siglavy (geb. 1810), wird angenommen, dass er ein Araber war. Die Stammstuten waren in den meisten Fällen Spanische Pferde.

Im Laufe der Jahre wurden zwischen den Gestüten von Lipizza, Piber und Kladrub häufig Hengste ausgetauscht, doch als die Spanische Hofreitschule ihre Pforten für »die Erziehung des Adels in der Reitkunst« öffnete, stellte man fest, dass die Pferde aus dem Gestüt von Lipizza für die Übungen der Hohen Schule geeigneter waren, und man begann, sie als eigenständige Rasse anzusehen. Obwohl es bis zum 18. Jahrhundert immer die Politik des Gestüts Lipizza gewesen war, weiße Pferde zu züchten – Weiß galt als würdige Farbe für das Herrscherhaus – existierten auch andere Farben, u. a. Rappen, Braune und Falben sowie großartig gefleckte und gescheckte Tiere.

Die modernen Lipizzaner der Hofreitschule in Wien werden seit 1920 in Piber gezüchtet. Weniger als zehn Tiere werden jedes Jahr ausgewählt, und ihr Training dauert vier bis sieben Jahre. Sie sind meist weiß, obwohl Fohlen schwarz oder braun geboren werden. Gelegentlich gibt es auch Falben; sie werden zwar nicht für die Zucht verwendet, doch wird traditionsgemäß immer ein Falbe in der Hofreitschule gehalten.

Der »Piber-Lipizzaner« ist normalerweise etwas größer als 1,50 m und ein kompaktes Pferd mit sehr starken Beinen, kraftvoller Hinterhand und muskulösem Hals. Oft zeigt sich das edle ramsnasige Profil seiner spanischen Vorfahren.

Außer in Piber werden auch in Rumänien, Ungarn, der Slowakei und der Tschechischen Republik Lipizzaner gezüchtet. Zwar führen alle Gestüte ihre Zuchtlinien auf die sechs Stammhengste zurück, doch gibt es Unterschiede im Typus, und der »Piber-Typ« ist keineswegs der dominierende. Alle Lipizzaner werden geritten, außerhalb des »Treibhauses« Piber gehen sie auch im Geschirr. Einige können noch immer bei der Feldarbeit gesehen werden.

Leichte Pferde

Mangalarga

Größe:	1,43–1,60 m
Farben:	Füchse, Braune, Schimmel, Stichelhaarige
Gebrauch:	Reitpferd (auch Ausdauerritte); Ranch-Arbeit
Merkmale:	Langer Kopf; kurzer, starker Rücken, kräftige Hinterhand; lange Beine; niedrig angesetzter Schweif

1541 erreichte die Schiffsflotte von Alvar Nuñez mit einigen Pferden an Bord – Altér Reals aus Portugal – nahe Santa Caterina die brasilianische Küste. Einige Tiere rissen aus oder wurden freigelassen und verbreiteten sich im Land, genau wie die Nachfahren der Spanischen Pferde, die an der argentinischen Küste an Land gelassen worden waren. Die heutigen Nachkommen dieser portugiesischen Pferde, Crioulos genannt, sind ihren argentinischen Verwandten, den Criollos (s. S. 148), ähnlich, aber kleiner. In den verschiedenen Teilen Brasiliens tauchen unterschiedliche Typen auf; der Crioulo ist in Nordostbrasilien als Nordestino bekannt, im Bundesstaat Goiás heißt er Courraleiro. Beide Typen sind ausgesprochen zähe Pferde, die bei minimalem Futter überleben können. Eine weitere – und bessere – Variante des Crioulos ist der Rio Grande do Sul aus der gleichnamigen Region.

Der Mangalarga ist ein «Vetter» des Crioulos; im 19. Jahrhundert importierte Brasilien ausgewählte Hengste aus Spanien und Portugal, um den einheimischen Tierbestand aufzuwerten. Einer der besten Hengste, Sublime, wurde auf das Gestüt von Minas Gerais geschickt, wo er die Mangalarga-Rasse begründete, die dort auch als Junquiera bekannt ist. Der Mangalarga ist größer als der Crioulo und besitzt längere Beine. Er unterscheidet sich auch durch seinen charakteristischen fünften Gang, den Marcha, eine Gangart zwischen Trab und Kanter.

Es wurden Versuche unternommen, den Mangalarga durch Warmbluteinkreuzungen aufzuwerten, und die erfolgreichsten Pferde für Reitzwecke entstanden durch Einkreuzungen von Araber- (s. S. 113), Anglo-Araber- (s. S. 120), Englischen Vollblut- (s. S. 122) und Trakehner-Hengsten (s. S. 234).

1840 machte sich Cassiano Campolino daran, die Rasse durch selektive Zucht zu verbessern. Er war erfolgreich und entwickelte den etwas schwereren Typ Campolino, der inzwischen im Bundesstaat Rio de Janeiro und darüber hinaus weit verbreitet ist. Der Campolino ist ein exzellentes Reitpferd und bekannt für seine große Ausdauer, die bei weitem die von importierten Pferden übertrifft.

Leichte Pferde

Missouri-Foxtrotter

Größe: 1,42–1,63 m
Farben: Alle Grundfarben, hauptsächlich Füchse
Gebrauch: Reitpferd
Merkmale: Starker, kompakter Körper; attraktiver, spitz zulaufender Kopf mit offenen Nüstern, gewölbter Hals; kurzer, starker Rücken; gute Gurtentiefe; muskulöse Hinterhand; gute Länge von der Hüfte zu den Sprunggelenken; relativ schwer gebaut, aber in gutem Abstand zueinander stehende Hinterbeine; Röhrbeine länger als üblich; gute Hufe

Der Missouri-Foxtrotter ist eine der ältesten und am wenigsten bekannten Rassen Amerikas. Er gehört zum Trio der amerikanischen Gangpferde; die anderen beiden sind das American Saddlebred (s. S. 126) und das Tennessee-Walking-Horse (s. S. 231). Die Rasse wurde um 1820 gegründet, als Siedler, die von Tennessee, Kentucky und Virginia aus westwärts zogen, ihre neue Heimat in den Ozark-Bergen von Missouri und Arkansas fanden.

Die berühmtesten Züchterfamilien nahmen ihre Englischen Vollblutpferde (s. S. 122), Araber (s. S. 113) und Morgans (s. S. 195) mit in die neue Heimat, wo die Stuten dann von den schnellsten Hengsten gedeckt wurden. Ursprünglich wurden die Pferde für Rennen gezüchtet, doch puritanischer Religionseifer beendete solcherart frivole Freizeitbeschäftigungen. Die Züchter von Ozark richteten ihre Bemühungen nun stattdessen darauf, ein Gebrauchspferd zu entwickeln, das einen Reiter bequem und in gleichbleibendem Tempo über schwieriges Terrain tragen konnte. Später wurde außerdem der American Saddlebred und das Tennessee-Walking-Horse eingekreuzt – das Ergebnis war ein sehr trittsicheres Pferd mit gleitenden Bewegungen und einem einzigartigen Gang, dem Foxtrott. Dies ist ein »gebrochener Gang«, bei dem das Pferd mit den Vorderbeinen im Schritt geht und mit den Hinterbeinen trabt. Die gleitende Aktion – die perfekt geradlinig

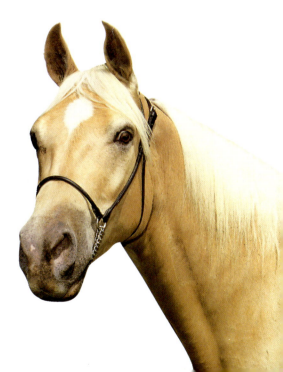

sein sollte – vermindert Erschütterungen in den unteren Gliedmaßen und reduziert die Schwingung des Rückens, sodass die Bewegungen sehr sanft und gleitend sind. Das Einzige, was auf und nieder wippt, sind Kopf und Schweif; so sitzt der Reiter sehr bequem im Sattel und bekommt kaum etwas von der Bewegung mit. Der Missouri-Foxtrotter kann seinen Gang über große Entfernungen bei einer Geschwindigkeit von 8 bis 13 km/h aufrecht erhalten, über kurze Strecken erreicht er auch 16 km/h. Andere Gänge sind u. a. ein Schritt in striktem Viertakt-Rhythmus, bei dem die Hinterhufe deutlich die Spuren der Vorderhufe übertreten, und der Kanter.

Die Züchtervereinigung überwacht die Rasse und das Training der Pferde sehr streng. Künstliche »Hilfsmittel« zur Betonung des natürlichen Gangs, wie künstliche Schweife oder Schweifriemen (die dafür sorgen sollen, dass der Schweif hoch getragen wird), sind nicht erlaubt.

Das Beschweren der Hufe mit speziell entwickelten Gewichtseisen ist ebenfalls verboten, und jegliche Zeichen oder Wunden an der Hufkrone, die auf den Gebrauch von Ketten hindeuten, bedeuten eine sofortige Disqualifizierung von Pferd und Reiter. In den Schauklassen, bei denen der Missouri-Foxtrotter in Western-Geschirr vorgeführt wird, werden 40 Prozent der Punkte für den Foxtrott vergeben und jeweils 20 Prozent für Schritt, Kanter und Gebäude. Auch außerhalb des Schaurings ist der Missouri-Foxtrotter sehr trittsicher, was ihn zu einem idealen und sehr beliebten Trekking-Pferd macht.

Leichte Pferde

Morab

Größe: 1,47–1,57 m
Farben: Alle Grundfarben
Gebrauch: Reitpferd; Ranch-Arbeit
Merkmale: »Araberschultern«; breite Brust, Widerrist nicht ausgeprägt; starker Rücken, flache Kruppe; weite Hüften; hoch angesetzter Schweif; Sprunggelenke meist etwas zu weit vom Boden entfernt; Unterarme lang und muskulös; gute Hufe; volle, seidige Mähne

Der Araber gilt schon seit langem als wichtigster Einfluss bei der Veredelung vieler Pferderassen auf der ganzen Welt. Mit dem Englischen Vollblut gekreuzt (s. S. 122), entstand der Anglo-Araber. Das Äquivalent in Amerika, eine Kreuzung mit dem Morgan (s. S. 195) anstelle des Vollbluts, ist der Morab.

Der erste Morab in der Geschichte hieß Golddust, geboren 1855 und im Stutbuch als Nr. 70 registriert. Ihr Name wurde der Rasse jedoch von dem amerikanischen Zeitungsmagnaten William Randolph Hearst verliehen. In den 1920er Jahren ließ Hearst seine Morgan-Stuten von zwei Araberhengsten (s. S. 113) decken, um Pferde für die Arbeit auf seiner Ranch San Simeon in Kalifornien zu züchten.

Das am stärksten diskutierte Thema ist der Status des Morabs als Rasse. Für die einen sind Morabs lediglich Kreuzungen aus zwei Rassen, aber für die anderen sind sie weder Halb-Morabs noch Halb-Araber, sondern eine sehr charakteristische eigenständige Rasse. Die *Morab Horse Association (MHA)* in den USA beansprucht vollen Rassestatus für Pferde aus Araber-Morgan-Kreuzungen; sie strebt ein Verhältnis von 25 Prozent Morgan-Blut zu 75 Prozent

Handbuch Pferderassen

Araberblut für die Registrierung von Morabs an. Die *MHA* und das *IMR (International Morab Registry)* unterhalten detaillierte Stammbäume und Archive. Es gibt auch einen Rassestandard; dieser besteht hauptsächlich aus allgemeinen Merkmalen, die auf alle »guten Züchtungen« zutreffen, doch er beinhaltet auch, dass die Form der Hinterhand und der Hüftwinkel beim Morab sich von denen anderer Rassen deutlich unterscheiden.

Heutige Morabs vereinigen nach einem Jahrhundert Zucht die Stärke des Morgans und die Feinheit des Arabers. Sie besitzen einen kürzeren Rücken als die meisten anderen Rassen, doch dafür eine längere Kruppe, die ihnen große Schubkraft verleiht. Auch zeigen sie einen sanften Gang, der es ihnen erlaubt, sich bei Wettkämpfen und Ausdauerritten auszuzeichnen.

Besitzer wie auch Züchter und Liebhaber des Morabs loben seine Intelligenz und sein verlässliches Wesen, die ihn zum idealen Reitpferd sowohl für Kinder und Reitanfänger wie auch für kühne Turnierreiter machen.

Leichte Pferde

Morgan

Größe:	1,45–1,55 m
Farben:	Braune, Dunkelbraune, Rappen, Füchse
Gebrauch:	Reit-, Kutsch- und Zugpferd; Turnierpferd
Merkmale:	Mittelgroß; Kopf mit geradem Profil oder nur leicht konkav (nie ramsnasig); große Nüstern; gut gewölbter Hals; gut ausgeprägter, etwas höher als die Hüftknochen liegender Widerrist; starke, schräge Schultern; kurzer, breiter, muskulöser Rücken; großer, runder Rumpf, tiefe, breite Brust; perfekte Hinterhand; kurze Röhrbeine, kurze, nicht zu weit abgewinkelte Fesseln; runde Hufe aus glattem, dichtem Horn; langes, fließendes Schweifhaar, das den Boden berührt, wenn das Pferd still steht

Die Geschichte des Morgans – der ersten urkundlich belegten Pferderasse Amerikas – stellt, genau wie die des Quarter-Horse (s. S. 213), einen Teil der Landesgeschichte dar. Im Gegensatz zum Quarter-Horse verdankt der Morgan seine Existenz jedoch einem einzelnen, phänomenalen Hengst, Justin Morgan. Dieser unbestrittene Begründer der Rasse wurde zwischen 1789 und 1793 in West Springfield, Massachusetts, geboren, war dunkelbraun und nicht größer als 1,43 m. Ursprünglich hieß er Figure, bis er 1795 in den Besitz des Schulmeisters Justin Morgan kam (einige sagen auch, er sei Gastwirt gewesen), der ihn von einem Schuldner übernahm. Justin Morgan

Handbuch Pferderassen

brachte den Hengst nach Randolph Center, Vermont, wo er vor dem Pflug arbeitete. Es scheint, dass Justin Morgan mehrere Male den Besitzer wechselte – und bei jedem erwartete ihn viel harte Arbeit –, bis er schließlich bei dem Bauern Levi Bean landete, der das Pferd vor den Dung-Streukarren spannte.

Vom Hintergrund Justin Morgans ist wenig bekannt; zum einen wird behauptet, er sei ein Welsh Cob (s. S. 84) gewesen, anderen Gerüchten zufolge stammte er von einem gefeierten, vorrevolutionären Rennpferd namens True Briton ab. Das einzige, was sich mit Gewissheit sagen lässt, ist, dass Justin Morgan eine unglaublich robuste Konstitution besaß und über außergewöhnliche Stärke und große Schnelligkeit verfügte. Er arbeitete nicht nur den ganzen Tag auf Farmen im Nordosten der USA, wo es im Winter schneidend kalt wird,

sondern war auch regelmäßiger Teilnehmer von Rennen und Zugwettbewerben. Ob unter dem Sattel oder im Geschirr, es heißt, Justin Morgan sei niemals geschlagen worden. Sein Ruf breitete sich in der Region aus, und er war als Deckhengst sehr gefragt. Rasch verbreiteten sich seine Nachkommen, die augenscheinlich seine Qualitäten geerbt hatten – die geringe Größe und die dunkle Farbe eingeschlossen –, in Neu-England. Seine berühmtesten Söhne waren Sherman, Woodbury und Bullrush; der Stammbaum aller heutigen Morgans führt über diese drei auf Justin Morgan zurück.

Die modernen Morgans sind zweifellos veredelte Pferde, doch sie sind noch genauso mutig und feurig, intelligent, arbeitsam, vielseitig, kraftvoll und ausdauernd wie der Stammhengst Justin Morgan. Die kompakte Größe und sein hervorragendes Wesen haben dazu beigetragen, dass der Morgan zu einer der beliebtesten Pferderassen der USA wurde.

Leichte Pferde

Nonius

Größe:	1,53–1,62 m
Farben:	Hauptsächlich Dunkelbraune und Braune, außerdem Rappen und Füchse
Gebrauch:	Reit- und Kuschpferd
Merkmale:	Kopf eines ehrlichen Halbblüters; wohlgeformter, jedoch nicht langer oder eleganter Hals; schräge Schultern und gut ausgeprägter Widerrist; starker Rücken; starke, manchmal von der Kruppe aus schräg abfallende Hinterhand; kurze, aber sehr starke Beine

Der Rassebegründer, Nonius senior, kam 1810 in Calvados in Nordfrankreich zur Welt, und es heißt, dass er von einer Normänner-Stute und einem englischen Halbbluthengst abstammte. Nach Napoleons Niederlage bei Leipzig im Jahr 1813 wurde Nonius von der ungarischen Kavallerie erbeutet und auf das Gestüt Mezöhegyes gebracht, wo er mit einer Vielzahl von Stuten 15 hervorragende Hengste zeugte.

Nonius war absolut kein schönes Pferd; er war 1,64 m groß, hatte einen derben, schweren Kopf mit kleinen Augen und »Maultier«-Ohren. Er besaß des weiteren einen kurzen Hals, einen langen Rücken, eine schmale Hüfte und einen tief angesetzten Schweif. Trotz alldem stellte er sich als produktiver Hengst heraus, der beständig Nachkommen erzeugte, die ihm selbst weit überlegen waren – was seinen Körperbau und auch seine Aktion betraf.

In den 1860er Jahren kreuzte man Vollblüter ein und teilte die Rasse in zwei Typen; man entwickelte ein größeres Pferd, das als schweres Kutsch- oder leichtes Bauernpferd einzusetzen ist, sowie den kleineren Nonius-Typ, in dessen Adern etwas mehr Araberblut fließt und der sich als Reit- und leichtes Kutschpferd eignet. Zu dieser Zeit bildete die Rasse ihre Eigenschaft der späten Reife aus – mit sechs Jahren –, aber auch eine entsprechende Langlebigkeit.

National-Show-Horse

Größe:	1,48–1,70 m
Farben:	Rappen, Braune, Füchse, Schimmel, Pintos
Gebrauch:	Reitpferd; Schaupferd
Merkmale:	Kleiner Kopf mit geradem oder leicht konkavem Profil; langer Hals ohne ausgeprägten Mähnenkamm, der hoch an den Schultern ansetzt; ausgeprägter Widerrist, kurzer Rücken mit relativ gerader Linie; Vorderbeine mit kurzen Röhrbeinknochen; lange Hinterbeine mit gut abgewinkelten Fesseln; hoch angesetzter Schweif

Der Name National-Show-Horse ist eine relativ neue Rassebezeichnung. Die aus Kreuzungen zwischen Arabern (s. S. 113) und American Saddlebreds (s. S. 126) entstandenen Pferde gab es in den USA schon seit einiger Zeit; doch erst in den 1980er Jahren fanden sich einige Liebhaber, die eine Organisation gründeten und das National-Show-Horse formell ins Leben riefen. Bis 1982 gestattete der Zuchtverband eine offene Registrierung, um zunächst einen Pool aus Stammpferden für die neue Rasse zu schaffen; heute gibt es für die Registrierung spezielle Regeln. Jeweils drei Arten von Hengsten und von Stuten sind erlaubt: Sie müssen entweder American Saddlebreds, Araber oder National-Show-Horses sein, und sie müssen in ihrem jeweiligen Stutbuch registriert sein. Jede Kombination dieser drei Rassen kann zur Zucht eines National-Show-Horse verwendet werden, aber alle Fohlen müssen einen Anteil von 25 bis 99 Prozent Araberblut aufweisen.

Die Eigenschaften, die von einem National-Show-Horse verlangt werden, umfassen Balance und Kraft in der Hinterhand sowie eine hohe Aktion der Vorderbeine. Der vergleichsweise kleine Kopf muss ein gerades oder leicht konkaves Profil haben, ein ramsnasiges Profil wird missbilligt. Dank des American Saddlebreds gehört das National-Show-Horse auch zu einer der neuesten Gangpferderassen und wird in Drei-Gänge-(Three-Gaited-) und Fünf-Gänge-(Five-Gaited-)Klassen vorgestellt. Wie das Saddlebred beherrscht das Pferd den Stepping-Pace: Die Beine einer Seite bewegen sich eins nach dem anderen, gefolgt von den Beinen der anderen Seite. Das Pferd hat entweder ein oder zwei Hufe auf dem

Leichte Pferde

Boden, und beim Wechsel zur anderen Seite ergibt sich zuerst hinten, dann vorn ein Moment der Schwebe. So entsteht ein gleitender, exquisiter Laufschritt. Manchmal zeigt das National-Show-Horse auch den Rack (oder Single-Foot) – eine wesentlich schnellere Version des Stepping-Pace, bei der jeweils nur ein Huf Bodenberührung hat und es einen vollständigen Schwebemoment gibt, bei der sich alle vier Hufe in der Luft befinden.

Das National-Show-Horse wird auch in vielen anderen Schauklassen vorgeführt: Hunter, Hunter Pleasure, English Pleasure, Pleasure Driving, Country Pleasure, Fine Harness, Western Pleasure, Show Hack und Equitation. Seine vielseitigen Fähigkeiten und seine Schönheit werden das National-Show-Horse, eine der neuesten US-amerikanischen Rassen, zu einem beständigen Lieblingstier auf der ganzen Welt werden lassen.

Handbuch Pferderassen

Hesse

Größe: 1,60–1,70 m
Farben: Alle Grundfarben
Gebrauch: Reit- und Turnierpferd
Merkmale: Starkes Pferd, ideal für Sport und Turniere

Der Hesse gehört zu den weniger bekannten deutschen Warmblutrassen. Hessen ist schon seit Jahrhunderten ein Zentrum der Pferdezucht, das Hessische Landesgestüt in Dillenburg wurde jedoch erst 1869 gegründet. Da zu dieser Zeit eine große Nachfrage nach Pferden für die Feldarbeit bestand, befassten sich die ortsansässigen Bauern mit der Züchtung eines leichten Zugpferds – bis die fortschreitende Mechanisierung der Landwirtschaft die Arbeit mit Pferden überflüssig machte.

Die Entwicklung vom Warmblutpferd mit dominierendem Oldenburger-Blut (s. S. 201) und der typischen »Dillenburger Ramsnase« (einem charakteristischen konvexen Kopfprofil) zum modernen Sportpferd begann Mitte des 20. Jahrhunderts. Der moderne Hesse entstand durch die Einkreuzung von Hannoveranern (s. S. 169), Westfalen (s. S. 172) und Trakehnern (s. S. 234) sowie Englischen Vollblütern (s. S. 122) und Anglo-Arabern (s. S. 120) zur Verfeinerung. Das Tier zeigt ein sehr elegantes Erscheinungsbild, und sein ausgeglichenes Temperament macht es zum idealen Turnier- und Freizeitpferd.

Gezüchtet wird noch immer im Landesgestüt in Dillenburg, außerdem gibt es private Besitzer von Beschälern, die in der Vereinigung Hessischer Hengsthalter organisiert sind.

Leichte Pferde

Oldenburger

Größe:	1,65–1,75 m
Farben:	Alle Grundfarben, doch Füchse und Schimmel selten
Gebrauch:	Reit- und Kutschpferd
Merkmale:	Einfacher Kopf mit geradem Profil (leichte Tendenz zur Ramsnase); langer, sehr starker Hals (erinnert an die Kutschpferdvergangenheit); lange Schultern, starker Rücken; gute Gurtentiefe; Hinterhand und Hinterbeine außergewöhnlich stark; kurze Beine mit viel Knochensubstanz; hoch angesetzter Schweif, der hoch getragen wird; Hengste werden vor der Zulassung zur Zucht einer Prüfung unterzogen, besondere Aufmerksamkeit gilt hierbei den Hufen, die offen, gesund und in der Größe zum Körper passend sein müssen.

Der Oldenburger ist das schwerste deutsche Warmblut; sein Stammbaum reicht bis ins 17. Jahhundert zurück. Die Rasse, die auf Friesen (s. S. 160) basiert und sich auf den weiten Weidegründen Oldenburgs entwickelte, verdankt ihre Etablierung hauptsächlich den Bemühungen des Grafen Anton Günther von Oldenburg (1583–1667). Oldenburger tragen heute noch ein Brandzeichen mit dem Buchstaben »O« und einer gräflichen Krone darüber auf dem linken Hinterbein.

Der Graf importierte Spanische und Neapolitanische Pferde (in denen Berberblut floss); mit diesen Tieren und seinem eigenen Schimmelhengst Kranich entwickelte er eine Rasse guter, starker und vielseitiger Kutschpferde, die auch für Feldarbeit eingesetzt werden konnten. Gegen Ende des 18. Jahrhunderts wurden auch halbblütige englische Hengste eingeführt, um die Rasse zu verfeinern, und im 19. Jahrhundert kreuzten die Züchter Englische Vollblüter (s. S. 122), Cleveland Bays (s. S. 144), Hannoveraner (s. S. 169) und Normänner ein. Das Ergebnis war ein »Karrossierpferd«, ein großrahmiges Kutschpferd von durchschnittlich 1,75 m Stockmaß. Trotz seiner Größe und seines massiven Körperbaus war der

Handbuch Pferderassen

Oldenburger ein frühreifes Tier – ein sehr ungewöhnliches Merkmal für solch ein großes Pferd.

Als die Nachfrage nach schweren Kutschpferden mit zunehmender Motorisierung nachließ, wurde die Rasse als Ackerpferd weiterentwickelt. Als sich die Nachfrage nach dem Zweiten Weltkrieg erneut änderte, verlagerte sich der Schwerpunkt auf die Produktion von Reitpferden. Dafür wurden ein Normänner-Hengst namens Condor, der 70 Prozent Vollblutanteil hatte, sowie ein Vollbluthengst namens Lupus verwendet. Seitdem wurden vor allem Vollblüter eingekreuzt, aber auch einige Hannoveraner, um das ausgeglichene Temperament einzuführen, für das die Rasse berühmt ist.

Der Oldenburger ist noch immer ein großes, kraftvolles Tier. Sein Körperbau ist nicht für Rennen geschaffen, vielmehr eignet er sich aufgrund seiner ordentlichen Gänge hervorragend für die Dressur. Die Aktion ist gerade und rhythmisch, jedoch – hier zeigen sich die Kutschpferdvorfahren – ein wenig hoch. Doch dies ist kein Nachteil für ein Dressurpferd und auch nicht für ein Springpferd, als das der Oldenburger ebenfalls brilliert. Starke, stämmige Beine sind nötig, um solch ein großrahmiges Pferd zu tragen; die Gelenke sind groß, die Röhrbeine ziemlich kurz, mit einem Knochenumfang von 23 cm.

Nach einem Gesetz von 1819, das 1897 und 1923 novelliert wurde, liegt die Verantwortung für die Oldenburger Rasse und die Zulassung von Deckhengsten beim Verband der Züchter des Oldenburger Pferdes. Der Verband verfolgt eine strenge Politik sorgfältiger Selektion und Prüfung, um einen gleichbleibenden Rassestandard zu gewährleisten.

Leichte Pferde

Orlow-Traber

Größe:	Durchschnittlich 1,60 m
Farben:	Hauptsächlich Schimmel, oft Rappen und Braune, selten Füchse
Gebrauch:	Reit- und Kutschpferd; Traber
Merkmale:	Hoch gewachsen und leicht gebaut; etwas schwerer Kopf; langer, hoch angesetzter »Schwanenhals«; starke Schultern; langer Rücken, große Gurtentiefe; niedriger Widerrist; starke Beine mit guten Knochen und nur wenig fedrigem Behang

Die Geschichte der ältesten und beliebtesten russischen Pferderasse reicht zurück bis in das Jahr 1778, als Graf Alexej Orlow (1737–1809) auf seinem Gestüt in Chrenovskoi ein Zuchtprogramm ins Leben rief. Der Araberschimmelhengst Smetanka deckte Holländische, Mecklenburgische und Dänische Stuten. Zu den fünf Nachfahren zählte Polkan I., der wiederum einen Schimmelhengst namens Bars I. zeugte – den Rassebegründer; Bars I. wurde 1784 geboren. Zeitgenossen beschrieben ihn als hoch gewachsenes Pferd mit elegantem Exterieur und außergewöhnlicher Aktion, insbesondere im Trab. Er wurde als Beschäler

203

Handbuch Pferderassen

von Arabischen, Dänischen und Holländischen Stuten sowie auch von englischen Halbblutstuten und von Stuten mit Araber-Mecklenburger-Blut eingesetzt. Danach wurden Reinzüchtungen (Kreuzungen zwischen Bars I. und seinen Söhnen mit ihren Töchtern, Müttern und Schwestern) vorgenommen, um den gewünschten Typ festzulegen.

Zu Beginn des 19. Jahrhunderts war der Orlow-Traber in weiten Kreisen bekannt; durch systematische Tests auf Rennplätzen wurde die Rasse weiter verbessert. Trabrennen wurden in Moskau seit 1799 veranstaltet. Sie fanden normalerweise im Winter statt, mit Pferden, die leichte Schlitten zogen. Ab 1834 kam als Resultat der Einkreuzung des American Standardbreds ein schnellerer Orlow-Traber auf. Obwohl sie auf der Rennbahn eingesetzt wurden, waren Orlows niemals nur Rennpferde gewesen: Sie wurden auch vor Kutschen, leichte vierrädrige Zweispänner und natürlich vor die berühmte russische Troika gespannt. Die Troika ist ein Dreigespann, bei dem die Pferde nebeneinander gehen; das mittlere Pferd läuft in schnellem Trab, während die beiden äußeren nach außen gestellt sind und im Galopp bzw. Kanter gehen. Aus diesen Gründen wurden die Orlow-Traber nicht nur auf Schnelligkeit, sondern auch auf andere Qualitäten hin gezüchtet: eine gute Größe, ein leichtes Gebäude, aber mit Substanz, ein attraktiver Körperbau und eine gesunde Konstitution.

Es gibt fünf Grundtypen des modernen Orlow-Trabers, je nachdem, aus welchem Gestüt er stammt. Die besten und charakteristischsten Tiere kommen aus Chrenovskoi, sie gelten als die »klassischen Orlow-Typen«. Andere werden in Perm im Ural gezüchtet, außerdem in Nowotomnikow, Tula und Dubrow. Die Tiere aus letztgenannten Gestüten besitzen eher den etwas schwereren Körperbau eines Kutschpferdes als den eines Trabrennpferdes. Orlow-Traber werden nach wie vor zur Aufwertung vieler anderer Rassen benutzt, was von jeher Bestandteil der Orlow-Zuchtpolitik war.

Leichte Pferde

Pinto und Paint-Horse

Der Pinto und das Paint-Horse, auch als Calico bekannt, sind wissenschaftlich betrachtet Farbtypen, und nur in den USA besitzen sie Rassestatus. In Amerika teilen sich zwei Gesellschaften die Schirmherrschaft dieser farbigen Pferde: die *Pinto Horse Association of America* und die *American Paint Horse Association*. Die meisten Paint-Horses sind Pintos, aber nicht alle Pintos sind Paints.

Die *Pinto Horse Association of America* unterhält ein Zuchtregister für Pferde, Ponys und Miniatur-Pferde, das sich je nach züchterischem Grundstock unterteilt in Stock-Horse (Quarter-Horse-Typ, s. S. 213), Hunter (Vollblut-Typ, s. S. 122), Pleasure-Type (ein gutes Reitpferd vom Araber-Morgan-Typ, s. S. 113 und S. 195) und Saddle-Type (entsprechend dem American Saddlebred, s. S. 126, dem Hackney, s. S. 167, oder dem Tennessee-Walking-Horse, s. S. 231).

Größe:	Pinto-Pony: Bis 1,52 m; Pferd: 1,53–1,63 m
Farben:	Pinto: Overos und Tobianos; Paint: Overos, Tobianos und Tovaros
Gebrauch:	Reitpferd; Ranch-Arbeit; Trekking
Merkmale:	Variabel (s. Text)

205

Das Zuchtbuch der *American Paint Horse Association* legt nicht nur auf Fellfarbe und -muster, sondern auch auf Blutlinien Wert und setzt strikte Standards für Körperbau, Sportlichkeit und Temperament fest. Die Gesellschaft gibt für Paint-Horses die Registrierung in einer von vier anerkannten Vereinigungen vor: *American Paint Quarter Horse Association, American Paint Stock Horse Association, Jockey Club* oder *American Quarter Horse Association*.

Sowohl der Pinto wie auch das Paint-Horse stammen von den Spanischen Pferden ab, die im 16. Jahrhundert von den spanischen Eroberern in die Neue Welt gebracht wurden; der Name Pinto kommt vom spanischen Wort *pintado* (gescheckt). In Europa werden Pferde mit großen weißen oder andersfarbigen Fellflecken als Schwarz-, Braun-, Fuchsschecken oder auch Buntschecken (Weiß mit anderen Farben außer Schwarz) bezeichnet. In Großbritannien werden Schwarzschecken auch Piebald, Buntschecken Skewbald genannt (*bald* ist das altenglische Wort für ein Pferd mit weißem Kopf). In den USA werden noch präzisere Begriffe verwendet; beim Pinto unterscheidet man zwei Arten der Fellzeichnung: Overo und Tobiano. Bei Paint-Horses gibt es noch eine dritte Unterscheidung: Tovaro.

Das Tobiano-Muster ist am häufigsten anzutreffen; hierbei ist weißes und farbiges Fell auf große, gut begrenzte Flächen verteilt, der Kopf ist farbig, die Augen sind dunkel. Tobianos können Kopfabzeichen besitzen, z. B. Blesse, Stern, Blume oder Schnippe. Im Allgemeinen sind alle vier Beine der Tobianos weiß, zumindest unterhalb der Sprung- und Vorderfußwurzelgelenke. Der Schweif, obwohl spärlich (ein häufiges Merkmal gescheckter Pferde), ist oft zweifarbig.

Das Overo-Muster vererbt sich rezessiv, ist also dementsprechend selten. Hier sind

Leichte Pferde

die Flecken kleiner, die weiße Färbung scheint sich immer vom Bauch aus zu verteilen, Rücken, Mähne und Schweif sind normalerweise farbig, und der Gesichtsbereich ist weiß mit blauen Augen.

Doch nicht alle Muster lassen sich genau diesen beiden Fellzeichnungen zuordnen. Deshalb hat die *American Paint Horse Association* ihre Klassifzierungen um das »Tovaro«-Muster erweitert – dieses beschreibt ein Paint-Horse, das sowohl Overowie auch Tobiano-Merkmale aufweist. Wie auch immer Farbe und Muster beschaffen sind, keine zwei Pintos oder Paints sehen gleich aus.

Das charakteristische Muster wird nicht erreicht, indem ein weißes Pferd mit einem Pferd in einer dunkleren Grundfarbe gekreuzt wird. Zwei einfarbige Pferde werden keine zweifarbigen Nachkommen zeugen, es sei denn, eines der Elternteile – oder beide – trägt das Erbgut eines Pinto- oder Paint-Vorfahren. Auch führt die Kreuzung zweier Pintos oder Paints nicht jedesmal zu einem zweifarbigen Fohlen. Folglich sind Pinto- und Paint-Fohlen selten und sehr begehrt.

Die Sioux- und Crow-Indianer hielten Pintos und Paints nicht nur wegen ihrer Fellfarbe – die eine perfekte Tarnung bot – für vorteilhaft, sondern auch wegen ihrer Robustheit. Diese wurde auch von den Cowboys geschätzt; viele von ihnen glaubten, dass diese Pferde Glück brächten, und waren bereit, einen höheren Preis dafür zu bezahlen. Eine große Zahl von Cowboys und Viehzüchtern, die auf die Überlegenheit dieser Pferde schwören, loben deren charakteristische Zähigkeit und die bemerkenswerte Fähigkeit, in den unwirtlichsten Gegenden zu überleben. Die kraftvollen Pferde haben einen starken Rücken, eine muskulöse Hinterhand sowie einen gut geformten Kopf und Hals. Zur Gewährleistung eines guten Exterieurs mit korrekten Beinen und Hufen werden Paints und Pintos sorgfältig gezüchtet. Ihre Intelligenz macht die Schecken außerdem wertvoll für die Ranch-Arbeit, für Rodeos, für Trekking und Freizeit sowie natürlich für den Schauring.

Palomino

Größe:	1,45–1,63 m
Farben:	Hellgoldene mit weißem Langhaar
Gebrauch:	Landwirtschaft; Rodeo; Freizeit- und Trekking
Merkmale:	Größe variabel; Haut entweder dunkel oder goldfarben; keine Farbflecken auf dem Fell; weißes Langhaar mit höchstens 15 % dunkleren Haaren; haselnussbraune oder dunkle Augen; weiße Kopfabzeichen auf Blesse, Schnippe oder Stern reduziert; weiße Abzeichen an den Beinen nur bis zu den Sprung- bzw. Vorderfußwurzelgelenken

Wie Pintos und Paint-Horses stammt auch der Palomino von den Spanischen Pferden ab, die von den Eroberern im 16. Jahrhundert nach Amerika gebracht wurden. Die Ursprünge des Namens Palomino sind unklar; die einen sagen, dass er sich vom spanischen Wort *palomilla* ableite, was die Bezeichnung für ein »cremefarbenes Pferd mit weißem Mähnen- und Schweifhaar« ist. Andere meinen, der Name komme von *paloma*, dem spanischen Wort für Taube. In Spanien selbst werden Pferde dieser Farbe Isabella genannt, nach der Königin, die ihre Zucht förderte.

Der Palomino ist zwar eine »Farbzucht« – er definiert sich in erster Linie durch seine Farbe und nicht durch den Körperbau –, doch sein Erscheinungsbild ist normalerweise das eines Reitpferdes. Er wird nur in den USA als Rasse anerkannt – obwohl er auch anderswo gezüchtet wird –, doch auch dort hat er aufgrund der Unterschiede in Größe und Aussehen keinen richtigen Rassestatus. Im Vergleich zu anderen Farbzüchtungen wie dem Appaloosa (s. S. 134) oder dem Pinto und Paint-Horse (s. S. 205) gibt es einen wichtigen Unterschied: Das herrliche goldene Fell lässt sich nicht als Vererbungsmerkmal fixieren und kann in jeder Zucht oder Linie auftauchen, bei der das Gen für Scheckung herausgezüchtet wurde. So kann die Palomino-Farbe bei vielen Rassen auftreten, vor allem aber beim Quarter-Horse (s. S. 213).

1936 gründete sich die *Palomino Horse Association Inc.*, um die Zucht dieser Tiere weiterzuverfolgen und zu verbessern. Dazu wurden die Pferde registriert, und im Hinblick auf eine zukünftige Typfestlegung wurde ein strikter Rassestandard aufgestellt. Die Größe kann zwischen 1,45 und 1,63 m variieren, doch die Farbanforderungen sind sehr genau. Der Palomino ist einfarbig und darf, ebenso wie andere einfarbige Pferde, z. B. Braune oder Füchse, keine weißen Flecken auf dem Körper tragen. Die Haut muss überall eine gleichmäßige Farbe aufweisen: Dunkel, Grauschwarz

Leichte Pferde

oder Gold. Das Fell soll die Farbe einer frisch geprägten Goldmünze haben, darf höchstens drei Töne heller oder dunkler sein; es darf keine dunklen Flecken aufweisen, ein Aalstrich – gewöhnlich ein Merkmal von Falben –, und Zebra-Streifen an den Beinen (ein weiteres Zeichen primitiven Ursprungs) sind nicht erlaubt. Mähne und Schweif sind weiß und dürfen nicht mehr als 15 Prozent dunklere Haare aufweisen. Die Augen sollen haselnussbraun oder dunkel sein; Pferde mit dem Blut von Pintos, Paint-Horses, Albinos oder Appaloosas, die rosafarbene, blaue oder graue Augen haben können, kommen für eine Aufnahme ins Palomino-Register nicht in Frage. Weiße Gesichtsabzeichen sind auf Blesse, Schnippe oder Stern beschränkt, weiße Zeichnungen an den Beinen dürfen nicht bis über die Vorderfußwurzelgelenke bzw. Sprunggelenke reichen.

Im amerikanischen Zuchtbuch muss ein Elternteil als Palomino eingetragen sein und der andere Blutanteile von Araber, Vollblut oder Quarter-Horse besitzen. Zwar ist die Farbe die wichtigste Anforderung, doch der Zuchtverband toleriert bei keinem Pferd einen mangelhaften Körperbau. Das Exterieur des Palominos ist jeweils das der dominierenden Einkreuzung – so kann es zum Cowboy-Pferd tendieren oder zum »zarteren« Schaupferd.

Handbuch Pferderassen

Da für das goldene Fell kein spezielles »Palomino-Gen« benötigt wird, ist die Zucht der Farbe nicht schwierig und kann durch mindestens vier bekannte Kreuzungen erreicht werden: Palomino mit Palomino, was eine Nachkommenschaft von durchschnittlich zwei Palominos, einem Fuchs und einem Weißisabellen ergibt; Palomino mit Fuchs, was eine durchschnittliche Nachkommenschaft von je 50 Prozent Füchsen und Palominos ergibt (diese Kreuzung ergibt tendenziell die schönsten und strahlendsten Goldtöne). Die dritte Kreuzung ist Palomino mit Weißisabell, bei der zu je 50 Prozent Palominos und Weißisabellen entstehen. Aus der vierten Kreuzung, Fuchs mit Weißisabell, resultieren ausschließlich Palomino-Fohlen; zwar ist diese Kreuzung die ergiebigste, doch die Fohlen haben oft ein stumpfes, glanzloses, »ausgewaschenes« Fell.

Der Palomino ist sehr gefragt, nicht nur wegen seiner Schönheit, sondern auch wegen seiner Intelligenz und seiner Begabung für die Western-Reiterei, für Ranch-Arbeit und Rodeos, für das Freizeitreiten und Trekking.

Leichte Pferde

Peruanischer Paso

Größe:	1,40–1,50 m
Farben:	Hauptsächlich Braune und Füchse, außerdem alle Grundfarben
Gebrauch:	Reitpferd
Merkmale:	Gut bemuskelter, kurzer, aufrechter Hals: bemerkenswerte Muskelstruktur im Brustbereich; lange, starke Hinterbeine mit flexiblen Gelenken; sichtlich abgeschlagene Kruppe; harte Hufe; sehr langes Langhaar

Der Peruanische Paso ist die bekannteste peruanische Pferderasse. Er hat dieselben Vorfahren wie der Criollo (s. S. 148) aus Argentinien, nämlich Spanische Pferde – eine Mischung aus Arabern, Berbern und Andalusiern –, die im 16. Jahrhundert nach Amerika gebracht wurden. Die ersten Pferde wurden in den Jahren 1531 und 1532 von Francisco Pizarro nach Peru importiert, und von diesen Tieren stammt der Peruanische Paso ab. Wie der Criollo ist das Pferd sehr ausdauernd; es besitzt exzellente Knochen und sehr harte Hufe, außerdem sind Herz und Lungen verhältnismäßig groß, was

Handbuch Pferderassen

für die Arbeit in den sauerstoffarmen Höhen der Anden von Vorteil ist.

Im Laufe der Jahrhunderte wurde der Peruanische Paso systematisch und sorgfältig auf seine unverwechselbaren, lateralen Viertakt-Gangarten hin entwickelt, den Paso Llano und den Paso Sobreandando. Beide Gangarten sind bei reinrassigen Tieren angeboren, das Training dient nur dazu, Muskelentwicklung und Beweglichkeit zu fördern (und dem Pferd beizubringen, auf die Hilfen des Reiters zu reagieren).

Der Paso Llano ist von den beiden Gangarten am häufigsten zu sehen. Er ist eine Art »gleitender Schritt«, der dem Rack des American Saddlebreds (s. S. 126) oder dem Running-Walk des Tennessee-Walking-Horse (s. S. 231) und des Missouri Foxtrotters (s. S. 191) ähnelt; doch er zeichnet sich außerdem durch die unverwechselbar energische, runde, akzentuierte Aktion der Vorderbeine aus (Termino genannt), unterstützt von äußerst kraftvollen Bewegungen der Hinterbeine, wobei die Abdrücke der Hinterhufe über die der Vorderhufe hinausgehen. Eine gleichmäßige 1-2-3-4-Schrittfolge ist zu hören, der Hinterhuf berührt den Boden just vor dem Vorderhuf.

Die Kruppe ist sichtlich abgeschlagen, der Rücken gerade und kräftig. Der Paso Llano kann bei einer gleichmäßigen Geschwindigkeit von ca. 18 km/h über lange Zeit und über die zerklüftetsten Bergpfade hinweg beibehalten werden; die Gangart ist so sanft, dass der Reiter auch bei einer Geschwindigkeit von 21 km/h noch völlig bequem sitzt. Im Schauring fordern die Richter die Reiter oft dazu auf, die Geschwindigkeit zu verlangsamen oder zu beschleunigen, um die Bandbreite der reinen Gangart beurteilen zu können.

Leichte Pferde

Quarter-Horse

Größe:	1,50–1,60 m
Farben:	Alle Grundfarben
Gebrauch:	Reit- und Rennpferd; Ranch-Arbeit; Rodeo
Merkmale:	Kurzer Kopf auf muskulösem, beweglichem Hals; starke Schultern; kompakter Rumpf; gut ausgeprägter Widerrist, der sich bis über den höchsten Punkt der Schultern erstreckt; außergewöhnlich muskulöse Hinterhand; Bauchlinie länger als Rückenlinie; kurze Röhrbeine und niedrig angesetzte Sprunggelenke; kein Spielraum in den Gelenken außer für die vorwärts gerichtete Bewegung; längliche Hufe mit demselben Grad der Schräge wie die Fesseln (ca. 45 Grad)

Das Quarter-Horse oder, um es beim vollen und korrekten Namen zu nennen, das American-Quarter-Running-Horse, ist die älteste rein amerikanische Züchtung (obwohl der Morgan, der im 18. Jahrhundert entstand, die älteste dokumentierte amerikanische Rasse ist). Die Geschichte des Quarter-Horse beginnt im frühen 17. Jahrhundert in Virginia und den anderen frühen englischen Kolonien an der Ostküste, wo die Siedler »einheimische« Stuten – Nachkommen der Spanischen Pferde, die von den Spaniern ins Land gebracht worden waren – von Chickasaw-Indianern erwarben, die sie mit importierten englischen »Rennpferden« kreuzten. Der erste Import englischer Pferde nach Virginia bestand aus 17 Hengsten und Stuten, die 1611 an Land gingen. Bei diesen »Rennpferden« (die in England später wohl die Basis für das Englische Vollblut, s. S. 122, bildeten) könnte es sich um die inzwischen ausgestorbenen Galloways gehandelt haben, flinke Ponys, die im Norden Britanniens zwischen Nithsdale und dem Vorgebirge Galloways gezüchtet wurden, sowie um Irish Hobbies, eine Ponyrasse, die im 16. und 17. Jahrhundert in Connemara im Westen Irlands zu finden war und die ebenfalls für ihre Schnelligkeit bekannt war.

Handbuch Pferderassen

Die Nachkommen dieser Kreuzungen entsprachen exakt den Anforderungen des frühen Koloniallebens; sie halfen beim Roden der Wälder und beim Urbarmachen der Wildnis, transportierten Waren und Bauholz, beförderten sonntags die Menschen in Kutschen zur Kirche und trugen ihre Herren in einer bequemen Gangart zu ihren Geschäften – all dies bei ziemlich dürftigem Futter, angereichert durch die Nahrung, die sie sich selbst suchen konnten. Starkknochig und »bullig«, mit einer massiven, muskulösen Hinterhand und starken Schultern, hatten diese durchschnittlich 1,50 m großen Pferde eine enorme Schub- und Zugkraft.

Genau diese Kraft machte das Quarter-Horse zum Meister des Sprints über kurze Strecken. Die Liebe zum Rennsport hatte bei den Engländern in der Neuen Welt nicht nachgelassen, doch da der Aufbau des Landes viel Zeit in Anspruch nahm – und wenig Zeit blieb, Rennbahnen zu errichten –, musste eine Hauptstraße oder freie Bahn von einer Viertelmeile (engl. *quarter of a mile*) als Rennstrecke genügen. So kam das Quarter-Horse zu seinem Namen.

Später regte das Aufkommen des Englischen Vollblutpferdes das Interesse der Bevölkerung für Rennen über längere Distanzen an; große ovale Rennbahnen

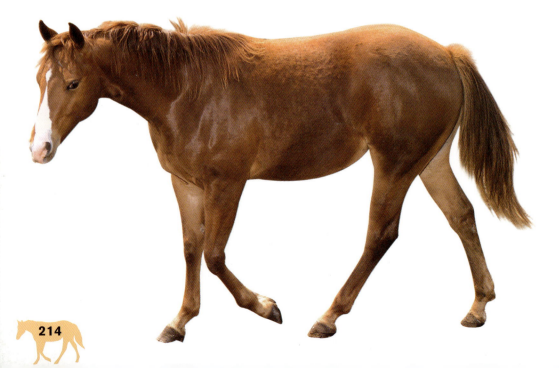

214

Leichte Pferde

wurden gebaut, und so wurden die ursprünglichen Rennen über eine Viertelmeile in den östlichen Küstenstaaten schließlich aufgegeben. Als die Pioniere begannen, westwärts zu ziehen, zog das tüchtige und vielseitige Quarter-Horse mit. Seine Schnelligkeit, Wendigkeit und geschmeidige Aktion machten das Tier zum beliebtesten Cowboy-Pferd. Man sagte von ihm, dass es sich aus dem Galopp heraus »auf einem Zehncentstück dreht und dabei noch neun Cents Wechselgeld herausgibt«. So blieben Quarter-Horse-Rennen im Westen der USA äußerst beliebt; der Sieger der *All-American Futurity Stakes,* eines jährlich in Kalifornien abgehaltenen Quarter-Horse-Rennens, erhält mehr als eine halbe Million Dollar.

Im 19. Jahrhundert, als die Rinderfarmen größer wurden und das Vieh auf größere Profitabilität hin gezüchtet wurde, verbesserten die Ranch-Besitzer auch ihren Pferdebestand. Einige von ihnen hatten dabei leider mehr die Leistungen ihrer Pferde als deren Stammbäume im Blick, und es kam zu Verwischungen der Blutlinien. Erst Anfang des 20. Jahrhunderts gab es ernsthafte Versuche, die Stammlinien des Quarter-Horse zurückzuverfolgen.

Es gibt zwölf Hauptfamilien der Quarter-Horses, deren Basis die zwei wichtigsten Stammhengste bilden: Janus, ein aus England importiertes Pferd, das 1780 starb und durch seinen Sohn gleichen Namens die Pinter-Linie begründete, und Sir Archy (ein Sohn des allerersten englischen Derby-Siegers Diomed), der auch am Anfang des American-Saddlebred-Stammbaums steht; auf ihn gehen die Linien Shiloh, Old Billy, Steel Dust und Cold Deck zurück. Durch die gewissenhafte Forschungsarbeit von Robert Denhard, einem Quarter-Horse-Liebhaber, wurde 1940 die Gründung der *Quarter Horse Association* möglich. Das erste registrierte Pferd war Wimpy, im Stutbuch als P-1 aufgeführt. Heute umfasst das Stutbuch mehr als drei Millionen Quarter-Horses – womit die *Quarter Horse Association* der größte Pferderassen-Verband der Welt ist.

Handbuch Pferderassen

Racking-Horse

Größe:	Durchschnittlich 1,55 m
Farben:	Alle, auch Schecken
Gebrauch:	Reit- und Springpferd; Schaupferd
Merkmale:	Langer, gewölbter Hals; guter Knochenbau; glatte Beine; feines Haar

Das Racking-Horse ist berühmt für seine Schönheit, seine Ausdauer, sein ruhiges Temperament und vor allem für seinen »Rack«, einen gleitenden, mühelosen Viertakt-Gang. Das Tier ist tief in den Blutlinien des Tennessee-Walking-Horse (s. S. 231) verwurzelt, und bis 1971 gab es weder ein eigenes Register noch festgelegte Rassemerkmale. In den 1960er Jahren begann man, sich genauer mit der Rasse zu beschäftigen, und eine Gruppe von Geschäftsleuten aus Alabama gründete unter der Leitung von Joe D. Bright eine Gesellschaft, deren Ziel die Anerkennung des Racking-Horse als eigenständige Rasse war. Im Mai 1971 wurde die *Racking Horse Breeders' Association of America* vom zuständigen Landwirtschaftsministerium anerkannt, sodass ein Zuchtregister aufgestellt werden konnte. Die Züchtervereinigung wählte die Bezeichnung »Racking«, damit der Name der neuen Pferderasse nicht mit einer bestimmten Region oder einem bestimmten amerikanischen Bundesstaat verbunden war – vielmehr ist die Qualifizierung für eine Aufnahme ins Rasseregister durch die rassetypischen Gangarten bestimmt. Zu Anfang wurden Pferde aller Altersklassen aufgrund ihrer Gangarten aufgenommen. Das Racking-Horse gilt als »leichtes« Pferd mit einem durchschnittlichen Stockmaß von 1,55 m und einem Gewicht von ca. 450 kg. Die Farben variieren und umfassen alle möglichen Farbschattierungen von Rappen über Braune, Füchse, Falben, Schimmel, Palominos (s. S. 208), stichelhaarige Tiere bis hin zu Schecken. Rack war die ländliche Bezeichnung für den Single-Foot-Gait (wörtl. Einzelfuß-Gang), eine relativ schnelle, elegante Viertakt-Bewegung ähnlich dem Tölt, bei dem

Leichte Pferde

jeweils nur ein Fuß die Erde berührt. Zwischen jeder Bodenberührung gibt es einen Moment der vollständigen Schwebe, bei dem sich alle vier Füße in der Luft befinden. Der rassetypische Rack ist ein viertaktiger bilateraler Gang – er ist weder ein Pass noch ein Trab und so natürlich für die Rasse wie bei anderen der Schritt oder Trab. Deshalb darf der Rack, der vom Racking-Horse gezeigt wird, auch nicht mit dem anderer Rassen verwechselt werden, denn bei Letzteren ist der Rack eine künstlich antrainierte Gangart. Doch beim Racking-Horse gibt es keinen Unterschied zwischen den Gangarten, die es im Schauring zeigt, und denen, die es auf Reitwegen ausübt.

Rheinländer

Größe: Durchschnittlich 1,68 m
Farben: Alle Grundfarben, hauptsächlich Füchse
Gebrauch: Reitpferd
Merkmale: Schlichter Kopf auf kurzem, dickem, aber starkem Hals; starke Schultern, angemessen für ein Reitpferd, aber schwer und von fehlender Tiefe; saubere Beine, Hufe im Verhältnis zum Körper jedoch klein und schmal

Der Rheinländer ist eine relativ neue deutsche Warmblutrasse. Er wurde in den 1970er Jahren auf der Basis des Rheinischen Kaltbluts (s. Foto S. 219) entwickelt, das einst ein sehr beliebtes Arbeitspferd im Rheinland, in Westfalen und in Sachsen war.

Zu den besten Eigenschaften dieser Pferde gehörten ihre frühe Reife, ein sehr ausgeglichenes Temperament und ihre gute Futterverwertung. Doch mit den modernen landwirtschaftlichen Methoden wurde diese schwere Kaltblutrasse in Deutschland überflüssig und kaum noch wahrgenommen. Das Rheinische Stutbuch wurde jedoch nie geschlossen, und die Züchter arbeiteten daran, mit den leichter gebauten Exemplaren der Rasse ein warmblütiges Reitpferd zu entwickeln. Hengste aus Hannover und Westfalen deckten Warmblutstuten, die aus Paarungen zwischen Zuchtstuten mit Rheinischen Kaltblutanteilen und Englischen Vollblut- (s. S. 122), Trakehner- (s. S. 234)

Leichte Pferde

und Hannoveraner-Hengsten (s. S. 169) hervorgegangen waren.

Aus diesem »Rasse-Cocktail« wurden die besten halbblütigen Hengste zur Entwicklung der Rheinländer-Zucht ausgewählt. Das Ergebnis ist ein oft fuchsfarbenes Reitpferd von ca. 1,68 m Stockmaß. Frühen Vertretern der Rasse fehlte es noch an Knochensubstanz; heute arbeiten die Züchter an einer weiteren Verbesserung des Gebäudes, an der Erhaltung des ausgeglichenen Temperaments und an der für alle deutschen Rassen typischen sauberen, geraden Aktion. Der moderne Rheinländer mag noch nicht so unverwechselbar sein wie der Holsteiner (s. S. 174) oder der Hannoveraner, aber dank seiner Qualitäten ist er als ideales Reitpferd für den durchschnittlichen Freizeitreiter (selbst für den Reitanfänger) äußerst empfehlenswert.

Handbuch Pferderassen

Rocky-Mountain-Horse

Größe:	1,45–1,47 m
Farben:	Schokoladenbraune
Gebrauch:	Reit- und Kutschpferd
Merkmale:	Anmutiger, langer Hals; Widerrist nicht ausgeprägt, aber guter Rücken; starke Hinterbeine; exzellente Hufe; flachsfarbenes Langhaar

Das Rocky-Mountain-Horse – früher wurde es als Pony bezeichnet – ist ein unverwechselbares Tier. Eigentlich ist es eine im Entstehen begriffene Rasse – das Zuchtregister wurde erst 1986 eröffnet; so hatte man bis heute noch nicht genug Zeit, um genaue Rassemerkmale festzulegen. Dennoch gibt es inzwischen mehr als 200 eingetragene Pferde, und eine sorgfältige selektive Zucht wird sicherstellen, dass dieses äußerst attraktive, trittsichere Pferd mit seinem Ambling-Gait (Passgang) sich durchsetzen wird.

Wie bei vielen anderen amerikanischen Rassen gehen die Ursprünge des Rocky-Mountain-Horse auf die Spanischen Pferde, die im 16. Jahrhundert in die Neue Welt gebracht wurden, sowie auf Mustangs (s. S. 226) zurück. Das Verdienst für die Entwicklung dieses unvergleichlichen Pferdes gebührt Sam Tuttle aus Stout Springs, Kentucky, der im Natural Bridge State Resort Park einen Reitpferdeverleih besaß. So konnten die Besucher die Berghänge der Appalachen vom Pferderücken aus erkunden. Das Lieblingspferd aller war der Hengst Old Tobe, der berühmt für seine Trittsicherheit und seinen für den Reiter sehr bequemen Viertakt-Passgang war – ein Erbe seiner spanischen Vorfahren. Old Tobe könnte mit dem inzwischen ausgestorbenen Narragansett Pacer verwandt gewesen sein, einer Rasse, die von den Plantagenbesitzern des 19. Jahrhunderts hoch geschätzt wurde und die einen großen Einfluss auf die Entwicklung aller amerikanischen Gangpferderassen ausübte. Narragansetts sollen kleine Pferde (nicht größer als das heutige Rocky-Mountain-Horse) mit gleitenden Bewegungen gewesen sein, die auch auf felsigem und zerklüftetem Terrain sehr trittsicher waren. Sie galten als äußerst

Leichte Pferde

zäh – ebenfalls ein gemeinsames Merkmal mit dem Rocky-Mountain-Horse.

Old Tobe war als Verleihpferd – und als Deckhengst – bis zu seinem 37. Lebensjahr aktiv und gab all seine hervorragenden Eigenschaften an seine Nachkommen weiter, unter denen sich auch einige Fohlen von ungewöhnlichem Schokoladenbraun befanden. Diese Farbe ist keine Voraussetzung für eine Registrierung im Stutbuch, doch sie ist ein sehr attraktives und hoch geschätztes Merkmal, besonders, wenn sie mit dem schönen flachsfarbenen Langhaar einhergeht. Das schokoladenbraune Fell erinnert an die »Blutjaspis«-Farbe, die gelegentlich bei Highland-Ponys zu sehen ist (s. S. 69), doch wie das Rocky-Mountain-Horse dazu kommt, ist ein Rätsel; es gibt keine Beschreibungen dieser Fellfarbe bei frühen Spanischen und kolonialen Pferden. Allerdings wurde die Farbe des letzten Narragansett Pacers, einer Stute, die 1880 starb, als »hässlich rotbraun« bezeichnet. Es ist möglich, dass diese »hässliche« Farbe im Laufe eines Jahrhunderts verfeinert wurde.

Das Rocky-Mountain-Horse wird hauptsächlich aufgrund seiner natürlichen Gangart bewertet, die im Amerikanischen Ambling-Gait genannt wird und eine Art schlendernden Passgang darstellt. Damit kann der Reiter sehr bequem in einer konstanten Geschwindigkeit von 11 km/h über raue Wege getragen werden. Auf guten Wegen können sogar 25 km/h erreicht werden.

Handbuch Pferderassen

Russischer Traber

Größe:	1,60–1,63 m
Farben:	Rappen, Braune, Füchse, Schimmel
Gebrauch:	Trabrennpferd
Merkmale:	Leicht konvexes Kopfprofil; gut ausgeprägte Muskeln; harte, saubere Gliedmaßen; kurze Röhrbeine, gesunde, harte Hufe; niedrige, sehr lange Aktion; frühe Reife, ausgewachsen mit vier Jahren

Trabrennen gehören in den Ländern der ehemaligen UdSSR zu den beliebtesten Pferdesportarten, und Trabrennpferde wie der Orlow-Traber (s. S. 203) werden seit dem 18. Jahrhundert in Russland gezüchtet. Der Russische Traber ist eine junge Rasse – er wird als

solche erst seit 1949 anerkannt. Die Zucht begann aber bereits in der zweiten Hälfte des 19. Jahrhunderts, als russische Rennfahrer und Züchter erkannten, dass das American Standardbred (s. S. 128) dem Orlow-Traber bei internationalen Rennen weit überlegen war.

Die offensichtliche Lösung des Problems war die Kreuzung des Orlows mit importierten Standardbreds. Zwischen 1890 und 1914 wurden 156 Standardbred-Hengste und 220 Stuten eingeführt. Darunter waren bedeutende Pferde, z. B. General Forrest, der eine Meile (1,6 km) in 2 Minuten 8 Sekunden getrabt war, Bob Douglas mit einer Zeit von 2 Minuten 4 Sekunden sowie der Weltrekord-Halter der damaligen Zeit, Creceus, mit 2 Minuten 2 Sekunden. Die von diesen Tieren gezeugten Nachkommen waren tatsächlich schneller, doch sie waren auch kleiner und weniger hochblütig als der Orlow-Traber, und im Gegensatz zum Orlow erwiesen sie sich zur Einkreuzung in Arbeitspferderassen (zur Zucht besserer Landwirtschaftspferde) als ungeeignet; die Stuten waren durchschnittlich nur 1,55 m groß, hatten einen Brustumfang von 1,75 m und einen Röhrbeinumfang von 19 cm. Mit einem

Leichte Pferde

neuen Zuchtprogramm, bei dem die Kreuzungen wiederum miteinander gekreuzt wurden, sollten sowohl die Trabgeschwindigkeit wie auch die Größe, das Gebäude, die Körpermaße und das gesamte Exterieur des Russischen Trabers verbessert werden.

Der heutige Rassestandard verlangt eine Größe von 1,63 m (Hengste) bzw. 1,60 m (Stuten). Die Rumpflänge liegt bei 1,63 m, und die Gurtentiefe (Brustumfang) bei 1,84 m für Hengste und etwas weniger für Stuten; ein Röhrbeinumfang von 19,9 cm ist vorgegeben.

Anfangs konzentrierte man sich darauf, drei unterschiedliche Typen zu entwickeln: den »dicken« Typ, mit den Proportionen eines kaltblütigen Pferdes, den »mittleren« Typ, ein leichteres, doch kräftiges Pferd für leichte Feldarbeit, und den »sportlichen« Typ, den modernen Russischen Traber, der bedeutend schneller ist als der Orlow. Obwohl der Russische Traber frühreif und mit vier Jahren ausgewachsen ist, erreicht das Pferd seine optimale Geschwindigkeit im Geschirr erst im Alter von fünf oder sechs Jahren. Die Rasse wird rein erhalten, doch in den 1970er und 1980er Jahren wurden erneut American Standardbreds eingeführt, um die Geschwindigkeit zu erhöhen. In einigen Blutlinien hat dies jedoch zu einer unerwünschten Tendenz zum Rennpass geführt anstelle des in Russland bevorzugten diagonalen Trabs.

Handbuch Pferderassen

Selle Français

Größe: 1,55–1,67 m
Farben: Hauptsächlich Füchse, außerdem alle Grundfarben
Gebrauch: Reit- und Turnierpferd
Merkmale: Schlichter Kopf auf langem, elegantem Hals; kraftvolle Schultern, jedoch nicht schräg genug für schnellen Galopp; starker, kompakter Rumpf; breite Hinterhand; kräftige Gliedmaßen, starke Sprunggelenke; Röhrbeinumfang mindestens 20 cm; ideales Springpferd

ten Englischen Vollblut- (s. S. 122) und Halbbluthengsten mit Norfolk-Trotter-Hintergrund (einer wichtigen und robusten damaligen Kutschpferderasse) gedeckt. Das Ergebnis waren zwei Kreuzungen: ein schnelles Geschirrpferd, aus dem schließlich der Französische Traber hervorging, und der Anglo-Normänner, der wiederum in zwei Typen entwickelt wurde, zum einen als kräftiges Zugpferd, zum anderen als Reitpferd. Letzteres wurde zum Prototyp des moder-

Le Cheval de Selle Français (kurz Selle Français) – das Französische Reitpferd – ist eine der vielen europäischen Warmblut- bzw. Halbblut-Rassen, doch bezeichnend für die Rasse ist der züchterische Grundstock aus schnellen Trabrennpferden. Die Ursprünge des Selle Français liegen im frühen 19. Jahrhundert in den Pferdezuchtgebieten der Normandie (Nordfrankreich). Hier wurden die einheimischen Stuten von importier-

Leichte Pferde

nen Selle Français, der heute ein vielseitiges Turnierpferd ist. Zwei Weltkriege hindurch gelang es den französischen Züchtern, einen kleinen Grundstock von Stuten in der Normandie zu erhalten, und nach dem Zweiten Weltkrieg wurden weitere Kreuzungen mit Französischen Trabern (s. S. 158), Arabern (s. S. 113) und Vollblütern (darunter der edle Hengst Furioso) unternommen, um ein Pferd erster Güte zu produzieren, das Schnelligkeit, Ausdauer und Sprungvermögen in sich vereinte. Die Bezeichnung Cheval de Selle Français wurde im Dezember 1958 für französische halbblütige Turnierpferde eingeführt; vorher waren sämtliche französischen Reitpferde, die keine Vollblüter, Araber oder Anglo-Araber waren, nur als Demi-Sangs (Halbblüter) bezeichnet worden. Die meisten Selle Français sind größer als 1,55 m. Bis in die 1980er Jahre war die Rasse offiziell in fünf Klassifikationen unterteilt; es gab kleine (bis zu 1,60 m), mittlere (bis zu 1,65 m) und große (größer als 1,65 m) sowie zwei Schwergewichte: kleine (bis zu 1,63 m) und große (größer als 1,63 m). Heute bilden Springturniere den Schwerpunkt der Rasse, doch es wird auch ein leichterer Selle-Français-Typ (mit größerem Vollblutanteil) für Galopprennen gezüchtet, die Nicht-Vollblutpferden vorbehalten sind; er ist in Frankreich unter der Abkürzung AQPSA (Autre que pur-sang Anglais) bekannt.

Handbuch Pferderassen

Spanischer und Suffield-Mustang

Größe:	Durchschnittlich 1,42 m
Farben:	Alle, auch Appaloosa, Mausfalben mit Zebra-Streifen an den Beinen, Schiefergraue, Gefleckte, Falben (von hellen Cremetönen bis Dunkelbraun), Rotschimmel und andere Stichelhaarige sowie Palominos; auch Schecken, außer Tobianos
Gebrauch:	Reitpferd
Merkmale:	Kopf mit dem Charakter des Spanischen Pferdes oder mit leicht konvexem Profil; Hals gut gewölbt bei Stuten und Wallachen, stark gewölbt bei Hengsten; schmaler, aber tiefer Brustkorb; Übergang von Vorderbeinen zu Rumpf nicht rechtwinklig, sondern eher A-förmig; kurzer Rücken, niedriger Widerrist, abgeschrägte Kruppe; niedrig angesetzter Schweif; kurze Röhrbeine, jedoch mit größerem Umfang als bei anderen Rassen mit vergleichbarem Exterieur; Vorderbeine mit langen Unterarmen, Hufe mit konkaver, unempfindlicher Sohle; viele beherrschen Spezialgangarten.

Mustang leitet sich vom spanischen Wort *mesteña* ab, ursprünglich eine Bezeichnung für Tiere in Wanderherden, die einer Gemeinschaft von Viezüchtern, einer Meste, gehörten. Der Name steht heute für die wild lebenden Pferde Amerikas. Mustangs stammen von den Spanischen Pferden ab, die im 16. Jahrhundert von den Konquistadoren eingeführt wurden; sie beeinflussten die Entwicklung vieler amerikanischer Rassen sehr stark. Die Tiere zeigen eine große Bandbreite in Körperbau, Form, Größe und Farbe. Meist sind sie 1,42 m groß, kleinere oder größere Exemplare sind jedoch nicht ungewöhnlich. Die häufigsten Farben sind Füchse und Braune, aber alle andere Farben und Muster, auch geflecktes oder geschecktes Fell, kommen ebenfalls vor.

Viele Spanische Pferde flüchteten oder wurden freigelassen, verwilderten und wurden der Kern der gewaltigen Herden wilder Pferde, die sich von Zentralamerika aus in den westlichen Prärien Nordamerikas ausbreiteten. Zu Beginn des 20. Jahrhunderts wurde die Zahl der in den USA umherstreifenden wilden Pferde auf eine Million geschätzt. Um 1970 war ihre Anzahl durch erbarmungsloses Abschlachten für den Fleischmarkt auf weniger als 17 000 gesunken.

In den 1950er Jahren wurde Velma B. Johnston, später als Wild-Horse-Annie bekannt, in Nevada auf die Brutalität aufmerksam, mit der diese Pferde für wirtschaftliche Zwecke »geerntet« wurden. Sie initiierte eine Bürgerbewegung und brachte das Abschlachten der Mustangs in die Öffentlichkeit. Die darauf folgende allgemeine Entrüstung führte 1959 schließlich zu einem Gesetz, das die Verwendung motorisierter Fahrzeuge zur Jagd von Pferden und Eseln auf staatlichem Grund verbot. Bedauerlicherweise leitete dieses Gesetz noch kein Regierungsprogramm zum Schutz, zur Erhaltung und zur Kontrolle des wilden Pferdebestandes ein.

Leichte Pferde

In den 1950er und 1960er Jahren gründeten einige Liebhaber der Mustangs Vereine zur Erhaltung, Verwaltung und Verbesserung der Mustang-Bestände. Dazu gehörten die *North American Mustang Association and Registry* und die *Spanish Barb Breeders' Association*. 1971 wurden die Mustangs in die Liste der bedrohten Arten aufgenommen und unter gesetzlichen Schutz gestellt; heute gelten sie als Teil des amerikanischen Erbes. Das *US Bureau of Land Management* schätzt die Zahl der heute in zehn westlichen Staaten der USA lebenden Mustangs auf ca. 49 000.

Es gibt heute viele Gruppen, die sich mit der Erforschung und dem Schutz von Mustangs befassen, z. B. die *International Society for the Protection of the Mustang and Burros*, die *Wild Horse Organised Assistance*, die *National Mustang Group* und die *National Wild Horse Association*.

227

Handbuch Pferderassen

Spanischer Mustang

Der erste, der die Erhaltung von Mustangs aktiv betrieb, war der Züchter Robert E. Brislawn aus Oshoto, Wyoming. 1957 gründete er die *Support Group* und stellte ein Zuchtregister für Spanische Mustangs auf, um die reinsten Stränge der frühen Spanischen Pferde sowohl vom Berber- wie auch vom Andalusier-Typ zu bewahren. Tatsächlich hatte er sein Projekt zur Erhaltung jedoch schon 1925 mit zwei Brüdern begonnen, Buckshot und Ute, Nachkommen des Hengstes Monty und einer aus dem Naturschutzgebiet Ute stammenden Stute. Monty, der eine Buckskin-Färbung (s. S. 239) aufwies, wurde 1927 in Utah gefangen.

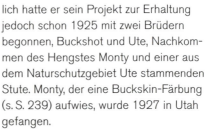

Jede Mustang-Herde besteht aus einem dominanten Hengst und einer Gruppe von Stuten mit ihren Fohlen. Unter den Stuten gibt es ein dominantes Tier, die Leitstute, die die Herde zum Grasen, an Wasserstellen oder in geschützte Gebiete führt, während der Hengst am Schluss geht und die Herde vor anderen Hengsten beschützt. Mustangs sind sehr miteinander verbunden, und als Monty 1944 zurück in die Freiheit

Leichte Pferde

floh, folgten ihm seine Stuten, und er wurde nie wieder eingefangen.

Trotz dieses Rückschlags setzte Brislawn seine Bemühungen fort, wählte einzelne Pferde aus, die er für die besten Exemplare der Rasse hielt. Brislawns Ziel war ein kleines Pferd von ca. 1,42 m Stockmaß und einem Gewicht von ca. 360 kg, mit einem kurzen Rücken, einem niedrigen Widerrist und einer niedrigen, schrägen Kruppe. 1957 waren nur 20 Pferde registriert, 2001 umfasste das Register für Spanische Mustangs 3000 Tiere. Obwohl er noch immer als seltene Rasse gilt, ist die Zukunft des Spanischen Mustangs so strahlend wie die Pferde farbig sind. Das Tier ist ca. 1,42 m groß und weist ein dazu passendes Gewicht auf. Es ist sanft bemuskelt und hat einen kurzen Rücken mit abgerundetem Hinterteil und einem niedrig angesetzten Schweif. Sein Gang ist raumgreifend. Viele Spanische Mustangs beherrschen Spezialgänge wie die bequemen Viertakt-Gangarten Single-Foot oder Ambling. Einige gehen auch in einem lateralen Paso-Viertakt (s. Peruanischer Paso, S. 211), jedoch ohne extreme Beinaktion.

Aufgrund ihres kurzen Rückens, ihrer kraftvollen Hinterbacken und der unempfindlichen, harten Hufe sind Spanische Mustangs ideal für Ausdauerritte und für das Trekking geeignet und machen auch bei fortgeschrittenen Dressurübungen eine gute Figur. Mit ihrer Energie und ihrer sauberen Aktion sind sie beliebte Polo-Ponys, und ihr vernünftiges Wesen macht sie zu sehr guten Reittieren.

Handbuch Pferderassen

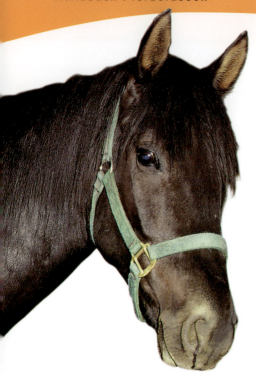

Suffield-Mustang

Die Blutlinie des Suffield-Mustangs entwickelte sich aus domestizierten Tieren, die über Jahrzehnte hinweg natürlicher Selektion ausgesetzt waren. Einst wanderten ca. 1200 Pferde, aufgeteilt in kleine Herden mit jeweils einem Leithengst, frei über eines der größten natürlichen Präriegebiete in Südalberta, Kanada, doch 1941 annektierte das Militär diese ausgedehnten Flächen. In den 1950er und 1960er Jahren wurden die wilden Pferde auf dem Stützpunkt der kanadischen Armee bei Suffield locker von örtlichen Ranch-Besitzern beaufsichtigt, und unter die wilden Pferde wurden auch einige Vollblüter (s. S. 122), Quarter-Horses (s. S. 213), Morgans (s. S. 195) und Araber (s. S. 113) gemischt. 1965 sperrte das Militär den Standort Suffield ab und verhinderte damit auch den Zugang der Ranch-Besitzer zu den Pferden, die jetzt auf sich allein gestellt waren. Aus dem Pferd guter Qualität entwickelte sich nun durch natürliche Selektion ein Tier außerordentlicher Qualität.

Doch die hervorragende Fähigkeit der sich selbst überlassenen Suffield-Mustangs, sich an die Lebensumstände anzupassen, zu überleben und sich zu vermehren, führte beinahe zu ihrem Untergang: In den frühen 1990er Jahren entschied die Militärbehörde, dass die Pferde der Vegetation auf dem Stützpunkt schadeten und ihre Anzahl beschränkt werden müsse. 1994 wurden daraufhin alle Mustangs zusammengetrieben und an Interessenten verteilt. Wer vorausschauend genug war, die historische Bedeutung dieser Pferde zu erkennen, nahm einen Suffield-Mustang auf. Mit dem Ziel, die Blutlinien zu erhalten, wurde die *Suffield Mustang Association of Canada* gegründet. Als züchterischer Grundstock wurden ca. 200 der ursprünglich 1200 Suffield-Mustangs registriert, und seit 1994 kamen mehr als 350 Fohlen hinzu.

Leichte Pferde

Tennessee-Walking-Horse

Größe: 1,50–1,60 m
Farben: Rappen, Braune, Füchse, Stichelhaarige
Gebrauch: Reitpferd; Schaupferd
Merkmale: Recht großer Kopf, der tief getragen wird; großknochig, kurze, tiefe Mittelhand mit rechteckig wirkendem Rumpf; saubere Beine, starke Hinterbacken; der Hufbeschlag ist entscheidend für den einmaligen Gang: Man lässt den Huf lang wachsen und beschlägt ihn mit Gewichtseisen, um die spektakuläre Aktion zu verstärken. Der hoch angesetzte Schweif wird auf der Unterseite der Rübe eingeschnitten, was eine hohe Schweifhaltung ergibt.

Das Tennessee-Walking-Horse (auch Tennessee Walker genannt) ist eine der beliebtesten Pferderassen in den USA. Im 19. Jahrhundert war es das Pferd der Plantagenbesitzer, die vom Pferderücken aus ihre Ländereien inspizierten. Geschwindigkeit war nicht wichtig, vielmehr ein starkes, stilvolles Tier, das einen bequemen Ritt durch die Felder erlaubte.

Wie alle amerikanischen Gangpferderassen stammt auch das Tennessee-Walking-Horse vom alten Narragansett Pacer von Rhode Island ab, später kamen Vollblüter (s. S. 122), Standardbreds (s. S. 128) und Morgans (s. S. 195) hinzu. Der wichtigste Einfluss zur Verfeinerung des vorher recht stämmigen Walkers kam vom American Saddlebred (s. S. 126), und zwar vom Hengst Giovanni aus Wartrace in Tennessee.

1935 wurde die *Tennessee Walking Horse Breeders' Association* in Lewisburg, Tennessee, gegründet. Sie warb mit dem Spruch: »Reiten Sie heute eines, und sie besitzen morgen eines«. 1947 wurde die Rasse vom US-amerikanischen Landwirtschaftsministerium offiziell anerkannt.

Das moderne Tennessee-Walking-Horse besitzt einen tiefen Rumpf, eine kurze Mit-

231

telhand und einen eher schlichten Kopf, den es viel tiefer trägt als der Saddlebred; auch bewegt es sich mit einer weniger spektakulären Aktion. Das Tier, in erster Linie Freizeit- und Schaupferd, ist berühmt für sein ausgeglichenes, verlässliches Temperament, das es – selbst für den unerfahrensten Reitanfänger – zum idealen Reitpferd macht, sowie für seine weiche, gleitende Gangart, die praktisch frei von Stößen ist und als die komfortabelste der Welt gilt – ein zusätzlicher Vorteil für Anfänger im Sattel.

Das Tennessee-Walking-Horse zeigt drei Gänge: den Flat-Walk, den Running-Walk (der vorherrschende Gang) und den wiegenden Rocking-Chair-Kantergalopp, einhergehend mit dem typischen Nicken des Kopfes. Sowohl Flat-Walk wie auch Running-Walk sind tiefe, lockere Viertakt-Gangarten, bei denen die Hufe in regelmäßigen Intervallen einzeln den Boden berühren. Beim Running-Walk treten die Hinterhufe 15 bis 38 cm über die Spuren der Vorderhufe. Das Ergebnis ist eine sehr sanfte, gleitende Bewegung, die vom nickenden Kopf und einem leichten Aufeinanderklappen der Zähne begleitet wird – mit einer Höchstgeschwindigkeit von 24 km/h über kurze Strecken.

Zur Verstärkung der gleitenden Bewegung lässt man die Hufe sehr lang wachsen, und zur Förderung der hohen Aktion beschlägt man die Vorderhufe zusätzlich mit Gewichtseisen. Zwar sehen die Hufe des Tennessee Walkers dadurch etwas künstlich aus, doch verletzt diese Praxis das Pferd nicht, und Sehnenerkrankungen sind selten.

Leichte Pferde

Tersker

Größe:	Durchschnittlich 1,50 m
Farben:	Grauschimmel, Schimmel
Gebrauch:	Reitpferd
Merkmale:	Kopf mit dem Charakter des Arabers, mit geradem Profil und großen Augen; kurzer Rücken, tiefe Brust, gut ausgeprägte Rippen; saubere Beine mit einem Röhrbeinumfang von 19,4 cm; runde Hufe; sehr feines Fell, Langhaar normalerweise kurz und dünn, hoch getragener Schweif

Dieses elegante und sportliche russische Pferd wurde zwischen 1929 und 1950 in den Gestüten Tersk und Stawropol im nördlichen Kaukasus in dem Versuch gezüchtet, den alten Strelets-Araber zu erhalten, der beinah ausgestorben war. Der Strelets-Araber war eher ein Anglo-Araber, das Ergebnis von Kreuzungen zwischen reinrassigen Arabern und Anglo-Arabern aus den Gestüten von Orlow und Rastopchin. Gegen Ende des Ersten Weltkriegs gab es nur noch zwei Strelets-Hengste, Cylinder und Tsenitel, und beide zeigten das heute für die Rasse charakteristische hellgraue Fell mit silbrigem Schimmer. Da jedoch keine Strelets-Stuten mehr für die reinrassige Zucht existierten, wurden Araber eingekreuzt, und man begann außerdem mit Kreuzungen zwischen Dons und Arabern sowie zwischen Strelets und Kabardinern; die Nachkommen wurden sorgfältig hinsichtlich ihrer Gebäudemerkmale ausgewählt. Nach 30 Jahren selektiver Zucht war der Typ des neu entstandenen Terskers genügend festgelegt, um als Rasse anerkannt zu werden.

Der moderne Tersker hat ein entschieden arabisches Erscheinungsbild, obwohl er ein wenig größer und schwerer gebaut ist. Charakteristisch ist seine besonders leichte, elegante Bewegung. Die meisten Tiere sind grau mit einem silbrigen Schimmer oder weiß, wobei die rosafarbene Haut unter dem Fell oft für eine rosige Nuance sorgt. Tersker sind äußerst beliebt im Zirkus, aber auch exzellente Spring- und starke Geländepferde.

233

Handbuch Pferderassen

Trakehner

Größe: 1,63–1,68 m
Farben: Alle Grundfarben
Gebrauch: Reit- und Turnierpferd
Merkmale: Edler Kopf auf langem, elegantem Hals; wachsame, bewegliche Ohren; ausdrucksvolle, weit auseinander stehende Augen; starke, gut geformte Schultern; kraftvolle Hinterhand; mittellanger Rumpf, gut berippt; gesunde, starke Beine, harte Hufe; das Exterieur ist das eines Vollbluts mit Substanz.

Der Trakehner, auch als Ostpreuße bekannt, ist eine alte Rasse, die auf dem Schweiken beruht und auf das 13. Jahrhundert zurückgeht. Im Gebiet zwischen Gumbinnen und Stallupönen (heute in Russland gelegen) gründeten die Deutschordensritter eine groß angelegte Pferdezucht auf der Basis der Schweiken. Diese wurden vielfach in der Landwirtschaft eingesetzt und waren als Nachfahren des Tarpans sehr stark und widerstandsfähig. Mit diesen Tieren entwickelten die Deutschordensritter starke Kavalleriepferde, auf denen sie in die Kreuzzüge ritten. 1732 ordnete Friedrich Wilhelm I. von Preußen die Trockenlegung der Sumpfgebiete an, und die Königliche

Leichte Pferde

Gestütsverwaltung von Trakehnen wurde gegründet. Ganz Preußen bezog Hengste aus dem 5670 ha großen Gestüt, das bald in dem Ruf stand, elegante und schnelle Kutschpferde zu züchten.

Um 1787 lag der Schwerpunkt auf der Zucht von Kavalleriepferden und Pferden, die auch in der Landwirtschaft arbeiten konnten. Der Pferdetyp, der zu Beginn des 19. Jahrhunderts entwickelt wurde, war durch Arabereinfluss (s. S. 113) bestimmt, doch später wurden zunehmend Englische Vollblüter (s. S. 122) eingekreuzt. Zwei der einflussreichsten Vollblüter waren Perfectionist (ein Sohn Persimmons, der das *Epsom Derby* und das *St. Leger* gewonnen hatte und im Besitz König Edwards VII. von England war) und Tempelhüter (Perfectionists Sohn). Ihr Blut taucht in fast allen heutigen Trakehner-Stammbäumen auf. Obwohl um 1913 fast alle Trakehner-Deckhengste Vollblüter waren, blieb der Araberanteil doch immer ein wirksames Mittel, um etwaige Schwächen hinsichtlich körperlicher Veranlagung oder Temperament zu korrigieren, die vom Vollblut stammten.

Um höchstmögliche Leistungen zu gewährleisten, wurden nur die Hengste zur Zucht verwendet, die ein Jahr lang ausgebildet worden waren und die Hengstleistungsprüfung in Zwion bestanden hatten. Von allen Warmblütern kommt der moderne Trakehner dem Ideal des modernen Turnierpferdes wohl am nächsten; 1936 brillierte

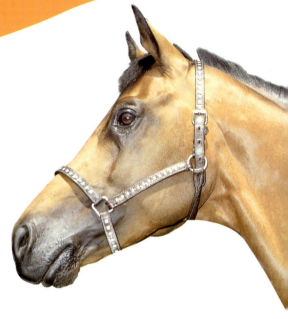

er bei den Olympischen Spielen in Berlin – er gewann jede Medaille. Nach dem Zweiten Weltkrieg, als die Deutschen aus Russland flohen, kamen mit dem Flüchtlingstreck, der drei Monate unterwegs gewesen war, nur ca. 1200 von ehemals 25 000 im Stutbuch registrierten Trakehnern in Westdeutschland an. Es gibt heute vier Zuchtgestüte in Deutschland: Hunnesrück, Rantzau, Schmoel und Birkhausen. Die Zucht wird vom Verband der Züchter und Freunde des Ostpreußischen Warmblutpferdes Trakehner Abstammung e.V. in Neumünster verwaltet. In Polen ist der Einfluss des Trakehners noch immer im Wielkopolski zu finden.

Handbuch Pferderassen

Russischer Trakehner

Größe: 1,63–1,68 m
Farben: Alle Grundfarben
Gebrauch: Reit- und Turnierpferd
Merkmale: Dieselben Merkmale wie sein europäischer Verwandter, doch etwas schlanker und leichter; edler Kopf auf langem, elegantem Hals; wachsame, bewegliche Ohren; weit auseinander stehende, ausdrucksvolle Augen; starke, gut geformte Schultern; mittellanger Rumpf, gut berippt; kraftvolle Hinterhand; gesunde, starke Beine, harte Hufe; das Exterieur ist das eines Vollbluts mit Substanz.

Der Russische Trakehner geht auf dieselben Ursprünge zurück wie sein europäischer Verwandter (s. S. 234), ist jedoch etwas schlanker und leichter. In Russland ist er als Rennpferd für Flach- und Hindernisrennen sehr beliebt. Die ersten Trakehner wurden 1925 aus dem damaligen Ostpreußen nach Russland gebracht; die meisten dieser Tiere wurden als Kavalleriereitpferde genutzt. Eine zweite Gruppe kam gegen Ende des Zweiten Weltkriegs nach Russland: Im Oktober 1944, als der Krieg in seine letzte Phase kam und die Sowjetarmee dem Trakehner-Gestüt näherrückte, wurden 800 Pferde – teils zu Fuß, teils mit der Bahn – evakuiert. Sie wurden jedoch nicht weit genug gebracht, fielen schließlich in die Hände der russischen Besatzungsmacht in Polen und wurden in die Sowjetunion verladen. Diese Trakehner kamen auf das Gestüt Kirow am Don, und 1947 wurde vom russischen Institut für Pferdezucht das erste von sieben Trakehner-Stutbüchern eröffnet.

Zwar wird die Zucht noch immer hauptsächlich in Kirow betrieben, doch gibt es seit dem Auseinanderfallen der ehemaligen UdSSR viele private Gestüte, in denen Trakehner gezüchtet werden. Das größte davon ist Oros-L in der Nähe von Kaluga, ca. 200 km von Moskau entfernt.

Leichte Pferde

Ukrainisches Reitpferd

Größe:	1,60–1,65 m
Farben:	Braune, Dunkelbraune, Füchse
Gebrauch:	Reit- und Turnierpferd
Merkmale:	Gerader, langer Hals; kräftiger, schwerer Rumpf; ausgeprägter Widerrist, langer, flacher Rücken

Das arktische Russland könnte gut das erste Gebiet gewesen sein, in dem Pferde domestiziert wurden. Das Przewalski-Pferd, ein »Relikt« aus der Eiszeit, lebt noch immer wild an Russlands östlicher Grenze. Seit Generationen werden in Russland und den angrenzenden Ländern Pferde gezüchtet; ein Schwerpunkt bildete immer die Zucht einheimischer Rassen, denn diese waren besonders geeignet für die speziellen Anforderungen der jeweiligen Region.

Das Ukrainische Reitpferd wird in seiner Heimat hoch geschätzt. Seine Entwicklung begann nach dem Zweiten Weltkrieg in der Ukraine mit der Kreuzung zwischen Nonius- (s. S. 197), Furioso- (s. S. 162) und Gidran-Stuten aus Ungarn und Englischen Vollblut-, (s. S. 122), Trakehner- und Hannoveraner-Hengsten (s. S. 169). Besonderer Wert wurde jedoch auf Tiere gelegt, in deren Adern auch das Blut des Russischen Reitpferds floss. Die Zucht begann im ukrainischen Gestüt Dnepropetrowsk, später kamen die Gestüte Aleksandriisk, Derkulsk und Jagolnitsk hinzu. Mit dem Ziel, erstklassige Sportreitpferde zu entwickeln, wurde mit genanntem Grundstock weitergezüchtet, wobei gelegentlich korrigierende Vollbluteinkreuzungen erfolgten. Die häufigsten Farben des Ukrainischen Reitpferdes sind braun, dunkelbraun und fuchsrot.

Der Ukrainer ist ein großes, schweres Reit- und Turnierpferd mit kräftigem Körperbau, das sich gut für die Dressur eignet; ukrainische Reiter, die zum CIS gehören (*Commonwealth of Independent States*), konnten sich bei internationalen Wettbewerben, darunter den Olympischen Spielen, den Weltmeisterschaften und den Europäischen Meisterschaften, wiederholt gut platzieren.

HANDBUCH Pferderassen

Windsor Greys

In den königlichen Stallungen in London gibt es ca. 30 Pferde: Bays (Braune), von denen die meisten Cleveland Bays sind, und Greys (Schimmel), die einzigen Pferde, die die königlichen Kutschen ziehen dürfen. Diese Schimmel, die alle fast identisch aussehen, stellen keine bestimmte Rasse dar.

Sie werden Windsor Greys genannt, weil sie bis zum Ende der Regierungszeit Königin Viktorias (regierte 1837–1901) in Windsor Castle gehalten wurden; erst im frühen 20. Jahrhundert ordnete König George V. (regierte 1910–1936) ihre Übersiedlung in die königlichen Stallungen von London an.

Die Windsor Greys tragen, wenn sie die Staatskutsche ziehen, das prächtigste von acht verschiedenen Kutschgeschirren. Aus rotem Marokko-Leder gefertigt, wiegt jedes Geschirr 50 kg und ist reich mit Goldbronze verziert. Die heute verwendeten Geschirre wurden 1834 als Ersatz für die Geschirre von 1762 gefertigt. Traditionell werden die Mähnen der »Staatspferde« immer zu Zöpfchen geflochten. Die Braunen sind mit scharlachroten Haarschleifen geschmückt, die Schimmel tragen purpurrote Haarschleifen mit dazu passenden Stirnbändern und Rosetten am Kopfgeschirr.

Leichte Pferde

Buckskins

Für den Europäer sind, was Pferde betrifft, zwei Dinge auffallend in den USA: zum einen die Vorliebe für Gangpferde, die neben Schritt, Trab und Galopp noch spezielle Gangarten beherrschen (z. B. Rack, Running-Walk), zum anderen die Begeisterung für ausgefallene Farben und Fellmuster, was zu vielfältigen Bezeichnungen führte. Buckskins und Grullos sind Beispiele dafür; sie sind, wie Windsor Grey, Cremello (s. S. 241) und Palomino (s. S. 208) keine Rasse, sondern ein Farbtyp, der in allen Rassen vorkommen kann. Buckskins (engl. *buckskin* = Wildleder) würden in Europa als gelbbraun gefleckte Falben beschrieben werden. Die Farbe deutet auf die Vorfahren der Buckskins hin: Im Westen der USA gehen gefleckte Falben wie auch Graubraune, Rotbraune und Grullas auf die Mustangs (s. S. 226) zurück, Nachfahren der Spanischen Pferde, die im 16. Jahrhundert in die Neue Welt gebracht wurden; andere Buckskins basieren auf norwegischen Falben, die wiederum Nachkommen des Tarpans sind.

Es gibt Gesellschaften, z. B. die *American Buckskin Registry Association*, die sich der Erhaltung bestimmter Farbtypen widmen. Für eine Registrierung müssen die Pferde entweder gefleckte Falben (engl. *buckskin*), Falben (engl. *dun*), Schiefergraue (engl. *grulla*), rötliche Falben (engl. *red dun*) oder gestreifte Falben (engl. *brindle dun*) sein.

Das Fell von Buckskins hat eine gelbbraune Schattierung, die von einem sehr hellen Creme- bis zu einem dunklen Bronzeton reichen kann. Mähne, Schweif, Ohren und Beine sind schwarz oder braun, und es gibt keine »schmutzigen« Farbstellen. Das Deckhaar der dunkleren Schattierung schimmert über den Körper verteilt durch das Fell und dominiert am Mähnen- und Schweifansatz.

Falb ist eine intensive Farbe, im Allgemeinen aber weniger leuchtend als *buckskin* und etwas »schmutziger«. Die meisten Falben zeigen dunkle Stellen von brauner oder schwarzer Farbe, einen

Handbuch Pferderassen

Aalstrich, Schulterstreifen und Zebra-Streifen an den Beinen.

Ein gestreifter Falbe hat einen dunklen Aalstrich, Zebra-Streifen an den Beinen sowie Schulterstreifen und Schattierungen von »schmutzig-schwarzer oder -brauner« Farbe im Gesicht; in den Niederlanden wird diese Farbe »altertümlich Falb« genannt. Die eigentümlichen Fellzeichnungen ähneln in ihrer Form Tränen oder Zebra-Streifen.

Rotfalb reicht von einem Pfirsich- über einen Kupferton bis zu einem leuchtenden Rot; bei allen Schattierungen kontrastieren Flecken von dunklerer roter oder kastanienroter Farbe mit der helleren Grundfarbe. Der Aalstrich ist normalerweise dunkelrot und sehr deutlich zu sehen.

Grulla ist die seltenste aller Fellfarben. Das spanische Wort *grulla* bedeutet Kranich oder Reiher; die Pferde zeigen ein ausgewaschenes Schwarz oder Schiefergrau, das eine bläuliche bis bräunliche Nuance hat. Es gibt keinerlei weiße Stichelhaare im Fell. Weitere Voraussetzungen für eine Registrierung sind Aalstrich, Schulterstreifen und Zebra-Streifen an den Beinen, in dunklem Sepia bis hin zu Tiefschwarz.

Leichte Pferde

Cremello

Weißisabellen oder Cremellos, wie sie in den USA heißen, sind genau wie Windsor Greys (s. S. 238) im eigentlichen Sinn keine Rasse, sondern ein Farbtyp, der in vielen Pferderassen auftreten kann.

Die Farbe von Cremello-Pferden ist das Ergebnis komplexer Vererbungsvorgänge. Jeder Erbfaktor wird durch zwei Gene bestimmt, eines stammt von der Mutter, eines vom Vater. Cremellos sind doppelt »verwässert« – sie haben von jedem Elternteil ein Weißisabell-Gen geerbt. Ein Palomino (s. S. 208) erhält seine Farbe durch ein Fuchs- und ein Weißisabell-Gen. Der Buckskin-Ton (s. S. 239) entsteht durch ein Gen für Braun und eines für Weißisabellen, das Braun ist hier also verwässert.

Der Cremello weist durch die doppelte Verwässerung ein schönes

Cremeweiß mit sehr blassem Mähnen- und Schweifhaar auf. Darunter ist die Haut dunkelrosafarben, die Augen sind blau. Die meisten größeren Zuchtbücher akzeptieren Cremellos – und Perlinos, die bei gleicher Fellfarbe dunkleres Langhaar von gelbbräunlicher, gelblicher oder orange Tönung besitzen –, außer der *American Quarter Horse Association*. Nach den gegenwärtigen Regeln können Cremellos (und Perlinos) nicht ins Quarter-Horse-Stutbuch aufgenommen werden, selbst wenn beide Eltern registriert sind. Sie können jedoch als Zuchtpferde im Paint-Horse-Stutbuch registriert werden.

Handbuch Pferderassen

Miniatur-Pferde

Größe: In Großbritannien *(British Miniature Horse Society)* bis 86,3 cm; in den USA für *AMHA (American Miniature Horse Association)* bis 86,3 cm, für *AMHR (American Miniature Horse Registry)* zwei Abteilungen: Abteilung A bis 86,3 cm, Abteilung B bis 96,5 cm
Farben: Alle
Gebrauch: Schaupferd; Haustier
Merkmale: Miniatur-Pferde sollten ein gutes Exterieur haben, symmetrisch gebaut, stark, beweglich und aufmerksam sein – perfekt gebaute Pferde in Miniatur-Ausgabe.

Kleine Pferde sind normalerweise das Ergebnis naturgegebener rauer Lebensbedingungen; wenig Futter, schwieriges Terrain und hartes Klima tragen über Jahrhunderte dazu bei, die Größe der Tiere zu modifizieren, sodass sie überleben können. Mit Kentnissen in der Vererbungslehre kann man jedoch auch selektiv auf bestimmte Merkmale wie die Größe hin züchten – man kann kleine oder auch sehr große Tiere entwickeln.

Die ersten Miniatur-Pferde kamen in Europa schon im 17. Jahrhundert auf, sie wurden als Haustiere, für den Adel und als Kuriosität gezüchtet. Lady Estella Hope und ihre Schwestern führten die englischen Linien dieser Tiere bis zur Mitte des 19. Jahrhunderts fort, und viele der Miniatur-Pferde in Amerika stammen von der »Hope«-Linie ab. Die vielleicht bekannteste Rasse ist das Falabella (s. S. 63), das, trotz seiner geringen Größe, kein Pony, sondern ein richtiges Pferd mit pferdetypischen Merkmalen und Proportionen ist.

So gesehen sind Miniatur-Pferde eine »hohe« Rasse – ihre Merkmale sind genau

Leichte Pferde

die gleichen wie die der Pferde normaler Größe. Es sind – maßstabsgetreu – kleiner gezüchtete Ausgaben großer Pferde, ausgewachsene Tiere sind in der Regel nicht größer als 86,3 cm. Sie müssen gesund sein, einen ausgewogenen Körperbau besitzen und das Gebäude und die Merkmale aufweisen, die von den meisten Rassen verlangt werden. Der Kopf ist im Verhältnis zum Körper gut proportioniert, das Kopfprofil ist gerade oder leicht konkav, das Gebiss ist gleichmäßig. Der bewegliche Hals ist gut aufgesetzt, die Schultern sind lang und schräg und die Beine gut bemuskelt.

Der Körper sollte genug Knochensubstanz aufweisen, weder zu schwer noch künstlich dünn sein. Der Rücken ist in Relation zur Bauchlinie kurz, die Rückenlinie weich und im Allgemeinen gerade, die Hinterhand muskulös. Der höchste Punkt der Kruppe hat dieselbe Höhe wie der Widerrist, die Hinterbacken sind sanft gerundet, der Schweif ist weder übertrieben hoch noch zu niedrig angesetzt.

Die Beine sind von hinten betrachtet gerade und parallel, die Hufe zeigen direkt nach vorn; die Fesseln haben eine harmonische Neigung von 45 Grad. Die Hufe sollten rund, die Bewegungen fließend sein. Jede Farbe oder Scheckung ist erlaubt; das Langhaar ist bemerkenswert seidig und üppig.

Ihre geringe Größe und ihr sanftes, zartes Wesen machen Miniatur-Pferde zu ausgezeichneten Gefährten. Zwar sollten sie keinesfalls geritten werden, doch vor leichte Wagen gespannt entzücken sie bei Pferdeschauen mit ihrer Stärke und ihrer natürlichen Sportlichkeit oft die Zuschauer. Vor allem im englischen Sprachraum sind sie als Schaupferde eine große Attraktion.

Handbuch Pferderassen

Britisches Warmblut

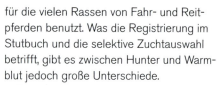

Als Kaltblut werden schwere Zugpferde wie der Suffolk Punch (s. S. 104) bezeichnet, während mit »reinem« Blut oder Vollblut das Englische Vollblutpferd (s. S. 122) und der Araber (s. S. 113) gemeint sind. Folglich könnte jedes Pferd »dazwischen« als Warmblut bezeichnet werden – dies ist auf dem europäischen Festland auch der Fall. Da aber Großbritannien eine Tradition der Jagd zu Pferd hat, wurden die Warmblüter dort Hunter (Jäger) genannt; so ist Warmblut ein relativ junger Begriff im Vokabular britischer Züchter. In Kontinentaleuropa, das nicht in dem Maß durch die Jagd zu Pferd geprägt war, wurde der praktische Begriff Warmblut für die vielen Rassen von Fahr- und Reitpferden benutzt. Was die Registrierung im Stutbuch und die selektive Zuchtauswahl betrifft, gibt es zwischen Hunter und Warmblut jedoch große Unterschiede.

Fast jedes europäische Land importierte einst englische Kutsch- und Reitpferde als Grundstock zur Zucht eigener Warmblutrassen. Die Franzosen entwickelten mithilfe von Norfolk Trotter und Vollblut den Anglo-Normänner – den Vorläufer ihres Meisterschaftspferdes Selle Français. Die meisten deutschen Warmblüter (außer dem Trakehner) stammen über Holsteiner oder Hannoveraner vom Yorkshire-Coach-Horse und Norfolk Trotter des 19. Jahrhunderts ab. Anders als in Großbritannien führten die Züchter auf dem Kontinent detaillierte Zuchtbücher, was ihnen eine selektive Zucht unterschiedlicher Pferdetypen für verschiedene Zwecke erlaubte. Dies erwies sich nach dem Zweiten Weltkrieg als besonders nützlich, als die Mechanisierung schwere Pferde in der Landwirtschaft überflüssig machte und die

Leichte Pferde

Nachfrage nach Freizeit- und Sportpferden stieg.

In dieser Zeit beschäftigten sich britische Züchter hauptsächlich mit der Zucht von Jagd- oder Schaupferden und waren mit der Entwicklung von Leistungs- und Turnierpferden nicht vertraut. Doch seit kurzem richten auch sie ihre Aufmerksamkeit darauf, ein Warmblut zu züchten. In vielerlei Hinsicht haben die Britischen Warmblüter gegenüber ihren Verwandten auf dem Kontinent Vorteile; so wie früher die Züchter auf dem Kontinent, haben die Briten jetzt die Möglichkeit, gezielt ausländische Zuchttiere zu importieren. So können die britischen Züchter ihre eigenen, auf dem Festland aufgewerteten und verfeinerten Blutlinien re-importieren. Das offene Klassifizierungssystem in Großbritannien fördert zudem eine rasche Zucht hochwertiger Warmblüter, und daher wird es nicht sehr lange dauern, bis das Britische Warmblut bei internationalen Turnieren mit seinen europäischen Vettern konkurrieren kann.

Handbuch Pferderassen

Amerikanisches Warmblut

Die Zucht von warmblütigen Arbeits-, Sport- und Kutschpferden war in Europa immer sehr organisiert, durch die Regierung oder durch staatliche Bestimmungen erfolgten strenge Kontrollen; dies führte zu Pferden extrem hoher Qualität. Ab den 1950er Jahren wurden europäische Warmblüter in die USA exportiert, vor allem die lange etablierten Rassen wie das Schwedische Warmblut (s. S. 155), das Bayerische Warmblut (s. S. 138) und das Holländische Warmblut (s. S. 151). Inzwischen gibt es von fast jeder europäischen Warmblutrasse einen amerikanischen Zweig.

Zwar boten die europäischen Züchter ihren amerikanischen Kollegen Zuchtrichtlinien an, doch betrachten sie die amerikanischen Tiere nicht als Teil ihrer regionalen Zuchtprogramme; wenn »amerikanische« Pferde nach Europa exportiert werden, wird deshalb noch einmal genauestens überprüft, ob sie in Europa zur Zucht zugelassen sind. Amerikanische Züchter sind an kein europäisches Land entsprechend gebunden, und so betrachten sie alle europäischen Warmblüter als »vermischt«, d. h. von einem großen Genpool stammend. In ihren Augen gibt es keine unterschiedlichen Warmblutrassen in Europa, sondern vielmehr verschiedene Typen der Warmblutrasse.

In den 1970er Jahren hielten viele amerikanische Züchter die Zeit für die Entwicklung eines eigenen Sportpferdes für gekommen, obwohl es in den USA bereits zahlreiche elegante und sportliche Pferde gab, mit einem ausgeglichenen Temperament und fließenden Gangarten. 1981 wurde das Zuchtregister für das Amerikanische Warmblut aufgestellt; seitdem sind nicht nur europäische Importe, sondern in gleichem Maße auch Pferde amerikanischen Ursprungs registriert worden.

Leichte Pferde

Irisches Sportpferd

einen weiteren Leistungstest ausgewählt. Dieser findet entweder in Form eines offenen Wettbewerbs oder einer zentral abgehaltenen Prüfung statt. Beim offenen Wettbewerb werden die Hengste mit vier Jahren neu bewertet, während sie bei der zentralen Prüfung über einen Zeitraum von zwölf Wochen (von September bis November) strenge Tests bestehen müssen. Stuten mit höchstem Zuchtstatus durchlaufen eine ebensolche Prüfung.

Das Irische Sportpferd ist im Wesentlichen eine Kreuzung zwischen Englischem Vollblut (s. S. 122) und Irish Draught (s. S. 179). Diese Mischung wurde lange Zeit zur Produktion sehr guter Irischer Hunter benutzt, dann jedoch weiterentwickelt mit dem Ziel, ein Warmblutpferd zu schaffen, das sich besonders für den Leistungssport, für Vielseitigkeits-, Spring- und Dressurturniere eignete; die Kombination der beiden Rassen schuf Pferde von außergewöhnlicher Gesundheit, Ausdauer und mit sehr umgänglichem Wesen.

Das Zuchtprogramm sieht vor, dass dreijährige Hengste im Frühling vorgestellt werden, und die besten von ihnen werden für

247

Handbuch Pferderassen

Kanadisches Pferd

Größe: 1,40–1,60 m
Farben: Hauptsächlich Rappen, oft Braune, Dunkelbraune und Füchse
Gebrauch: Reit-, Kutsch- und Turnierpferd; Ranch-Arbeit; Trekking
Merkmale: Langer, tiefer Körper; starker, gewölbter Hals; hoch angesetzte, gut abgeschrägte Schultern; tonniger Rumpf; hoch angesetzter Schweif auf kraftvollen Hinterbacken; starke Beine und Hufe; langes, dickes und normalerweise welliges Langhaar

Das auch liebevoll als »kleines Dampfross« bezeichnete Kanadische Pferd spielte eine wichtige Rolle beim Aufbau des Landes. Der Bestand der Rasse gilt heute mit ca. 2500 zumeist in Ostkanada lebenden Exemplaren als »kritisch«, doch gibt es seit einiger Zeit wieder ein verstärktes Interesse für diese einst sehr populären Tiere.

Die Ursprünge des Kanadischen Pferdes reichen zurück bis zu den königlichen Stallungen des französischen Königs Louis XIV. Dieser ließ drei Schiffsladungen mit Pferden in die Neue Welt schicken; die erste (im Jahr 1665) bestand aus zwei Hengsten und 20 Stuten, die zweite (1667) enthielt ca. 14 Pferde, im Jahr 1670 überquerten schließlich ein Hengst und elf Stuten den Atlantik.

Leichte Pferde

Diese Pferde stammten von Bretonen und Normännern ab; in Letzteren floss auch Andalusisches Blut (s. S. 130), was sich in den Traber-Qualitäten der Kanadischen Pferde niederschlug. Es könnte außerdem einen Einfluss von Friesen (s. S. 160) gegeben haben, was den fedrigen Fesselbehang und das üppige Langhaar erklären würde, sowie Blutbeimischungen von Arabern (s. S. 113) und Berbern.

Die Schiffsladung vom Jahr 1670 war die letzte. Der damalige Gouverneur der Kolonie, Jean Talon, hielt die Anzahl der importierten Pferde jetzt für ausreichend, um selbst genügend Jungtiere für die Bevölkerung zu züchten. Das nun folgende Zuchtprogramm war äußerst erfolgreich: 1679 gab es in der Kolonie 145 Pferde, 1698 waren es bereits 684.

Das Kanadische Pferd half bei der Urbarmachung des Landes, sorgte für den Transport und für Unterhaltung in Form von Rennen. Die Tiere ertrugen die eiskalten Winter und die glühend heißen Sommer bei wenig Futter; doch sie wurden langsam kleiner – daher der Name »kleines Dampfross«. Sie produzierten sowohl Traber wie auch Passgänger (Pacer). So wurden sie sehr beliebt in den USA, wo sie an der Gründung vieler amerikanischer Rassen beteiligt waren. Die Nachfrage nach Kanadischen Pferden stieg immens – die Zahl der reinrassigen Tiere im Heimatland war gegen Ende des 19. Jahrhunderts so geschrumpft, dass die Rasse auszusterben drohte. 1895 wurde die *Canadian Horse Breeders' Association* gegründet, aber selbst 1976 kämpfte die Rasse mit nur 383 Tieren noch ums Überleben. Doch dank der Bemühungen einiger engagierter Züchter begannen die Bestände sich danach wieder langsam zu erholen.

Der Kanadier ist sehr vielseitig; er ist willig und anpassungsfähig und hat ein ausgeglichenes Temperament. Aufgrund dieser Qualitäten und seiner attraktiven Erscheinung wird er gern sowohl für das Freizeitreiten – die widerstandsfähigen Beine und harten Hufe machen ihn zum sehr trittsicheren Trekking-Pferd – wie auch als Kutsch-, Spring- und Dressurpferd genutzt.

Glossar

Aalstrich Überwiegend bei **Falben** anzutreffen (Hinweis auf primitive Rassen);
durchgehender schwarzer, dunkel- oder
hellbrauner Streifen, der vom **Widerrist** bis
zur Schweifrübe verläuft (s. Foto S. 13).

Aktion Die Art, wie ein Pferd sich vor-
wärts bewegt.

Behang Reichliche Mengen langer Haare
am Fesselgelenk oder am unteren Teil des
Beins; vor allem bei Pferden mit Kaltblut-
anteil.

Beschäler Deckhengst.

Decken Begatten der Stute durch den
Hengst.

Deckhaar Fellkleid des Pferdes; das
Deckhaar wechselt im Unterschied zum
Langhaar (Mähnen- und Schweifhaar)
zweimal jährlich.

Durchlässig Bezeichnet ein Pferd, das
aufgrund einer guten Ausbildung willig ist
und stets auf die gegebenen reiterlichen
Hilfen eingeht.

Einkreuzung Kreuzung nicht verwandter
Pferde; Einführung neuen Blutes in die
Rasse.

Exterieur Das gesamte Erscheinungsbild
des Pferdes; die wesentliche Anforderung

an ein gutes Exterieur ist Symmetrie – das
Pferd sollte ein ausgewogenes **Gebäude**
aufweisen.

Falbe Pferd mit gelbem bis graubraunem
Deckhaar, dunkel pigmentierter Haut,
schwarzem Langhaar und schwarzen
Beinen.

Gänge Schritt, Trab, Kanter (Arbeitsgalopp) und Galopp.

Gebäude Die Art, wie ein Pferd »zusam-
mengesetzt« ist: Form und Proportionen
des Körpers.

Geschirrpferd Pferd, das im Geschirr
geht oder die für **Kutschpferde** typischen
geraden Schultern und eine hohe Beinaktion aufweist.

Gestutzte Mähne Nah am Mähnenkamm
abgeschnittene Mähne.

Gurtentiefe Brustumfang; großer Brustumfang gibt Gewähr dafür, dass im Brust-
raum gut entwickelte Innenorgane
eingebettet sind.

Halbblut Alle Pferde, deren einer Elternteil ein **Vollblüter** ist.

Hinterbacken Bereich zwischen Flanken
und Schweif bis hinunter zu den **Hosen**
(s. S. 31).

Glossar

Hohe Schule Die klassische Kunst fortgeschrittener Dressur; man unterscheidet zwischen der »Schule über der Erde«, mit Schulsprüngen wie Kapriole, Ballotade oder Kurbette, und der »Schule auf der Erde«, mit Übungen wie Piaffe und Passage. Dressurprüfungen sind stets auf die Figuren der Hohen Schule auf der Erde beschränkt, die Hohe Schule über der Erde wird nur noch von der Spanischen Hofreitschule in Wien und vom Cadre noir in Saumur gepflegt.

Hosen Muskelpartie der Hinterhand, die sich verjüngend bis zum Unterschenkel zieht.

Hybriden Kreuzungen zwischen einem Pferd auf der einen und einem Zebra oder Esel auf der anderen Seite.

Inzucht Kreuzung eines Hengstes mit einer Tochter, einer Stute mit einem Sohn, einem Bruder mit einer Schwester etc. mit dem Ziel, bestimmte Rassemerkmale zu festigen.

Isabellen Pferde mit gelblich cremefarbenem Fell (Weißisabellen oder Cremellos zeigen einen noch helleren, fast weißen Farbton); Isabellen haben im Unterschied zu **Falben** gleichfarbiges oder weißes Mähnen- und Schweifhaar, sie unterscheiden sich von Letzteren außerdem durch die helle Hautpigmentierung.

Kaltblut Schwere europäische Rassen, die vom prähistorischen Waldpferd abstammen.

Körung Auswahl der Pferde zur Zucht; lt. Tierzuchtgesetz muss jeder Hengst durch eine amtliche Sachverständigen-Kommission für die Verwendung zur Zucht geprüft werden.

Kutschpferd Elegantes, leichtes Fahrpferd; auch Jucker genannt.

Leichtes Pferd Unterscheidung vom **Schweren Pferd** oder vom Pony; geeignet für das Reiten und leichte Zugarbeiten.

Lenden Nierengegend unmittelbar hinter dem Sattellager.

Leopardenschecke Fuchs, Brauner oder Rappe mit verschieden großen Flecken am ganzen Körper; treten die Flecken nur an Kruppe und Hinterhand auf, spricht man von Schabrackenschecken.

Linienzucht Kreuzung von Individuen, die auf dieselben Vorfahren zurückgehen.

Orientalen Pferde, deren Vorfahren aus heißen, trockenen Wüsten- und Steppengebieten stammen (Araber oder Berber) und die zur Gründung des Englischen Vollblutpferdes verwendet wurden.

251

Handbuch Pferderassen

Pacer Fahrpferd, das – vor einen leichten Sulky gespannt – an Rennen teilnimmt, jedoch nicht im Trab, sondern im Passgang.

Packpferd Pferd, das für den Transport von Gütern verwendet wird, die zu beiden Seiten des Rückens festgeschnallt werden.

Piebald Britischer Ausdruck für Schwarzschecken; s. **Schecken**.

Primitiv Begriff zur Beschreibung früher Pferde-Unterarten (Przewalski-Pferd, Tarpan, Waldpferd und Tundren-Pferd).

Ramsnase Nach engl. *ram* (= Schafsbock); wie die Widder haben ramsnasige Pferde eine konvexe Nasenlinie (z. B. der Shire und andere schwere Pferderassen).

Rasse Pferde, die über einen langen Zeitraum selektiv im Hinblick auf einheitliche Merkmale gezüchtet werden und deren **Stammbaum** in einem **Stutbuch** festgehalten wird.

Reinrassig Pferd mit dem reinen **Stammbaum** einer bestimmten Rasse.

Reitpferd Überwiegend für den Reitsport verwendetes Pferd.

Röhrbein Unterer Teil des Pferdebeins zwischen **Vorderfußwurzelgelenk** bzw. Sprunggelenk und Fesselgelenk; kurze Röhrbeine gelten als kraftvoll, lange Röhrbeine als schwaches Gebäudemerkmal (s. S. 31).

Röhrbeinumfang Bestimmt die Fähigkeit des Pferdes, Lasten zu tragen.

Rumpf Teil des Körpers von den Schultern bis zu den Hüften.

Running-Horses Englische Rennpferde, die – gekreuzt mit importierten **Orientalen**-Hengsten – den Grundstock für die Entwicklung des Englischen Vollblutpferdes bildeten.

Schecke Pferd mit großen, unregelmäßigen Flecken (dunkel auf weißem Grund oder umgekehrt), je nach Beimischung als Rapp-, Braun- oder Fuchsschecke bezeichnet; dreifarbige Schecken heißen auch Buntschecken.

Schopf Langhaar, das vom Genick aus zwischen den Ohren auf die Stirn des Pferdes fällt.

Schultern Diese sollten lang, breit und schräg sein; zu steile Schultern verhindern raumgreifende Bewegungen des Pferdes, was das Reiten unsanfter macht.

Glossar

Schweres Pferd Großes Zugpferd.

Scewbald Britischer Ausdruck für Buntschecken; s. **Schecken**.

Society Gesellschaft; hier Gesellschaft zur Bewahrung der Reinheit, Qualität oder Population einer Rasse (auch Association).

Stammbaum Die Abstammung eines Pferdes, die in einem **Stutbuch** festgehalten wird.

Stichelhaarig Spärliche, aber gleichmäßig über den ganzen Körper verteilte weiße Haare im dunkleren Deckhaar; ein solches Pferd wird z. B. als »Brauner, stichelhaarig« bezeichnet.

Stockmaß Größenmaß bei Pferden; entspricht der Höhe des **Widerrists**.

Stutbuch Auch Gestütbuch; an jedem Gestüt und in jedem Zuchtgebiet geführtes Verzeichnis, das die Abstammungs- und Geburtsdaten der gezogenen Pferde enthält.

Trocken Wird ein Pferdekopf genannt, der kein überflüssiges Fett oder schwammiges Fleisch aufweist; unter der Haut zeichnen sich Schädelknochen und Adern ab.

Typ Es gibt bestimmte Pferdetypen, z. B. Cob, Hunter oder Hack, die nicht als eigenständige Rasse gelten.

Vollblüter Araber, Berber und Englische Vollblutpferde.

Vorderfußwurzelgelenk Fälschlich auch als Knie bezeichnet; es soll beim Reitpferd ausdrucksvoll und breit sein (s. S. 31).

Warmblut Kreuzung zwischen einem Vollblut und einem **Kaltblut**; insbesondere die leichteren europäischen Pferderassen.

Widerrist Übergang vom Hals zum Rücken; der Widerrist soll für eine gute Sattellage und Tragfähigkeit des Rückens hoch und lang sein.

Wüstenpferde In Wüstenregionen gezüchtete Pferde (z. B. Araber) sowie deren Abkömmlinge; sie können große Hitze ertragen und bei minimaler Wasseraufnahme überleben.

Zebra-Streifen Dunkle, gestreifte Abzeichen an den Vorder- und manchmal auch an den Hinterbeinen.

Zugpferd Großes, schweres Pferd, das Lasten zieht.

Handbuch Pferderassen

Register

a
Achal-Tekkiner 15, 124–125
Ägyptischer Araber 115–116
American Cream Draft 106–107
American Saddlebred 126–127
American Standardbred 128–129
Amerikanisches Warmblut 246
Andalusier 130–131
Anglo-Araber 120–121
Appaloosa 36, 134–135
Araber 5, 21, 22, 23, 113–114
Ardenner 92–93
Azteke 136–137

b
Baschkir-Pony 35, 49–50
Bayerisches Warmblut 138
Berber 21, 22, 23
Belgisches Warmblut 139
Boulonnais 94
Bretone 95
British-Spotted-Pony 82–83
Britisches Warmblut 244–245
Buckskins 239–240

c
Camargue-Pferd 142–143
Chincoteague-Pony 53
Cleveland Bay 144–145
Clydesdale 99–100
Cob 27, 112
Colorado Ranger 36, 146–147
Comtois 97
Connemara-Pony 54–55
Cremello 241
Criollo 148–149

d
Dales-Pony 56–57
Dänisches Warmblut 150
Dartmoor-Pony 58–59
Don 153–154

e
Eriskay-Pony 62
Exmoor-Pony 60–61

f
Falabella 63, 242
Fellpony 64–65
Florida-Cracker 156–157
Französischer Traber 158–159
Friese 160–161
Furioso 162–163, 237

g
Galiceno-Pony 66
Gelderländer 164
Gypsy Vanner 96

h
Hack 165–166
Hackney 167–168
Haflinger 67–68
Hannoveraner 169–170
Hesse 200
Highland-Pony 15, 69–70
Holländisches Warmblut 151–152
Holsteiner 174–175
Hunter 176–178

i
Irish Draught 179–180
Irisches Sportpferd 247
Island-Pferd 34, 71–72

k
Kabardiner 181–183
Kanadisches Pferd 248–249
Kaspisches Pony 15, 51–52
Knabstrupper 184–185

254

Register

l Leichte Pferde 108–249
Lipizzaner 25, 186–188
Lundy-Pony 78–79
Lusitano 132–133

m Malapolski 171
Mangalarga 189–190
Miniatur-Pferde 242–243
Missouri-Foxtrotter 191–192
Morab 193–194
Morgan 195–196
Mustangs 226–230

n Narragansett Pacer 28, 220
National-Show-Horse 198–199
New-Forest-Pony 73–74
Nonius 197
Noriker 15, 101–102
Norman Cob 98
Norwegisches Fjord-Pferd 14, 75

o Oldenburger 201–202
Orlow-Traber 203–204

p Palomino 208–210, 239, 241
Percheron 103
Peruanischer Paso 211–212
Pferde
    im Allgemeinen 6–45
    Evolution 7–10
    primitive 10–13
    wilde 38–45
Pinto und Paint-Horse 205–207
Polnischer Araber 119
Polo-Pony 29, 80–81
Ponys 26, 46–85

Przewalski-Pferd 10–12, 39, 44, 237

q Quarter-Horse 213–215

r Racking-Horse 216–217
Rheinländer 218–219
Rocky-Mountain-Horse 220–221
Russischer Trakehner 236
Russischer Traber 222–223

s Schwere Pferde 25, 86–107
Selle Français 224–225
Shagya-Araber 117–118
Shetland-Pony 36, 76–77
Shire 90–91
Suffolk Punch 104–105
Schwedisches Warmblut 155

t Tarpan 11, 13, 14, 17, 45, 234, 239
Tennessee-Walking-Horse 36,
    231–232
Tersker 233
Trakehner 35, 234–235

u Ukrainisches Reitpferd 237

v Vollblut, Englisches 20, 22–23,
    122–123

w Waldpferd 11, 12
Welsh Cob 84
Welsh-Mountain-Pony 85
Westfale 172–173
Windsor Greys 238

Hilfreiche Adressen

FN/Deutsche Reiterliche Vereinigung
Freiherr-von-Langen-Str. 13
48231 Warendorf
Tel. (02 581) 63 62 115

Besitzervereinigung für Vollblutzucht und Rennen e.V.
Rennbahnstr. 154
50737 Köln
Tel. (0221) 74 09 759

Hauptverband für Traber-Zucht und -Rennen e.V.
Gutenbergstr. 40
41564 Karst
Tel. (02 131) 98 570

Rheinisches Pferdestammbuch e.V.
Schloss Wickrath 7
41189 Mönchengladbach
Tel. (02 166) 621 910

Verband der Züchter und Freunde des Ostpreußischen Warmblutpferdes Trakehner Abstammung e.V.
Rendsburger Str. 178 a
24537 Neumünster
Tel. (04 321) 90 270

Verband der Züchter und Freunde des Arabischen Pferdes e.V.
Bissendorfer Str. 9
30625 Hannover
Tel. (0511) 550 166

Verband Hannoverscher Warmblutzüchter e.V.
Lindhooper Str. 92
27283 Verden
Tel. (04 231) 6730

Verband der Züchter des Holsteiner Pferdes Elmshorn e.V.
Westerstr. 93
25336 Elmshorn
Tel. (04 121) 92 414

Verband der Züchter des Oldenburger Pferdes e.V.
Grafenhorststr. 5
49377 Vechta
Tel. (04 441) 93 550

Westfälisches Pferdestammbuch
Sudmülenstr. 33
48157 Münster
Tel. (0251) 328 090

Danksagung

Die Autorin dankt Vic Swift, British Library, London, und ganz besonders allen Rasseverbänden und -vereinen und allen Pferdeliebhabern rund um die Welt, die ihr Fachwissen über Rassen, Geschichte, Typen, Farben und Merkmale großzügig im Internet zur Verfügung stellten.